教育部 2020 年度人文社会科学研究基金项目

"类型学视域下的日汉结果复合动词句法语义对比研究"

（20YJC740093）最终成果

教育部2020年度人文社会科学研究基金项目
"类型学视域下的日汉结果复合动词句法语义对比研究"（20YJC740093）

日汉结果复合动词句法语义对比研究

RIHAN JIEGUO FUHE DONGCI

JUFA YUYI DUIBI YANJIU

张楠◎著

天津社会科学院出版社

图书在版编目（CIP）数据

日汉结果复合动词句法语义对比研究 / 张楠著. --
天津：天津社会科学院出版社，2022.6
ISBN 978-7-5563-0827-9

Ⅰ．①日… Ⅱ．①张… Ⅲ．①日语－句法－对比研究
－汉语 Ⅳ．①H364.3②H146.3

中国版本图书馆 CIP 数据核字(2022)第 107202 号

日汉结果复合动词句法语义对比研究
RIHAN JIEGUO FUHE DONGCI JUFA YUYI DUIBI YANJIU
责任编辑：吴　琼
责任校对：王　丽
装帧设计：高馨月
出版发行：天津社会科学院出版社
地　　址：天津市南开区迎水道 7 号
邮　　编：300191
电　　话：（022）23360165
印　　刷：高教社（天津）印务有限公司
开　　本：787×1092　　1/16
印　　张：16
字　　数：233 千字
版　　次：2022 年 6 月第 1 版　　2022 年 6 月第 1 次印刷
定　　价：88.00 元

前　言

　　复合动词作为重要的词汇语法项目,一直是语言学界研究的热点课题。近年来,国内外有关复合动词的研究层出不穷,积累了不少成果。日汉复合动词的对比研究也有了初步探索,但研究成果多为单篇论文,全面系统地开展复合动词对比研究的著作仍是凤毛麟角。这也正是本研究的出发点和意义所在。

　　本书选取日汉两语的"结果复合动词"为研究对象展开对比分析。"结果复合动词"是复合动词中的一类,作为表达"动作/原因—结果"连锁概念的语言形式普遍存在于日汉两语之中,非常具有对比研究的价值。一般来说,结果复合动词由表示活动事态或原因事态的 V1 与表示结果事态的 V2 结合而来。V1 表示特定的动作样态或结果样态,不包含变化路径;V2 表示结果事态,必须包含变化路径,但一般不表示具体动作或结果的样态;结果复合动词整体包含的唯一变化路径由 V2 提供。上述认知概念在日汉两语间可窥探出跨语言的共性。但另一方面,当用日语和汉语两种不同语言来输出这种相同的概念时,其输出形式必须满足目标语言的句法语义特征,这也就体现出了两语间的差异。因此,明确日汉结果复合动词在句法语义上的共性与差异,有利于更好地理解和掌握日汉结果复合动词的复杂结构和语义,洞察不同语言类型间的共性与个性。

　　本书立足于句法学和动词语义学的理论框架之下,全面系统地考察了日汉结果复合动词的句法语义特征。全书共分七章,在界定日汉两语结果复合动词概念和范围的基础上,分别对比考察两语结果复合动词在构词成分特征、构词规则、论元结构的整合与提升、词汇概念结构的合成、所表达的事态类型等句法语义方面的特征,分析两语间的共性与差异,并剖析其背后的成因及原理,较好地揭示了日汉结果复合动词的本质性特征。

为方便读者理解,本书提供了大量语法例句,并对不合词法和语法的举例以＊进行了标注。

希望本书的出版可以一定程度上丰富日汉复合动词的对比研究,为其他相关研究的深入开展提供前期基础。同时,也希望本书的研究成果可以应用于日语教学,为开发有效的日语复合动词教学法和学习策略、编纂日汉复合动词辞典、复合动词学习资料等提供有益的参考。

目　录

第一章　序章

1.1　研究背景及目的

"动作/原因—结果"这一连锁概念普遍存在于人类的认知结构,任何语言中都存在表达这一概念的语言形式。如下文例(1—3)所示,英语、日语、汉语中都存在表达上述概念的形式,且它们之间在意思上相互对应。

(1) a. John *pushed* the tree *down*.

　　b. 太郎はその木を<u>押し倒した</u>。

　　c. 张三<u>推倒</u>了那棵树。

(2) a. John *ran* himself *tired*.

　　b. 太郎は<u>走り疲れた</u>。

　　c. 张三<u>跑累</u>了。

(3) a. The ice cream *froze solid*.

　　b. このアイスクリームが<u>凍り付いた</u>。

　　c. 这个冰淇淋<u>冻硬</u>了。

例(1)中的各句不仅表达了"推树"这一施事的动作,还表达了"树倒了"这一客事的状态变化;例(2)中的各句同时了表达"跑"的施事动作和施事自

1

身"变累"的状态变化;例(3)中的各句则在表达了"冰淇淋变硬"这一客事变化的同时,也表达了冰淇淋"冻上了"的样态。总而言之,上述各例所表达的都并非单纯的活动事态或结果事态,而是由两者结合而来的复合事态。^①

英语通常使用动结式(Verb-Resultative Construction)来表达上述复合事态,句子结构一般为"主语+动词+宾语+结果补语"(简单记作 S<u>V</u>O<u>R</u>)。与此相对,日汉两语在表达上述复合事态的语言形式上更为相似,日语的句子结构一般为 SO<u>VR</u>,而汉语为 S<u>VR</u>O。即表示施事动作的 V 与表示客事结果的 R 在形态上紧密相连,结合为"复合动词"的形式。^② 而且,这类复合动词都包含结果的意思,且表达"动作/原因—结果"的连锁概念",本书将其称为"结果复合动词"。

如上所述,日汉两语中都存在结果复合动词,它们在形态上相似、意思上也互相对应。但观察上例可以发现,它们之间仍存在一些差异。

首先,来看例(1)的结果复合动词。例(1b,c)的"押し倒す"和"推倒"的前项都为及物动词,复合动词整体也都为及物动词。但,后项动词的及物性却不相同,日语的"倒す"为及物动词,汉语的"倒"为不及物动词。上述及物性的差别并非特例。汉语中大部分结果复合动词的后项都为不及物动词,但复合动词整体为及物动词;而日语中的及物性结果复合动词,其后项也必须为及物动词。而且,例(1b)与(1c)的差异不仅如此。如"太郎はその木を押し倒している"一句所示,"押し倒す"可以与表示动作进行的"ている"共用,而"推倒"却无法与"(正)在"共用," *张三(正)在推倒那棵树"不成立;又如,在"太郎は一時間その木を押し倒した"一句中,"押し倒す"与时间副词"一時間"(相当于 for an hour)共用,表示"太郎试图推倒树的动作持续了一个小时"。而在"张三推倒那棵树一个小时了"一句中,"推倒"与后置时间词"一

---

① 例(3)类型与例(1)、例(2)不同,不包含活动事态,但也区别于单纯的结果事态。如,"冰淇淋冻硬了"与"冰淇淋硬了"两句的意思和所表示的状态变化并不完全相同。详见后文的论述。

② 长期以来,国内外汉语研究界对"推倒""跑累"等语言形式的概念界定存在争议,不同学者使用了不同的概念。如"使成式""动结式""复合动词"等。本书使用复合动词这一概念,相关的具体论述见第二章。

个小时"共用,却表示"那棵树倒了的状态变化持续了一小时"。换言之,前者表示动作的持续,后者表示结果状态的持续。由此可见,"押し倒す"和"推倒"虽然同样表示由"活动事态"和"结果事态"复合而来的复合事态,但两者所表述的事态类型却不相同。那么,为什么"押し倒す"和"推倒"之间会在后项动词的及物性和事态类型上呈现出差异?

　　其次,来看例(2)中的结果复合动词。例(2b,c)的"走り疲れる"和"跑累"前项都为非作格动词,后项都为非宾格动词,在构词语素的及物性上一致。而且,两者所示的事态类型也相同。如,"走り疲れる"与"一時間で""跑累"与前置时间词"一个小时"(相当于 in an hour)共用,都表示"到发生'累'的状态变化历时一个小时";而且,它们都不能与表示动作进行的"ている"或"(正)在"共用。① 但是,两者之间仍存在区别。汉语的结果复合动词"跑累"除了可以用于(2c)的句式外,还可以用于诸如"张三跑累了李四"这样的具有致使义的句式中;而日语的结果复合动词"走り疲れる"却只有非宾格用法,只能用于例(2b)型的句式中。那么,构词语素的及物性、事态类型均相同的"走り疲れる"和"跑累",为何会产生上述差异?

　　最后,再看例(3)中的结果复合动词。例(3b,c)"凍り付く"和"冻硬"的前项和后项动词都为非宾格动词,在构词语素的及物性上表现一致。② 而且,两者所示的事态类型也相同。如,与"一時間で"、前置时间词"一个小时"共用,都表示"到发生'冻硬'的状态变化历时一个小时";另外,"凍り付く"和"冻硬"两者都不包含活动事态,也都不能表示动作的进行。不仅如此,与例(2b,c)不同,例(3b,c)的"凍り付く"和"冻硬"都只能用于非宾格动词句,不能用于具有致使义的句式中,如"*零下20度的低温冻硬了那块冰淇淋""*マイナス20度の低温はそのアイスクリームを凍り付けた"等均不成立。如上所示,日汉两语的例(3)类结果复合动词较之例(1)、例(2)类存在更多

---

　　① "走り疲れる"虽可与"ている"共用,但此时的"ている"并不表示动作的进行,而是结果状态的持续。有关结果复合动词事态类型的考察与分析详见第六章。

　　② 汉语结果复合动词的后项除了非宾格动词,还有一些形容词。但这些形容词在语法性质上与非宾格动词十分相似,本书不作明确区分。相关的具体论述见第三章。

共性。那么,为何如此? 而且,是否所有"非宾格动词+非宾格动词"的日汉结果复合动词都存在上述的共性?

综上所述,日汉结果复合动词之间存在共性的同时,也在复合动词的构词语素、及物性和所示的事态类型等方面体现出差异。那么,具体而言,日汉结果复合动词之间在哪些方面存在共性? 又在哪些方面存在差异? 为何会产生这些差异? 明确上述问题,有助于我们更好地理解日汉结果复合动词复杂的结构和语义,归纳出语言类型间的共性与个性,同时也能窥探出"结果复合动词"这一语言形式所具有的跨语言特征。而本研究的开展正是基于这样的背景和研究目的。

1.2　研究现状及存在的问题

复合动词在结构和语义上具有不同于单纯动词的复杂性,而且在动词中所占比例大、使用频率高,因此在日汉两语的词汇中都占有重要的地位。① 一直以来,复合动词的相关研究在国内外语言学研究领域都是倍受关注的热点和重点课题,并积累了丰富的前期成果。

首先,日语学界对复合动词的研究大概始于 20 世纪 50 年代,80 年代逐渐受到瞩目,从 90 年代开始相关成果明显增多。随后,日本国内外都涌现出了大量的日语复合动词相关研究。迄今为止,日语复合动词的相关研究主要集中在以下几个方面。

第一,立足于生成语法的日语复合动词研究。影山太郎(1993,1996,1999)的系列研究、松本曜(1998)、由本阳子(1996,2005)等研究主要着眼于日语复合动词的生成过程,分析了构成复合动词的前、后项动词间的合成关系、复合动词的构词规则等。影山太郎(1993)基于日语复合动词的不同生成

---

① 根据森田良行(1978)的调查显示,『例解国語辞典』中收录的日语复合动词数大约占日本人日常使用动词的40%,如果再加上"～すぎる"等词典中未收录、但却可以加在绝大多数动词后构成复合动词的情况,那么复合动词将不计其数。

部门,提议了"词汇型复合动词"和"句法型复合动词"的二分法。这一分类在日语复合动词研究领域极具代表性,为日语复合动词其他研究的开展奠定了基础,具有很高的指导意义。另外,影山太郎(1993)提议的"及物性和谐原则"、松本曜(1998)提议的"主语一致原则"、由本阳子(2005)提议的"非宾格性优先原则"等有关日语复合动词的构词规则,以及影山太郎(1999)提议的"单一路径限制"规则在日语复合动词中的应用等,都进一步明确了日语复合动词的合成规则及前后项动词之间的关系,也为后续日语复合动词相关研究的开展奠定了基础。何志明(2002)的系列论文、李良林(2002)、野田大志(2007)等研究都以影山复合动词分类中的"词汇型复合动词"为对象,进一步分析了这类复合动词前后项间的语义关系及结合形式;何志明(2002)、张楠(2020)等在影山太郎(1999)的基础上进一步探讨了"单一路径变化"规则对日语复合动词构词的适用性,并进行了补充说明;浅尾仁彦(2007)分析了日语复合动词前后项之间的语义结合规则;朱春日(2009)、陈劼择(2010)、日高俊夫(2012,2013)、史曼(2015)、张楠(2021)等基于及物性和谐原则,考察了日语中不遵循该原则的复合动词的致使交替现象。

第二,基于描述性语法视角的日语复合动词研究。关一雄(1958,1960,1966,1967,1968,1969,1977)针对日语复合动词在形式和语义上的变迁展开了一系列的历时性研究;武部良明(1953)、寺村秀夫(1969,1984)、石井正彦(1988,1992,2007)等研究重点探讨了日语复合动词中前、后项动词的语法特征,以及复合动词的语义结构等;森田良行(1978)、由本阳子(1996)、松本曜(1998)、影山太郎(2013)等研究根据复合动词前项与后项之间的语义关系对日语复合动词进行了分类,这些分类有助于更好地理解复合动词的内部语义结构;姬野昌子、斋藤伦明、杉村泰、松田文子、杨晓敏等学者则将研究重点放在日语复合动词后项的语义,从复合动词后项具有的多义性、类义性及语法化等方面进行了系统分析。尤其是,姬野昌子(1975,1976,1977,1978,1979,1980,1982,1999)的系列研究针对"あがる—あげる""出る—出す""つく—つける"等具有多义性的日语复合动词后项的不同用法进行了具体说明和归类,同时也明确了类义性复合动词之间在用法上的区别,为其他相关研究的开展奠定了很好的基础。斋藤伦明(1985,1992)考察了"~返す"等后项动词的多义性,并分析了各个语义与原义之间的派生关系;杉村泰(2006,2007,2008,2009,2010,2011,2012,2013,2014,2017)的系列研究依托于语料库,分别对"~直る""~戻る""~残す""~渋る""~切る"等日语复合动词后项的语义进行了分析。另外,伴随认知语义学的发展,将认知语义学的理论运用到复合动词语义分析的研究也逐渐开展。松田文子(2000,2001,2002,2004,2006)等利用"核心图式理论"对日语复合动词中"~込む"等后项动词的多义性进行了分析;杨晓敏(2009,2014,2017,2018,2019)同样利用上述理论对日语复合动词前项的语义虚化以及后项的多义性等进行了较为全面的论证。除此之外,田边和子(1995)、百留康晴(2004)、三宅知宏(2005)、志贺里美(2014)、张楠(2019)等研究从语法化的角度切入,分析了"~出す""~切る""~通す""~抜く"等多义性后项动词的各语义间的关联。

　　第三,有关日语复合动词的对比研究。生越直树(1984)选取日语复合动词中造词能力较强的后项动词为对象,对比分析了它们与朝鲜语间在意思上的对应关系。结果表明,日语复合动词中的很多后项动词所对应的是朝鲜语中的副词或副词句,而并非复合动词的后项;塚本秀树(2013)针对日语和朝鲜语中的复合动词成立情况等也都进行了对比分析;侍场裕子(1990,1991,1992,1993)的系列研究分别考察了汉语中"动词+结果补语""动词+方向补语"的结构及与日语复合动词之间在意思上的对应关系;李暻洙(1997)考察了日语复合动词的后项"~出す"与朝鲜语的"~nay-ta"之间的语义对应关系,明确了两者之间的语义重合部分与各自的独立用法,并探讨了不同语义对应关系对学习者复合动词习得的影响。上述对比研究或是以日语复合动词整体、或是以复合动词中的某个或某几个后项动词为对象,比较它们与其他语言在意思或形式上的对应关系。但在比较对象的选定上,存在范围过窄或过于宽泛的问题,可比度不强。与此相对,望月圭子(1990)针对一类表示"动作—结果"语义关系的复合动词提出了"结果复合动词"的概念。随后,望月圭子(2006)、申亚敏(2005,2007,2009)、沈力(2013)、张楠(2019)等围绕这类复合动词开展了一系列日汉两语间的对比研究,考察了日汉结果复合动词在句法结构、语义关系等方面的差异。上述有关结果复合动词的研究为本研究的开展提供了很好的基础和指导。

第四,有关日语复合动词的习得研究。随着二语习得理论的发展及在外语教学中的应用,针对日语学习者的复合动词习得研究也逐渐开展。从2000年开始,松田文子的系列研究揭开日本学界有关复合动词习得研究的序幕。松田文子(2002,2004)将认知语言学理论运用于复合动词的语义分析,采用核心图式理论分析复合动词的多义性,并将多义性的分析与复合动词的习得相结合,明确了学习者在习得上的难点及原因。随后,国内外日语教育学界涌现了大批复合动词习得的相关研究。陈曦(2004,2007,2012,2018)的系列研究主要以母语为汉语的日语学习者为研究对象,考察了学习者的复合动词习得顺序以及习得过程中的偏误现象,并明确了产生偏误的原因;杉村泰(2011,2012,2014,2015)的系列研究也针对母语为汉语的日语学习者展开调查,考察了他们对日语复合动词中几类常用后项动词的习得情况,并从母语迁移等角度分析了习得现状的成因;张威、王怡(2011)以中日两国日语教师、研究生、本科生和高中生为对象,调查了有关日语复合动词的习得意识,明确了日语为非母语者对学习复合动词的高度需求以及只能依靠课堂教学的困境;于康(2011)、曹大峰(2011)等开展了基于日语教材语料库的复合动词调查,明确了国内有关日语复合动词教学的现状,并提出了相关教学策略和今后的课题;王若楠(2011)对日语专业学生写作中出现的复合动词偏误现象进行了分析;杨晓敏(2014)考察了日语复合动词中的多义性后项动词各个语义的习得难易度,并在此基础上提出了相应的学习策略;邹奇凤(2015)对汉译日中的复合动词偏误现象及原因进行了分析;张楠(2019)考察了KY①语料库中的复合动词误用例,并分别分析了"错用""过用"和"避用"三种误用类型;随后,张楠(2020)针对学习者在日语复合动词习得中出现的"避用"现象这一新视角展开调查,并从汉日对照和母语迁移等角度分析了学习者"避用"复合动词的原因。

---

① K与Y分别为语料库创建者镰田修和山内博之的罗马字首字母。

　　另一方面,与日语复合动词的研究相比,以汉语复合动词作为主题的研究相对较少。这主要是因为,"复合动词"这一概念在汉语研究领域并未得到广泛推广,国内汉语研究界一般使用"动补结构""使成式"或"动结式"等概念。20 世纪 60 年代,赵元任先生提出了"动补复合词"的概念,汤延池(1989)、沈力(1993)等研究在此基础上进一步使用了"复合动词"的概念。但总体而言,在国内汉语学界,仍以动补结构、动结式的研究为主流。与此相对,国外的汉语研究领域倾向于使用"结果复合动词""使成复合动词"等概念(太田辰夫1958;志村良治1984;望月圭子1990;石村广2000 等)。本书采用复合动词的概念,将汉语中的"推倒""跑累"等语言形式称作结果复合动词。① 下面,简单归纳国内外有关汉语结果复合动词的相关研究。

　　第一,立足于生成语法的汉语复合动词研究。LiYafei、袁毓林、施春宏、何元建、熊仲儒等学者都从生成语法的角度对汉语结果复合动词进行了研究。LiYafei(1990)运用格理论和题元角色理论研究了结果复合动词中的题元角色突显性和题元整合的关系;袁毓林的系列研究分析了各种类型结果复合动词的论元整合模式,概括出论元指派的准入规则;郭锐、施春宏也分别考察了结果复合动词的论元整合与提升过程,分别提出了"近距原则"和"界限原则",更加明确了结果复合动词的配价及论元实现机制,施春宏的《汉语动结式的句法语义研究》一书,更是近年来最全面和系统的相关研究著作之一。不仅国内学者,Sybesma、James Huang 等西方著名学者也从生成语法的视角对汉语结果复合动词的句法结构展开分析。Sybesma(1999)运用"小句分析法"来探析结果复合动词的生成机制,袁毓林、熊仲儒等学者的相关研究便是基于Sybesma 的"小句分析法"。除此之外,太田辰夫、志村良治、石村广、望月圭子、木村英树等日本学者也先后考察了汉语结果复合动词的结构和语义特征。

　　第二,基于描述性语法视角的汉语复合动词研究。首先,王力、朱德熙、沈家煊等著名学者分别考察了汉语结果复合动词的结构特征。王力先生将汉语

---

　　① 本书采用结果复合动词的概念,不仅是为了与口语相统一,也是因为汉语中的这种语言形式同样具备复合词的特征。具体论述见第二章。另外,为了术语上的统一,下文在介绍前人研究时,统一使用"结果复合动词"来替代前人研究中的"动结式""动补结构"等说法。

结果复合动词称为"使成式",认为它在形式上由一个外动词和一个形容词或自动词构成,在语义上表示行为动作及其结果;朱德熙先生将其称为"动结式",认为它由两个动词或一个动词、一个形容词构成,形成动补结构;沈家煊先生认为汉语结果复合动词为动补结构,且在这一结构中补语为核心部分,动词则为附加成分。除此之外,李临定(1984)、马希文(1987)、詹人凤(1989)等也都把结果复合动词中的"补"视为结构中心,将"动"看作从属成分。与此相对,范晓(1985)则认为动词才是结构核心,补语为从属成分。对于汉语结果复合动词的核心一说,至今在不同学者之间仍存在争议,尚无定论。其次,很多学者从不同角度对汉语结果复合动词的语义进行了分析。范晓(1985)、王红旗(1996)等对补语的语义进行了详细说明。王红旗(1996)将结果补语细分为"状态补语""评价补语"和"结果补语"三类。除此之外,詹人凤(1989)、梅立崇(1994)、李小荣(1994)等考察了结果复合动词中结果补语的语义指向。詹人凤认为,在主宾同现的结果复合动词句中,结果补语为及物动词,则表述主语;结果补语为不及物动词或形容词时,则表述宾语。梅立崇(1994)、李小荣(1994)等从语义的角度进行了进一步的补充说明。最后,还有一些学者运用认知语言学的理论对汉语结果复合动词的语义进行分析。沈家煊(2004)结合认知语言学理论分析了"追累"式结果复合动词的结构和语义特征;张翼(2009)研究了汉语倒置结果复合动词句的整体意义与其组成部分相匹配的认知理据,明确了汉语结果复合动词的认知构建过程;王寅(2009)等利用认知语言学的理论对汉语结果复合动词的事件结构进行了分析。

　　第三,有关汉语复合动词的习得研究。伴随全球汉语学习人数的不断增长,汉语作为第二语言习得的研究也逐渐开展。李大忠(1996)、施家炜(1998)、成燕燕(2002)、袁博平(2009)、陆燕萍(2012)等研究分别针对不同母语的汉语学习者,考察并分析了他们对汉语结果复合动词的习得情况、习得难点等,上述相关的习得研究主要集中在学习者对复合动词的偏误分析。但偏误分析一般偏重对语言表层形式结构的分析,对形式和意义的关系关注较少。但伴随构式语法的兴起与发展,语言形式与意义的结合受到更多重视。施春宏(2017)在《汉语构式的二语习得研究》一书中明确了从构式角度进行汉语习得研究的重要性。马志刚(2014)、朱昊文(2017)等从构式角度进行了汉语结果复合动词的习得研究,为汉语复合动词的习得研究打开了新窗口。

第四,有关汉语复合动词的对比研究。国内一些有关汉语结果复合动词的对比研究一般集中在汉英两语间的对比。罗思明(2009)、赵琪(2009)、何玲(2013)、魏薇(2016)等都通过与英语动结式进行对比,明确了汉语结果复合动词与英语动结式在句法结构方面的差异。与此相对,日本汉语学界开展了一些有关汉日复合动词的对比研究。望月圭子(1990,2006)、申亚敏(2009)、沈力(2013)等以日汉两语的结果复合动词为对象进行了对比研究,但主要侧重于结构上的对比分析,对于结果复合动词的语义结构、事态类型等语义方面的对比略显不足。总体而言,有关汉语复合动词的对比研究主要集中在汉英两语间的对比,日汉间的对比研究相对薄弱,且不够全面。因此,系统对比分析日汉结果复合动词句法语义的研究有待进一步开展。

综上所述,国内外语言学界都对日汉两语的复合动词展开了多维度的研究,并取得了较为丰硕的研究成果。但整体而言,语言类型间的对比研究相对薄弱。而且,现有的日汉复合动词对比研究也存在一些问题。如,作为比较对象的复合动词范围不够明确,存在无可比性或可比度不高的情况;现有的对比研究大多停留在复合动词形态和语义表征上的对比,并未深度剖析其句法语义结构的差异及原因,缺乏全面系统性的对比研究。近年来,伴随语言类型学的发展,不局限于目标语言本身,通过与其他语言的对比来探究语言间的共性和个性,成为语法研究的必然发展趋势。因此,有必要针对日汉结果复合动词开展更为全面系统的对比研究。

1.3 研究思路及理论框架

本书主要以句法学(Syntax)和词汇语义学(Lexical Semantics)为基础理论框架,展开对日汉两语结果复合动词句法语义的对比分析。

首先,论元结构和题元角色是句法学中的重要概念,也是动词研究中的核心议题。尤其是对于结果复合动词而言,明确其论元结构和题元角色之间的关系,以及前后项动词间的论元提升整合过程,有助于更直观地把握结果复合动词的内部结构及构词规则。本书在第四章重点就日汉结果复合动词的论元结构和整合提升过程展开考察,并在此基础上提出适用于日汉结果复合动词构词的"变化主体一致原则"。这一原则是针对结果复合动词构词提出的新规则,具有跨语言效应,可以对复合动词的既有构词规则作出很好的补充。

其次,词汇语义学是语义学研究的一个分支,主要研究词和语素的语义结构等。结果复合动词区别于单纯动词,由两个语素复合而来,且各语素的语义结构及合成过程也较为复杂。本书第三章将对日汉结果复合动词的构词语素进行考察,明确其语法属性。第五章将在此基础上,分析各构词语素的语义结构以及语素间语义结构的合成,提出适用于日汉结果复合动词的语义结构合成规则。这一规则的提出,也能更好地反映结果复合动词的语义结构与论元结构之间的相互对应关系。另外,本书在表述结果复合动词的语义结构时,主要参照影山太郎(1996)对动词词汇概念结构的分析和表述。

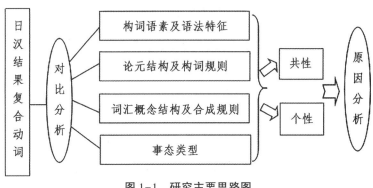

图 1-1　研究主要思路图

最后,基于上述对结果复合动词语义结构的分析,进一步考察结果复合动词的事态类型。Vendler(1967)最早将动词的事态类型分为状态([y BE AT-z])、活动事态([x ACT (ON y)])、达成事态([y BECOME [y BE AT-z]])、完结事态([x ACT (ON y)] CAUSE [y BECOME [y BE AT-z]])四大类,它们分别的语义结构如括号内所表述。结果复合动词同时包含施事动作和客事变化的含义,表达由活动事态和结果事态结合而来的复合事态。那么,它们具有怎样的语义结构?又表达怎样的事态类型?本书第六章将对此进行考察和分析。

总而言之,本书以上述理论框架为基础,尝试从日汉结果复合动词构词语素的语法特征、构词规则、论元结构的整合与提升、词汇概念结构及其合成、事态类型等多个角度出发,全面考察日汉结果复合动词在句法语义等方面的特征,分析日汉两语结果复合动词在句法语义方面的共性与差异,并探讨产生差异的原因。与此同时,也探讨结果复合动词这一语言形式所具有的跨语言的特征。

1.4 本书的章节构成

本书共由七章构成,各章节内容安排如下:

第一章为序章,基于日汉结果复合动词在构词语素、事态类型等句法语义方面体现出的异同,介绍本书的研究背景和研究目的;梳理国内外有关日汉复合动词的先行研究,明确其遗留的问题点;阐述本书展开对比研究的理论框架及研究思路。

第二章对结果复合动词的概念及本书的研究对象展开进一步论述。阐述日语和汉语中对复合动词的定义及界定标准,并在此基础上明确作为本书研究对象的日汉结果复合动词的范围;以日汉结果复合动词为对象,从前后项动词的结合度、后项的结果语义指向等角度进行下位分类。

第三章重点考察日汉结果复合动词的构词要素以及各构词要素所具备的语法特征。考察构成日语和汉语结果复合动词前项、后项的构词要素及其语法特征;在此基础上,对比日汉结果复合动词在构词要素及其特征上的共性和差异,分析造成差异的原因。

第四章重点考察日汉结果复合动词的论元结构,提出适用于结果复合动词构词的"变化主体一致原则"。阐述有关日汉复合动词的既有构词规则并指出其问题点；在既有构词规则的基础上提出"变化主体一致原则"；考察日汉结果复合动词的论元结构及论元合成过程，探讨上述原则对日汉结果复合动词的适用性。

　　第五章重点考察日汉结果复合动词的词汇概念结构，提出有关结果复合动词概念结构的合成规则。考察与结果复合动词概念结构相关的各类概念谓词，明确其语法特征及在本章中的应用；考察分析结果复合动词合成过程中前、后项动词的词汇概念结构间的合成规则；并利用该合成规则分别考察日汉结果复合动词中各类复合动词的词汇概念结构及合成过程。

　　第六章重点考察日汉结果复合动词所表达的事态类型。在论述动词所表达的四种事态类型及其语法特征的基础上，结合具体事例和语法测试，考察日汉结果复合动词分别所表达的事态类型；分析日汉结果复合动词表达事态类型的倾向及其原因。

　　第七章为结论。在回顾和总结本书前六章内容的基础上，归纳日汉结果复合动词在句法语义等各方面的共性与差异，探讨结果复合动词这一语言形式的跨语言特性；展望今后有待进一步开展的相关研究课题。

第二章　日汉两语的结果复合动词及其分类

　　依序章所述,日汉两语中诸如"押し倒す/推倒""走り疲れる/走累""凍り付く/冻硬"等表达"动作/原因—结果"连锁概念的语言形式称为"结果复合动词"。那么,首先什么是复合动词? 日语和汉语中的复合动词在概念和界定标准上是否一致? 其次,日汉两语的复合动词分别包含哪些类型? 结果复合动词在众多类型中又是如何定位? 最后,结果复合动词是否也存在下位分类? 换言之,在前后项的结合情况、语义、语法性质等方面,不同的结果复合动词之间是否体现出差异?

　　本章主要就上述几点问题展开论述,在阐明"复合动词"概念的基础上,进一步明确日汉结果复合动词的所属范围,并尝试分别从前、后项间构词的角度和后项动词语义指向的角度出发,对结果复合动词进行分类,考察结果复合动词内部的不同类型。本章的具体内容如下:2.1 节主要阐述日语中复合动词的定义和界定标准等;2.2 节介绍前人研究中对日语复合动词从构词、语义关系等不同角度进行的分类,并在此基础上明确日语结果复合动词的概念和范围;2.3 节主要阐述汉语中复合动词的概念及其界定标准等;2.4 节明确汉语结果复合动词的概念及范围,并参照影山太郎(1993)对日语复合动词的分类,尝试将其分为词汇型和句法型两类;2.5 节从后项动词的语义指向角度出发,将日汉两语的结果复合动词分别划分为"主语指向型"和"宾语指向型"两大类,并在此基础上探讨"直接宾语限制"对日汉结果复合动词的适用性;2.6 节对本章内容进行总结。

2.1　日语的复合动词

复合动词是日语词汇的重要组成部分。森田良行(1978:71)对复合动词在现代日语中所占比例进行过统计,他指出"日本人日常使用的动词中有40%为复合动词"。正因为复合动词在日语词汇中的重要地位,无论是在语言学研究领域,还是在日语教学研究领域复合动词都成为了重点和热点研究课题。下面,我们先来对日语的复合动词进行简单的概述。

2.1.1　复合动词的定义

首先,日语中的复合动词有广义和狭义之分。《新版日本语教育事典》(2005:69)对复合动词做了如下定义:

"复合动词——名词、形容词、副词(拟态词)和动词的结合(如息づく、近づく、ふらつく)。与动词的结合方式多样,造词能力强,十分重要。"

这是广义上对复合动词的定义,是指由不同的前项语素与后项的动词结合而来的动词。野村雅昭(1977)、玉村文郎(1988)、长岛善郎(1997)等以广义的日语复合动词为研究对象,按照构词成分的不同对其进行了分类。下文例(1)为长岛善郎的分类。

(1) a. 动词+动词:暮れ残る、染み込む
　　 b. 名词+动词:名指す、泡立つ、習慣づける
　　 c. 形容词+动词:近寄る、若がえる、元気づく
　　 d. 副词+动词:ぼんやりする、しみじみする
　　 e. 接头辞+动词:さしあげる、さまよう

如上所示,复合动词的前项可以为动词、名词、形容词或副词等多种语素,但后项均为动词。因为日语为右核心语言,位于右侧的后项动词决定复合动词整体的词性为动词。

接下来看狭义的复合动词。狭义上的复合动词是由两个动词合成而来,在形态上是一个动词的连用形与另一个动词的复合形式,如上文例(1a)。相比于广义的复合动词,狭义的复合动词在日语研究中的应用更为普遍。如影山太郎(1993)、松本曜(1998)、由本阳子(1996,2005)等关于日语复合动词的代表性研究都是以狭义的复合动词为研究对象的。

本书同样以狭义的复合动词作为研究对象,并将其定义如下:

"日语中诸如'押し倒す''叩き壊す'等由前一个动词的第一连用形与后一个动词结合而成的动词称为复合动词。其中,前一个动词叫作前项动词或V1,后一个动词叫作后项动词或者V2。"

2.1.2　形态上的紧密性

日语复合动词虽然由前、后两个动词结合而来,但其仍然具有一个词的特性。

影山太郎(1993:10)指出,判断一种语言形式是否为词,最为可靠的判断标准是形态上的紧密性。第一,形态上的不可分性。即一个词在句法上不能分隔。如,"首相は国際会議に出席した"一句中的"国際会議"是一个词,无法在一个句子中将"国際"与"会議"分开。因此,"＊首相が会議に出席したのは国際だ。"一句不成立。第二,排除句法性要素。即一个词的内部不能插入格助词、时、体等语法要素。如,"雨が降った"这一由"雨""降る"构成的句子中可以出现格助词"が"、表示时态的"た";但"雨降り"这一复合词中则不能插入格助词、时态等标记。第三,禁止外部修饰。即从外部无法对词的某一部分进行修饰。如,在"秋の[京都旅行]"中,"京都旅行"为一个词,因此"秋の"用来修饰的为"京都旅行"整体,而不能只修饰"京都"。第四,词汇呼应的限制。即一个词内部的要素无法用代名词指代或在句子中删除。如,"せっか

く金魚を掬ったのに、(その金魚が)逃げてしまった"一句成立,而" *せっか
く金魚掬いをしたのに、逃げてしまった"一句则不成立。这主要是因为,
"逃げる"的主语是"金魚",而在后句中它只是复合词"金魚掬い"中的一部
分,故这种释义无法成立。

　　如上所述,形态上的紧密性是判断一种语言形式是否为词的有效方法。
影山太郎(1993)在上述方法的基础上,进一步证明了日语复合动词在形态上
的紧密性。首先,影山提出的第一个证据是,复合动词的 V1 与 V2 之间不能
插入任何句法性要素。如下文例(2)所示。

(2)a. *飛びモ上がる、*泣きモ叫ぶ、*歩きモ回る
　　b. *食べモ続ける、*しゃべりモまくる、*食べモかける

(影山太郎 1993:76)

　　如上,无论是(2a)还是(2b)的复合动词,V1 与 V2 之间都无法插入副助
词"モ(也)",说明 V1 与 V2 紧密结合为一个词。①

　　其次,影山又通过"等位结构的删除"这一句法测试证明了复合动词在形
态上的紧密性。具体如例(3)所示。

(3)a. *その夜、兄は神戸で飲み歩き、弟は大阪で食べ歩いた。
　　b. *ちょうど同じ時に、姉は本を読み終え、妹はレポートを書き終
　　　えた。

(影山太郎 1993:77)

　　一般来说,在等位接续构式中,重复出现的部分可以进行删除。如在"兄
は国立大学の法学部に入り、弟は私立大学の法学部に入った。"一句中,从句

---

　　①　影山太郎(1993)将日语复合动词分为词汇型复合动词和句法型复合动词两大类。上
述(2a)为词汇型复合动词,(2b)为句法型复合动词。有关两者的详细说明见后文。

与主句中重复出现了动词"入る",或者说动词词组"法学部に入る",因此可以对这部分进行删除。句子可以变换为,"兄は国立大学の法学部に入り、弟は私立大学の法学部に入った。"或者,"兄は国立大学の法学部に入り、弟は私立大学の法学部に入った。"但是,上述这种删除规则并非毫无限制,对于一个词内部的要素无法进行删除。反观上文例(3),虽说(3a)的"飲み歩く"、"食べ歩く"中包含相同的语素"歩く",(3b)的"読み終える""書き終える"中包含相同的语素"終える",但却无法对这些重复部分进行删除,(3a)、(3b)均不成立。这也从侧面说明了"飲み歩く""読み終える"等复合动词为不可分割的一个词。

综上,日语中的复合动词虽说由两个动词合成而来,但两者间在形态上结合紧密,充分反映了词的特征。另外,日语复合动词的前项动词并非词干,而是第一连用形的形式,这也从侧面印证了日语复合动词在形态上的紧密性。

下面,为了加深对日语复合动词这一语言形式的理解,我们来考察它具体有哪些分类。

2.2　日语复合动词的分类

2.2.1　基于复合动词句法特征的分类

首先,寺村秀夫(1969,1984)着眼于 V1、V2 两个动词独立使用时的语义与作为复合动词前后项时的语义之间的关系,对复合动词作了如下分类,如例(4)所示。其中,V 代表自立词,表示动词单独使用时的意思、语法特征等在复合动词中依然保持不变;v 代表附属词,表示动词单独使用时的意思等在复合动词中发生虚化或消失。

(4)a. V-V:走り去る、持ち上げる

b. V-v:走り込む、見上げる

c. v-V:打ち眺める、とり押さえる

d. v-v:とりなす、のり出す

在(4a)"走り去る(跑开)"的复合动词中,V1"走る"为"跑"的意思,V2"去る"意思为"离开某个地方",与它们各自单独使用时意思基本一致;(4b)的"走り込む(跑到底)"中,V1"走る"也是"跑"的意思,与单独使用时意思一致。但V2的"込む"单独使用时的意思为"进入某个空间内部",而作为"走り込む"的V2时,却表示"尽力地、到最后"的意思;①(4c)的"打ち眺める"中,V1"打つ"单独使用时表示"打"的意思,而在上述复合动词中基本上失去了原义,仅起到强调、加强V2动作的作用。但V2的"眺める"无论单独使用时,还是在上述复合动词中,都表示"眺望"的意思;(4d)的"とりなす"整体的意思为"周旋、调解",不能单独分析出V1"とる"和V2"なす"分别表示的意思,也就是说"とる(执)""なす(成)"都失去了原义,且两者结合为复合动词后产生了一个新的语义。

寺村的上述分类有利于更为直观地了解日语复合动词构词前后的V1、V2的语义变化。但是,对于自立词和附属词的判定并不容易,而寺村的研究中也未制定明确的判定标准。山本清隆(1984)、姬野昌子(1999)等指出,如何正确分辨自立词与附属词是作好这一分类的前提。松田文子(2004:16)从寺村的分类对日语教育的应用这一视角出发,指出"日语学习者对于后项动词是自立词还是附属词的判断十分困难。即使可以作出判断,且根据动词是自立词还是附属词去尝试理解V1与V2意思上的相互作用,但仅凭这点去理解复合动词在语境中的意思还是困难的"。但无论如何,寺村秀夫的分类确实为复合动词其他分类方式的开展提供了较好的前期基础。

---

① "走り込む"这一复合动词实际上为多义词,除表示上述"跑到底"的意思之外,还可以表示"跑进去"的意思。在后者的释义中,V2"込む"保留了单独使用时"进入某个空间内部"的意思。那么,按照寺村秀夫的分类,当"走り込む"表示"跑进去"的意思时,应该属于(4a)的V-V类。

其次,在寺村秀夫分类的基础上,山本清隆(1984)从格支配的视角出发,着眼于复合动词的格成分与 V1 或 V2 的对应关系,对复合动词进行了如下分类。

(5)a. 复合动词的格成分与 V1 和 V2 分别对应。

　　 例:男が煙草を投げ捨てる→男が煙草を投げる、男が煙草を捨てる

　 b. 复合动词的格成分与 V1 对应,与 V2 不对应。

　　 例:男が空を見上げる→男が空を見る、*男が空を上げる

　 c. 复合动词的格成分与 V2 对应,与 V1 不对应。

　　 例:災難が打ち重なる→ *災難が打つ、災難が重なる

　 d. 复合动词的格成分与 V1、V2 皆不对应。

　　 例:男が失敗を繰り返す→ *男が失敗を繰る、*男が失敗を返す

如上,山本清隆(1984)相比于寺村从 V1、V2 语义上的分类来说,更侧重于从 V1、V2 对名词如何支配这一句法分析的立场。也可以认为是在寺村四分法的基础上,尤其是针对自立词、附属词的判定问题,提出了更为具体、客观的标准。但姫野昌子(1999)指出,日语中依然存在一些无法按照上述基准机械性地去判定的事例。如“本を読み始める→本を読む、*本を始める”所示,“読み始める”属于上述(5b)类型;又如“練習をやり始める→練習をやる、練習を始める”所示,“やり始める”属于上述(5a)类型。那么,同为“V 始める”,且 V1 的“読む”和“やる”在语法性质上并无太大差异,而这两个复合动词却分属于不同类型,确实有些解释不通。因此,山本清隆的分类也有待进一步探讨。

最后,再来看长岛善郎(1997)的分类。长岛的分类不同于上述寺村、山本的四分法,他根据 V1 与 V2 之间的修饰关系将复合动词分为以下两大类。其中,修饰要素标记为 v,被修饰要素标记为 V。

(6)a. Ⅰ类:v1+V2 型(修饰要素+被修饰要素)

例:(木を)切り倒す、(町を)見廻る

　b. Ⅱ类:V1+v2 型(被修饰要素+修饰要素)

例:(本を)読みとおす、(インクが紙に)染み込む

　　长岛指出,上述两类复合动词的语义核心不同。在Ⅰ类复合动词中,V2为复合动词的语义核心,v1 对其进行一定的限制和修饰。如"切り倒す"中,v1"切る(砍)"限定了"木を倒す(弄倒树)"的方法手段;"見廻る"中的 v1"見る(看)"限定了"町を廻る(巡街)"时伴随的动作样态。而在Ⅱ类复合动词中,V1 为复合动词的语义核心,v2 对其起到修饰或强调程度等作用。如"読みとおす"表达的语义重点为"本を読む(读书)",那么 v2"とおす"对上述动作进一步修饰,表示"从头读到尾";"染み込む"表达的语义重点为"インクが紙に染みる(墨汁渗到纸上)",而 v2"込む"则对 V1 渗入的状态进行强调,表示"完全、彻底地渗入"。如上所示,长岛善郎的二分法明确了分类基准,相对于寺村秀夫的分类可谓更进一步。但同时,长岛本身也意识到这一分类方法的不足之处,那就是日语中有很多复合动词无法纳入到上述两大类中。如"泣き喚く(哭喊)""忌み嫌う(忌恨)"等复合动词,V1 与 V2 在意思上并不存在上述的修饰与被修饰关系,而是并列关系。因此,长岛的上述分类也有待进一步完善。

　　综上,寺村秀夫(1969)、山本清隆(1984)、长岛善郎(1997)等前人研究从不同视角对日语复合动词进行了分类。但整体而言,上述几种分类都侧重于复合动词 V1 和 V2 的句法特征,而且存在一定的局限。与此相对,影山太郎(1993)立足于生成语法,从构词的角度将日语复合动词分为"词汇型复合动词"和"句法型复合动词"两大类。这一分类在日语复合动词的研究领域极具代表性,为随后其他相关研究的开展奠定了基础,由本阳子(1996)、松本曜(1998)等研究都在此基础上展开。

2.2.2　基于复合动词构词的分类

影山太郎(1993)将日语中的复合动词分为"词汇型复合动词"和"句法型复合动词"两大类。词汇型复合动词的 V1 和 V2 在词汇部门合成,V1、V2 之间存在多种多样的语义关系。如,"押し倒す(推倒)""飛び上がる(飞起)"等。与此相对,句法型复合动词的 V1 和 V2 在句法部门合成,V1 与 V2 之间语义关系较为单一,一般为述补关系。如,"話し始める(开始说)"的 V1、V2 间的语义关系可以理解为"話すことを始める"。依前文所述,无论是词汇型复合动词,还是句法型复合动词,都由一个动词的连用形与另一个动词结合而成,且 V1 与 V2 之间都无法插入句法性要素(如例 2 所示)。因此,这两类复合动词很难从形态上进行区分。那么,它们之间的差异具体体现在哪些方面?

影山太郎(1993)指出,这两类复合动词在 V1 与 V2 的结合度、语义透明度以及 V2 的造词能力等句法方面都存在很大差异。首先,构成词汇型复合动词的 V1 与 V2 之间存在多种语义关系,而且有时因伴随词汇化,语义上的限制较多。如,"飲み歩く"的对象仅限于酒类,"水、饮料"等液体饮品被排除在外。而与此相对,句法型复合动词 V1 与 V2 之间的语义关系较为单一、透明,语义上的限制较少。如,"飲み始める"中"飲む"的对象不局限于"酒",其他液体饮品也可以。其次,两者的区别还体现在 V2 的造词能力上。如"思い知る、?見知る、*考え知る、*聞き知る"所示,V2"知る"只能与极其少数的动词结合;而,又如"吸い取る、買い取る、拭ぐい取る、奪い取る、切り取る"所示,V2"取る"则可以和较多的动词结合为复合动词。由此可见,同为词汇型复合动词的 V2,但"知る"和"取る"在造词能力上明显不同。但与此相对,句法型复合动词在不同 V2 间的造词能力上不存在太大差异,而且 V2 整体的造词能力远远高于词汇型复合动词,一般来说不受词汇性的限制,可以自由结合。如,"V 続ける"只要求 V1 为表示持续可能意思的动词即可,如"書き続ける""歩き続ける""読み続ける""食べ続ける"等,可以创造出难以计数的复合动词。因此,句法型复合动词往往无法全部收录于辞典之中。总而言之,词汇型复合动词较之句法型复合动词的前后项结合度更高,但在语义透明度和造词能力上相对较差,而造成这些差异的原因主要在于两者的生成部门不同。

影山太郎(1993)通过以下五种语法测试明确了词汇型与句法型复合动词之间的不同性质。① 具体如下所示。

(7)V1 由"そうする"代用的可否

  a.词汇型复合动词:不可

    例:遊び暮らす→＊そうし暮らす、押し開ける→＊そうし開ける

  b.句法型复合动词:可

    例:調べ終える→そうし終える、食べすぎる→そうしすぎる

(影山太郎 1993:80)

(8)V1 主语尊敬语的可否

  a.词汇型复合动词:不可

    例:手紙を受け取る→＊お受けになり取る

    泣き叫ぶ→＊お泣きになり叫ぶ

  b.句法型复合动词:可

    例:歌い始める→お歌いになり始める

    しゃべり続ける→おしゃべりになり続ける

(影山太郎 1993:84)

(9)V1 被动态的可否

  a.词汇型复合动词:不可

---

① 姬野昌子(1999)等对影山太郎(1993)提出的五种语法测试的分类标准提出了质疑。姬野指出,前项动词是否可以使用主语尊敬语、被动语态及动词重复形式等三个标准并不适用于所有动词,而其他的两个判断标准在判断复合动词属于词汇型还是句法型时更为有效。但尽管如此,影山太郎的上述判断标准还是适用于大部分词汇型和句法型复合动词的划分,不适用性主要体现在词汇型复合动词中 V1、V2 表达"述补关系"的一类。而且,影山太郎(2003)也对影山(1993)的分类进行了反思,指出了"述补关系"类词汇型复合动词与句法型复合动词之间并非绝对对立,而是构成连续统。

例:押し開ける→*押され開ける

　　書き込む→*書かれ込む

　b.句法型复合动词:可

　　例:呼び始める→(名前が)呼ばれ始める

　　　愛し続ける→愛され続ける

(影山太郎 1993:87)

(10)サ変动词作为 V1 使用的可否

　　a.词汇型复合动词:不可

　　　例:*壁にポスターを接着し付ける　(cf.貼り付ける)

　　　　*吸引し取る　(cf.吸い取る)

　　b.句法型复合动词:可

　　　例:見続ける/見物し続ける

　　　　調べつくす/調査しつくす

(影山太郎 1993:88)

(11)V1 动词重复的可否

　　a.词汇型复合动词:不可

　　　例:*行方不明の子供を探しに探し歩いた。

　　　　*子供たちに愛情を注ぎに注ぎ込んだ。

　　b.句法型复合动词:可

　　　例:彼女は結婚問題で苦しみに苦しみ抜いた。

　　　　大臣はそれをひた隠しに隠し続けた。

(影山太郎 1993:91)

　　由此可见,日语词汇型复合动词的 V1 与 V2 在词汇部门直接合成,且存在很多词汇性的结合限制。而句法型复合动词的 V1 与 V2 在句法结构中合成,在深层结构中 V1 与 V2 为完全独立的两个动词,两者间具有一定的句法关系。V1 即使变换为尊敬语、被动态等形式后,依然可以按照它与 V2 之间的句法关系进行结合。因此,例(7-11)中的语法测试在句法型复合动词中都成立,而词汇型复合动词却不可。下面,我们来看词汇型复合动词与句法型复合动词在 V1、V2 间的语义关系上体现出怎样的差异。

2.2.3　基于 V1 与 V2 间语义关系的分类

首先,来看词汇型复合动词。依前所述,词汇型复合动词的 V1 与 V2 之间存在多种语义关系。森田良行(1978)、由本阳子(1996)、松本曜(1998)等对此进行了详细分析。由本(1996)将词汇型复合动词 V1、V2 间的语义关系分为以下六种类型。

(12) a. 手段:V1 作为 V2 的方式、手段。

　　例:切り倒す、踏み潰す、押し開ける

　　b. 样态:伴随 V1 所示的状态进行 V2 的动作。

　　例:遊び暮す、探し回る、持ち去る

　　c. 原因:V1 为 V2 的原因。

　　例:歩き疲れる、抜け落ちる、溺れ死ぬ

　　d. 并列:V1、V2 表示的动作为并列关系。

　　例:泣き喚く、慣れ親しむ、忌み嫌う

　　e. 述补关系:V1 充当 V2 的主语或补语。

　　例:見逃す、聞き漏らす

　　f. 副词性关系:V2 补足 V1 的语义。

　　例:使い果たす、晴れ渡る

以例(12a)的"切り倒す"为例,其意思可分解为"切ることによって倒す(通过砍的方式使其倒下)",即以 V1 为手段完成 V2 的动作;(12b)的"遊び暮す"的意思可分解为"遊びながら暮らす(一边玩一边生活)",即 V1 表示进行 V2 时所伴随的状态;(12c)的"歩き疲れる"意思可分解为"歩いた結果、疲れた(走的结果,累了)",即 V1 是引起 V2 结果出现的原因;(12d)的"泣き唤く"意思可分解为"泣くかつ唤く(哭且喊)",即 V1 与 V2 的动作同时进行;(12e)的"見逃す"意思可分解为"見ることを逃す(漏了看)",V1 所示的事件作为 V2 的补语;(12f)"使い果たす"意思分解为"使うことを果たす(完成使用)",V2 对 V1 的事件进行补充说明。

随后,松本曜(1998)在由本阳子(1996)的基础上稍作调整,保留了上述例(12a-c)中的"V1 为 V2 手段""V1 为 V2 样态""V1 为 V2 原因"的三类,增加了 V1 为复合动词语义核心的"咲き誇る(怒放)"类和"晴れ渡る(完全放晴)"类,以及 V1 为 V2 提供背景信息的"食べ残す(吃剩)"类。影山太郎(2003)也对之前提议的词汇型复合动词以及由本阳子(1996)的 V1、V2 间语义类型进行了重新审视,认为可按照是否能与"V1てV2"形式互换为基准,将"手段""样态""原因""并列"的前四类整合为"主题关系复合动词(thematic compound verbs)",将"述补关系""副词性关系"的后两类整合为"体类复合动词(aspectual compound verbs)"。① 另外,影山(2003)还通过体类复合动词的存在,说明了词汇型复合动词与句法型复合动词之间的连续性。②

其次,来看句法型复合动词。依前所述,在句法型复合动词中,V1 和 V2 之间的句法关系较为单一,一般构成"V1がV2""V1をV2""V1にV2"等述补关系。如,"読み終わる"V1 与 V2 间的句法关系可以解释为"読むのが終わる";"食べ始める"可解释为"食べるのを始める";"食べ飽きる"可解释为

---

① (12a-d)类型的复合动词在意思上均可以与"V1てV2"的形式互换。如,(12a)的"切り倒す"也可表达成"切って倒す";(12b)的"遊び暮らす"可表达为"遊んで暮らす";(12c)的"步き疲れる"可表达为"步いて疲れる";(12d)的"泣き唤く"可表达为"泣いて唤く"。当然这里的"Vて"所表达的语法意义不太相同。(12a)(12d)中的"て"倾向于表示动作的相继性,而(12b)的"て"则表示伴随 V1 的动作或状态进行 V2 的意思,(12c)中的"て"表示轻微的原因。

② 一般来说,"体(aspect)"的概念是针对句法结构而言。如,在"食べ始める""走り続ける""読み終える"等句法型复合动词中,V2 的"始める""続ける""終える"分别表达了"开始""持续""完了"等体的概念。但依照影山太郎(2003)所述,例(12e)、(12f)的词汇型复合动词的 V2 也可以表示体。如,(12e)中"見逃す"的 V2 表示 V1 动作的未完成;而(12f)中"使い果たす(用完)"的 V2 表示 V1 动作的完了,都具有体的语法特征。因此,影山认为词汇型和句法型复合动词中都有体类复合动词的存在,说明它们具有连续性。

"食べるのに飽きる"。不过,虽说 V1 与 V2 间的句法关系较为单一,但 V2 却表达不同的句法意义。① 影山太郎(1993:96)根据 V2 所示的句法意义对这类复合动词进行了进一步分类。具体如例(13)所示。

(13) a. 开始:~かける、~だす、~始める

　　　b. 持续:~まくる、~続ける

　　　c. 完了:~終える、~終わる、~尽くす、~きる、~とおす、~ぬく

　　　d. 未完成:~そこなう、~損じる、~そびれる、~かねる、~遅れる、

　　　　　　　　~忘れる、~残す、~誤る、~あぐねる

　　　e. 行为过度:~すぎる

　　　f. 重试:~直す

　　　g. 习惯:~つける、~慣れる、~飽きる

　　　h. 相互行为:~合う

　　　i. 可能:~得る

　　上述列举的 V2 无论与怎样的 V1 相结合,它的句法意义都相对保持不变。如,"読み始める""食べ始める""書き始める"都表示"开始 V1 的动作"。另外,虽然句法型复合动词的 V2 在种类上不及词汇型复合动词的 V2,但因具有较高的造词能力,可以不断创造出复合动词,因此句法型复合动词的数量要超过词汇型复合动词。而且,在理解上也较之词汇型复合动词更加有规律可寻。

　　综上,分别阐述了前人研究对日语复合动词从 V1、V2 的句法特征、构词以及 V1、V2 间的语义关系等几个不同角度的分类。下面,在上述分类的基础

---

　　① 寺村秀夫(1984)、森山卓郎(1988)等研究将句法型复合动词的 V2 认定为"体"的范畴。森山认为"~はじめる、~つづける、~おわる、~かける、~だす"等 V2 表示体。而寺村的认定范围更广,他在森山的基础上,将"~ぬく、~きる、~こむ、~とおす、~つめる、~つくす"等 V2 也认定为表示"心理"的体的范畴,并将其称作"心理相"。当然,对于句法型复合动词的 V2 是否都为体范畴,不同研究间仍有争议。

上,明确作为本书研究对象的日语结果复合动词的范围。

2.2.4 日语结果复合动词

如上所述,日语中表达"动作/原因—结果"连锁概念的语言形式称为"结果复合动词"。反观例(12)、例(13)中所列举的不同类型的词汇型复合动词和句法型复合动词,它们其中的哪些复合动词可以认定为结果复合动词?

首先,在例(12)的词汇型复合动词中,(12a)和(12c)类型的复合动词,如"切り倒す""歩き疲れる"所示,V2用来表示结果,V1表示引起V2结果的手段或原因。因此,这两类复合动词符合本书对"结果复合动词"的定义,属于结果复合动词。

其次,再看例(13)的句法型复合动词,此类复合动词的V1与V2在句法结构中合成,V2一般不用来表达V1的施事或客事的状态变化,而是表达V1所示事态的变化与开展的局面。如,"食べ始める"表示V1所示事态"食べること"的开始;"食べ続ける"表示V1事态的继续;"食べ終わる"表示V1事态的完了;"食べそこなう"表示V1事态的未完成等。但在例(13)的句法型复合动词中,V2为"~飽きる(~腻)""~慣れる(~惯)"构成的复合动词有所不同。它们可以认为是用来表示"V1所示事态的发生所带来的结果"。望月圭子(2006)指出,以"飽きる""慣れる"为V2的复合动词表示前项事态多次或长时间发生,使施事对前项事态产生了某种"厌烦"或者"习惯"等心理上的状态变化。另外,通过与汉语复合动词的对应关系也能看出,"~慣れる""~飽きる"为V2的复合动词与其他句法型复合动词存在差异。具体如例(14—17)所示。

(14) a. 太郎がフランス料理を<u>食べ飽きた</u>。

　　 b. 张三<u>吃腻</u>了法国菜。

(15) a. 太郎が英語の小説を<u>読み慣れた</u>。

　　 b. 张三<u>读惯</u>了英文小说。

(16) a. 太郎が手紙を<u>書き忘れた</u>。

　　　b. 张三<u>忘了</u>写信。

(17) a. 太郎が履歴書を<u>書き直した</u>。

　　　b. 张三<u>重新</u>写了简历。

　　(14a)"食べ飽きる"、(15a)"読み慣れる"对应的汉语均为复合动词形式。而,(16a)"書き忘れる"、(17a)"書き直す"对应的汉语不能用复合动词形式表达,而是使用动词句[忘了[写信]][重新[写简历]]。由此可见,"~慣れる""~飽きる"型复合动词不同于其他句法型复合动词,其 V1 所示的为活动事态,而 V2 可表示由此所引发的结果。因此,本书将 V2 为"慣れる""飽きる"型的复合动词同样作为结果复合动词看待。

　　综上,本书将 V1 表示 V2 手段、原因的词汇型复合动词以及 V2 为"慣れる""飽きる"的句法型复合动词,统一称为"结果复合动词"。下面,来看汉语对复合动词这一语言形式的界定以及汉语中的结果复合动词。

2.3　有关汉语复合动词的界定与分类

　　日语复合动词由两个动词复合而来,且两个动词之间具有作为"词"的较高的形态紧密性,因此对于这一概念的界定基本没有争议,迄今为止已经普遍应用于日语语言学、日语教育等相关领域。但是与日语不同,"复合动词"这一概念在汉语学界并未得到广泛使用。下面,我们将在前人研究的基础上,探讨汉语中复合动词的概念界定及其分类。

2.3.1　"复合动词"概念的界定

　　汉语中的"推倒""敲碎"等动词,与日语的"押し倒す""叩き壊す"等复合动词不仅在意思上对应,而且也同样由表示施事动作的 V1 与表示客事状态变化的 V2 结合而成。但是,对于上述"推倒""敲碎"类表达"动作—结果"连锁关系的语言形式,应该像日语一样将其认定为复合动词,还是像英语动结式一样视其为结构式,一直以来在国内外汉语学界以及不同学者之间存在不同意见。

首先,在汉语学界、尤其是国内的汉语学界,一般将上述语言形式视为结构式。朱德熙(1982)将补语直接黏合在述语后头的格式称作"黏合式述补结构",一般简称为"述补结构"或"动补结构"等。当然,朱德熙先生的概念较为广泛,述补结构的补语不仅包含结果补语,还包含方向补语等其他类型。除朱德熙定义的动补结构之外,还有一部分研究主要集中在"动词—结果补语"的语言形式上。王力(1943,1985)将叙述词和它的末品补语成为因果关系的动补形式称为"使成式";吕叔湘(1980)将动词后加表示结果的形容词或动词的语言形式称之为"动结式",这一概念在此后的汉语研究中得到了普遍推广。相比于"动补结构"这一较大范畴来说,上述王力先生和吕叔湘先生所定义的"使成式""动结式"在意思和形式上与本书作为研究对象的结果复合动词更为对应。

其次,将上述语言形式视为复合动词。虽说汉语学界的多数研究将其作为结构式来分析,但也不乏将其定义为复合动词的学者。著名语言学家赵元任先生曾提出汉语中的"复合词"这一概念,并根据复合词构成要素之间的造句关系将其分为主谓复合词、并列复合词、主从复合词、动宾复合词、动补复合词五类。随后,汤廷池(1989)、沈力(1993)、张国宪(1995)等国内学者在此基础上进一步提出并使用了"复合动词"这一概念。汤廷池(1989)按照汉语复合动词的内部结构将其分为"述宾式""述补式""偏正式""并列式"和"主谓式"五大类。① 除此之外,海外学者也通常将这种语言形式看作"复合动词"。
日本学者太田辰夫(1987)、志村良治(1984)等将诸如"推倒"等形式称为"使
成复合动词",望月圭子(1990)将其称为"结果复合动词",此后,"结果复合动
词"这一概念在日本的汉语研究界被广为使用,如山口直人(1995)、秋山淳
(1998)、木村惠介(2003)、申亚敏(2005,2007,2009)等都沿用了这一概念。

　　总而言之,上述这类由动词和结果补语构成的语言形式应该看作结构式
还是复合词,确实存在争议。正如施春宏(2008:6)所述,"这是与结构和词都
有共性的东西。述语动词和补语动词整合进入动结式后就不再像原来的单个
动词那样去使用了,其作用近乎两个动语素(Verbal morpheme)"。本书将上
述"推倒"类表示"动作—结果"关系的形式看作复合动词,因为它们不同于一
般的结构式,在形态上具有紧密性。

2.3.2　形态上的紧密性

　　在日语中无论是词汇型还是句法型的复合动词,都是由 V1 的第一连用
形与 V2 结合而成,在形态上保有高度的紧密性,整体作为"词"毋庸置疑。与
此相对,汉语的结果复合动词由词干与词干结合而成,虽然形态上的紧密性不
如日语,但仍然具有"词"的特性。

　　影山太郎(1993)指出,"形态上的紧密性"是检验某种语言形式是否为词
的可靠标准。并且,影山通过 V1 与 V2 间是否可以插入语法性要素、等位结
构中的重复部分是否可以删除等测试,证明了日语复合动词形态上的紧密性

---

　　① 汤延池(1989:154-161)按照汉语复合动词的内部结构进行分类。汤延池将汉语复合
动词分为"述宾式""述补式""偏正式""并列式"和"主谓式"五大类。具体如下所示,①述宾
式复合动词:前项为动词,后项为名词,且后项为前项的宾语。如"结婚""干杯";②述补式复
合动词:前项为动词、后项为动词或形容词,且后项为前项结果补语。如"砍倒""压扁";③偏
正式复合动词:前项为形容词、动词、名词或副词,后项为动词,且前项对后项进行副词性的修
饰。如"早退""再婚";④并列式复合动词:前项、后项均为动词,且前后项在意思上相近。如
"哭喊""记恨";⑤主谓式复合动词:前项为名词,后项为动词或形容词,且前项为后项的主语。
如"头疼""地震"。

及其"词"的特性。与日语复合动词一样,汉语中的复合动词在形态上也具有"词"的紧密性。如,"张三推倒了桌子,李四踢倒了桌子"一句中,"倒了桌子"的部分重复出现,如果按照等位删除规则,句子变成" *张三推,李四踢倒了桌子",显然不成立。原因是"推倒"为一个词,上述删除原则不适用于词的内部。但另一方面,容易产生疑问的是,如"推得倒""推不倒"所示,"推"和"倒"两个语素在形态上分开,它们之间可以插入其他要素。因此,很多人认为将其视为"词"存在不妥。但仔细观察,汉语复合动词 V1 与 V2 之间允许插入的要素只有"得/不",表示时态的"了"、助词"也"等语法性成分不可以。如," *推了倒"" *推也倒"等语言形式不成立。而且,"改良""校对""扩大"等部分复合动词的 V1 与 V2 间不允许插入"得/不",如" *改得良/ *改不良"均不成立。因此,本书认为"得/不"的插入并不能否定汉语复合动词作为"词"的特性。

望月圭子(1990)从以下四个方面论述了汉语结果复合动词所具有的"词"的特征。

第一,汉语中由两个不及物动词合成的结果复合动词具有及物动词的特性,可以后接宾语。如例(18)所示,V1 的"喊""坐"为不及物动词,一般不能接宾语。如," *喊嗓子"" *坐椅子"①。但是,和 V2 的"哑""塌"结合为复合动词,整体可以接宾语"嗓子"和"椅子"。

(18) a. 我喊哑嗓子了。

　　b. 胖子坐塌了椅子。

第二,根据乔姆斯基的管辖与约束(Government and Binding,GB)理论(Chomsky,1981)中的"相邻条件(adjacency condition)"这一格付与条件,望月圭子认为动词与结果补语整体应构成一个词,否则与该条件相违背。"相邻

---

① 望月圭子(1990)指出,"椅子"并非"坐"的宾语,而是"坐在椅子上"的意思。但本文对此持有不同观点,如"我坐椅子"与"我坐在椅子上"两句的意思并不完全等同。本书认为"椅子"在上句中可以看作"坐"的宾语,详见第四章的论述。

条件"是指被付与格的名词句必须与其"统率子(Governer)"相邻①。

（19）张三喝醉了酒。

　　一般来说，在例（19）中，被付与格的名词"酒"与其统率子"喝"本应相邻，但是"张三喝酒醉了"一句不成立。换言之，复合动词的 V1 与 V2 之间是不能插入宾语的。因此，望月认为"喝醉"为一个词，整体作为"酒"的统率子。

　　第三，有关复合动词的否定域。汉语中的否定词有"不"和"没"两种，都可以否定后续动词。例（20）列举了"没"否定复合动词的例子。

（20）a. 我没走累。
　　　 b. 他没喝醉酒。

　　望月圭子指出，例（20）中的"没"所否定的并非"走"和"喝"，而是"走累""喝醉"整体。这从侧面证明了复合动词作为一个词的特性。

　　第四，以复合动词的被动句为例，证明其"词"的特性。如例（21）所示，

（21）李四被张三打倒了。

　　在上句中，V1"打"的施事为"张三"，客事为"李四"。而 V2"倒"的客事为"李四"。如果 V1 和 V2 为独立存在的动词，那么被动的意思只在包含两个参与者的动词"打"上发生。而例（21）整个句子的意思是"李四被张三弄倒了"。这说明"打倒"整体作为一个及物动词构成被动句。

---

　　①　在日语中，作为统率子的动词和其付与格的宾语之间可以插入副词，但在汉语中则不可。例如：（ⅰ）a. 父はゆっくりご飯を食べる。
　　　　　　 b. 父はご飯をゆっくり食べる。
　　　（ⅱ）a. 爸爸慢慢地吃饭。
　　　　　　 b. *爸爸吃慢慢地饭。

综上，望月圭子(1990)从上述四个方面论证了汉语结果复合动词所具有的"词"的特性，V1 与 V2 并非独立存在，而是紧密结合成一体。本书基本赞同望月的观点，从形态紧密性这一角度来看，汉语结果复合动词虽不及日语在形态上紧密，但同样具有较高的紧密性，相比于结构式更倾向于复合词。

2.4　汉语结果复合动词及分类

2.4.1　汉语结果复合动词

有关汉语结果复合动词，望月圭子(1990)、木村惠介(2003)等前人研究中已给出了明确定义。木村惠介(2003:82)指出，"现代汉语(北京话)中存在用一个复合动词同时表示动作、行为以及承受该动作、行为的对象所产生的状态变化。复合动词的前项要素称为 V1、后项要素称为 V2，复合动词整体可记作'V1+V2'。复合动词整体附加了 V1 的动作、行为引起 V2 的状态变化的致使义，V2 相当于汉语学界常说的'结果补语'。这样的复合动词被称作'结果复合动词'"。

按照前人研究的定义，结果复合动词的 V1 一般用来表示动作、行为，V2 用来表示状态变化的结果。如，"推倒""踢坏"等复合动词均属于结果复合动词的范畴。但是，按照上述定义，"烂掉""饿死""病倒"等 V1 不能表示动作、行为的复合动词就会被排除在外。但事实上，这类复合动词在汉语中并不少见，它们同样包含状态变化的含义，且 V1 与 V2 之间也形成一定的因果关系。本书在前人研究的基础上，将"烂掉""饿死"类复合动词也一并纳入汉语结果复合动词的研究范畴。

那么，汉语结果复合动词具体包括哪些不同的类型？如上节所述，日语结果复合动词包含词汇型和句法型两种不同类型，且 V1 与 V2 之间的语义关系也不尽相同。下面来考察汉语结果复合动词的分类。

2.4.2 基于 V1、V2 结合度的分类

如上所述,影山太郎(1993)根据生成部门的不同,将日语复合动词分为"词汇型复合动词"和"句法型复合动词"两大类,并且通过"そうする"代用、V1 的被动态、主语尊敬语等五种语法测试,明确了词汇型和句法型复合动词在 V1 和 V2 的结合度、V2 的造词能力及其他句法结构上的差异。结果表明,词汇型复合动词在 V1 与 V2 的结合度上相对于句法型更高,但在 V2 的造词能力上不及句法型复合动词。

Sybesma(1999)等前人研究认为,"推倒""敲平"等汉语结果复合动词在句法部门生成,为句法型复合动词。但是,对于汉语中是否存在词汇型复合动词,前人研究中却很少提及。实际上,与日语的复合动词一样,汉语结果复合动词的前后项动词在结合度上也存在差异。木村惠介(2007)从汉语复合动词前后项语素间的结合度这一角度出发,将汉语复合动词分为以下 A、B、C 三类。

A 类复合动词是指完全被词汇化,收录在辞典中的复合动词。这类复合动词的前项和后项结合度最强,前后项之间不能插入任何要素。语义的透明度较低,很多情况下表示特殊含义。如延长、扩大、推广、缩短、改善、改良、推迟、撞伤、闹翻等。

B 类复合动词的前项和后项的结合相对自由,而且其间可以插入"得""不"等要素。但是,不能插入像"了""过""着"等表示体、态的语法性要素,这也说明复合动词整体作为一个词成立。如冲破、惊醒、吓哭、打死、推翻、刺穿、绷直等。

C 类复合动词的前后项独立性最强,结合度较弱。后项动词经常失去原本的意思,具有"态"的语法意义。与 B 类不同,"那么做+V2"(相当于日语中的"そうし+V2")的形式可以成立。例如,相对于"打死"而言," *那么做死"不成立;但相对于"写完"而言,"那么做完"却成立。这一差异说明 C 类复合动词的 V2 具有体、态的语法特征。另外,这类复合动词的前后项之间也可以

插入"得/不"等要素,如"写得完/写不完"等。木村(2007)列举了经常出现在C类复合动词V2的动词,如到、好、成、完、开、住等。

综上,木村惠介(2007)从V1和V2结合度的角度出发,将汉语复合动词分为A、B、C三类。本文将这三类复合动词的不同语法特征简单归纳为表2-1。

表2-1　基于V1、V2结合度的汉语结果复合动词分类表

	"得"与"不"的插入	意思的透明度	V2的造词能力及词汇性限制	例词
A类	否	完全词汇化,收录于词典中	造词能力差,词汇性限制较多	提高、校对、改良
B类	可	意思透明	造词能力较强,只要无意思结合上的限制,可以自由与V1合成	打倒、踢倒、推倒、拍倒
C类	可	意思透明	造词能力强,几乎没有词汇性的限制,一般表示"体"的语法范畴	做完、吃完、学完、听完、跑完

仔细观察木村惠介(2007)的三分法可以发现,C类与B类的不同点仅在于C类的V2多被语法化,具有语法性质,造词能力更高。但实际上,日语中的句法型复合动词之间也同样存在V2在造词能力上的差异,如"～始める/～终わる"等作V2时的造词能力高于"～直す""～惯れる"作V2的情况。因此,可以认为B类与C类之间具有连续性。本书参照日语复合动词的二分法,在木村分类的基础上,仅从V1和V2间是否可以插入"得/不"这点出发,将汉语结果复合动词同样分为词汇型复合动词和句法型复合动词两类,并将木村主张的B类、C类统称为"句法型复合动词"。具体如例(22)所示。

(22)a. 校正、改良、清除、扩大、减少、增加……

　　b. 推倒、敲平、踩扁、吃完、住惯、做好……

例(22a)为词汇型复合动词,其 V1 和 V2 间不可插入"得/不",如" *改得良"," *改不良"等。与此相对,(22b)为句法型复合动词,其 V1 和 V2 间可以插入"得/不",如"推得倒""推不倒"等。

2.4.3 基于内部语义关系的分类

除上述基于 V1、V2 结合度的分类之外,也可以从 V1 与 V2 之间的语义关系角度进行分类。施春宏(2008)指出,汉语结果复合动词的内部语义关系并非完全是"动—结"一致。除"烫破"等具有较强致使关系的类型以外,汉语中还存在很多 V1、V2 之间的致使关系较弱、甚至没有致使关系的类型。[①] 为此,施春宏依照 V1 与 V2 之间不同的语义关系,将汉语结果复合动词分为"致役类(causer-causee)""自变类(self-changing)""评述类(theme-comment)"三种类型。具体如例(23)所示。

(23)a. 他小时候开蒙的塾师是邑中名士谈甓渔,谈先生教会了他作诗。

b. 吃饱、喝足、玩够、睡醒了后,有点空虚了,有点失落了,开始思考:我是谁? 我在这儿干吗呢?

c. 但是,她最忌讳人家说她的东西买贵了。

(施春宏 2008:40-41)

例(23a)的意思是"谈先生教他作诗从而使他会作诗了",V1"教"所示动作的发生导致 V2"会"所示状态变化的出现。施春宏将例(23a)的复合动词称为"致役类"结果复合动词,并认为这种类型是汉语中最为典型的结果复合动词。而,例(23b)表示的是前后相继的两个状态的转变,睡觉的状态结束而醒来。这类复合动词只是表示动作主体自然结果的出现,没有致使因素在起

---

① 施春宏(2008)使用的是动结式的概念,不是结果复合动词。但依前所述,本书作为研究对象的结果复合动词一般就是汉语研究中常说的动结式。为了记述上的统一,统一使用"结果复合动词"的概念。

作用,因此施春宏将其称作"自变类"结果复合动词。再看例(23c),它表示的意思是,由于动作的不适当而使动作的结果偏离了预期,从而使所买的东西比预期要买的东西贵。这里的结果实际上是动作的一种伴随结果,而并非动作本身的结果,V1、V2所示的事件之间也不存在致使关系。施春宏将这类复合动词称作"评述类"结果复合动词,并指出它并非典型的结果复合动词形式。本书在考察汉语结果复合动词时,将施春宏(2008)分类中表示明确的"动作—结果"关系的"致役类"、强调动作主体或变化对象状态变化的"自变类"纳入考察对象之中。而上述的"评述类"结果复合动词,其V1与V2之间并不构成因果关系,本书不将其作为研究对象。

综上,我们从V1与V2的结合度、内部语义关系等角度,考察了汉语结果复合动词中的不同类型。与日语结果复合动词一样,汉语中同样存在词汇型和句法型的结果复合动词,它们在V1与V2的结合度等句法方面存在差异。另外,日汉结果复合动词的V1与V2的语义关系中也都存在不同类型。日汉两语中都存在"押し倒す""教会"等V1、V2间存在明确致使义的类型,也都存在"泣き疲れる""睡醒"等强调动作主体状态变化的类型等。因此,日汉结果复合动词之间存在很多可比性,这也是本书研究的出发点所在。

另外,上述有关日汉两语结果复合动词的分类,主要立足于V1与V2的结合度、V1与V2间的语义关系等视角。结果复合动词作为复合动词中的一个特殊类别,V2必须包含结果意思,实际上相当于结果补语的作用。申亚敏(2009:11)指出,"日语的结果补语从广义上来说存在两种类型:一种是'结果状态+に'的副词句;另一种是结果复合动词中表达结果状态的V2。"①汉语结果复合动词更是如此。依前所述,诸多研究中直接将其视为动补结构或动结式,V2相当于结果补语。那么,在结果复合动词中,作为结果补语的V2所叙述的是复合动词主语的状态变化,还是宾语的状态变化?明确此点有助于我们更好地理解结果复合动词,也能为结果复合动词的分类提供新的视角。

---

① 申亚敏(2007,2009)指出,结果复合动词的后项动词经常表示前项动作或变化的结果,相当于结果补语的作用。影山太郎(2001)指出,这类复合动词在意思上常与英语的动结式相对应,也从侧面说明了后项动词相当于结果补语的用法。

2.5 主语指向型与宾语指向型结果复合动词

申亚敏、彭广陆等学者从结果复合动词 V2 的语义指向角度出发,分别对日汉两语的结果复合动词进行了分类。申亚敏(2009)根据 V2 用来叙述主语的状态变化还是叙述宾语的状态变化,对汉语结果复合动词进行了考察。将 V2 叙述主语状态变化的结果复合动词称作"主语指向型",将 V2 叙述宾语状态变化的结果复合动词称作"宾语指向型"。[①] 申亚敏的考察结果表明,在汉语结果复合动词中,宾语指向型的数量远远超过主语指向型。另一方面,彭广陆(2005,2009,2011)的系列研究也从 V2 的语义指向这一角度出发,考察了日语复合动词中的不同类型。彭广陆将 V2 的语义指向分为:指向主体、指向客体、指向动作的三种类型。[②] 不过,彭广陆的系列研究是以日语复合动词整体为对象,并非针对本书的结果复合动词,因此其结论无法直接应用于此。下面,我们先来介绍申亚敏(2009)的"主语指向型"和"宾语指向型"结果复合动词。

2.5.1 汉语的"主语指向型"和"宾语指向型" 结果复合动词

2.5.1.1 汉语中的主语指向型结果复合动词

申亚敏(2009)按照 V1 与 V2 结合形式的不同,将汉语中的主语指向型结

---

① 申亚敏(2009)将汉语结果复合动词分为包括主语指向型、宾语指向型在内的共五种类型。本文为了与日语结果复合动词进行对比,仅以主语指向型和宾语指向性结果复合动词作为对象。

② 彭广陆指出当后项动词指向主体或客体时,所构成的复合动词相当于影山太郎(1993)所说的"词汇型复合动词";当后项动词指向动作时,所构成的复合动词相当于影山所说的"句法型复合动词"。

果复合动词分为以下五种类型。

第一类为"非作格动词+非宾格动词"的结合。如例(24)所示。

(24)a. 小丑<u>跳烦</u>了。

　　b. 我在城市里<u>住惯</u>了,觉得农村不方便。

(申亚敏 2009:128-129)

在例(24a,b)中,结果复合动词"跳烦""住惯"的 V2 分别表达了"小丑觉得厌烦了""我觉得习惯了"的心理状态变化,叙述的是主语"小丑""我"的状态变化,属于主语指向型结果复合动词。

第二类为"非宾格动词+非宾格动词"的结合。如例(25)所示。

(25)a. 他<u>跌倒</u>了。

　　b. 张三<u>醉倒</u>了。

(申亚敏 2009:130-131)

例(25a,b)分别表达了"他跌倒了""张三醉倒了"的状态变化,结果复合动词的 V2"倒"叙述了主语"他""张三"的状态变化,属于主语指向型结果复合动词。

第三类为"及物动词+非宾格动词"的结合。如例(26)所示。

(26)a. 凤姐<u>吃腻</u>了好东西。

　　b. 我<u>穿惯</u>了这双鞋。

(申亚敏 2009:131-132)

例(26a,b)中的"吃腻""穿惯"等结果复合动词与日语中的"V 饱きる""V 慣れる"一样,V1 与 V2 之间也为述补关系,即由 V1 构成的小句"吃好东西""穿这双鞋"在句法结构中作 V2"腻""惯"的补语,表达"凤姐腻了吃好东西""我习惯了穿这双鞋"的意思。复合动词的 V2 叙述的为主语"凤姐""我"的心理状态变化,并非宾语"东西"和"鞋"的状态变化,因此属于主语指向型结果复合动词。

第四类为"及物动词+及物动词"的结合。如例(27)所示。

(27) a. 宝玉下输了棋。

　　 b. 焦大的主人打赢了这场仗。

(申亚敏 2009:135)

申亚敏指出,这类复合动词同样遵循影山太郎提议的及物性和谐原则,在汉语中比较少见,仅限于 V2 为"输""赢""会""懂"等及物动词的复合动词。[①]上述例句分别表达了"宝玉下棋,宝玉输了""焦大的主人打仗、焦大的主人赢了这场仗"的意思,复合动词的 V2"输""赢"分别叙述主语"宝玉""焦大的主人"的状态变化,属于主语指向型结果复合动词。

第五类为"非作格动词+及物动词"的结合。如例(28)所示。

(28) a. 他玩忘了自己的职责。

　　 b. 你哭不懂[②]这道题。

(申亚敏 2009:138)

例(28a,b)分别表达了"他玩,(结果)他忘了自己的职责""他哭,(结果)他仍不懂这道题"的意思,复合动词 V2"忘""(不)懂"叙述的为主语"他"的心理状态变化,并非宾语"职责""这道题"的状态变化。因此,这类复合动词也属于主语指向型结果复合动词。

---

① "及物性和谐原则"是影山太郎(1993)针对日语复合动词提出的构词规则之一。本书在第四章对该规则进行详细论述。

② 由于语用上的原因,"哭懂"这一肯定形式的使用语境比较难以设定,如"我哭懂了这道题"不自然。

2.5.1.2 汉语中的宾语指向型结果复合动词

申亚敏(2009)将汉语中的宾语指向型结果复合动词归纳为以下两种类型。

一类为"及物动词+非宾格动词"的结合。申亚敏(2009:120)指出,这类复合动词在汉语中最为常见。如推开、杀死、穿破、切断、碰倒、晒干、染黑、磨滑、熨坏、炒碎、盗空等。

(29)a. 这种吃法需要把肉切薄点儿。

　　b. 经过几年的锻炼,他的胳膊、脚都练粗了。

(申亚敏 2009:124)

例(29a,b)不仅表达了"切肉""练胳膊、练脚"的施事动作,还表达了"肉切薄了""胳膊、脚变粗了"的客事状态变化。复合动词的 V2 分别叙述的为宾语"肉""胳膊、脚"的状态变化,属于宾语指向型结果复合动词。

另一类为"非作格动词+非宾格动词"的结合。如例(30)所示。

(30)a. 小丑跳烦了我。

　　b. 黛玉哭走了很多客人。

(申亚敏 2009:125)

例(30a,b)不仅表达了"小丑跳""黛玉哭"的动作,还表达了"我烦了""很多客人走了"的状态变化。复合动词的 V2"烦""走"分别叙述宾语"我""很多客人"的状态变化,而并非主语的"小丑"和"黛玉"。因此,申亚敏将此类复合动词归类于宾语指向型结果复合动词。但是,仔细观察申文的分类,我们发现,"跳烦"一词既存在于主语指向型,又存在于宾语指向型的结果复合动词。如例(31)所示。

（31）a. 小丑跳烦了。（＝例24a）

b. 小丑<u>跳烦</u>了我。（＝例30a）

申亚敏（2009）将（31a）中的"跳烦"归类于主语指向型复合动词,将（31b）中的"跳烦"归类于宾语指向型复合动词。但是,一个复合动词同属于主语指向和宾语指向两个不同类型,这一结论似乎有些自相矛盾。本书认为,"跳烦""笑醒"等由非作格动词与非宾格动词构成的复合动词为主语指向型复合动词,也就是施春宏（2008）所述的"自变类"复合动词,V2"烦""醒"等叙述的状态变化为V1"跳""笑"的施事（主语）的状态变化,而（31b）是由（31a）经历致使交替派生而来的用法。

综上所述,汉语的主语指向型结果复合动词包括"跳烦""吃腻""醉倒""下输""玩忘"等五种类型,宾语指向型结果复合动包括"推开"和"哭走"两种类型。

2.5.2 直接宾语限制及其适用性

2.5.2.1 直接宾语限制

Simpson（1983）、Levin & Rappaport Hovav（1995）等针对英语动结式提出了"直接宾语限制（Direct Object Restriction,DOR）"（以下简称DOR）。其内容为:在动结式中结果补语的叙述对象仅限于深层结构中的直接宾语。结果复合动词的V2相当于结果补语,而汉语结果复合动词中既存在V2指向宾语的类型,又存在V2指向主语的类型。那么,上述DOR规则是否不适用于汉语结果复合动词? 在探讨这一问题之前,我们先以英语中的几类动结式为例对DOR规则进行简单说明。

英语动结式可以分成主动词为及物动词、非作格动词和非宾格动词的三类。首先来看主动词为及物动词的动结式。

(32) a. I melted the butter *to a liquid*.

    b. *I melted the steel *hot*.

 在(32a)中,结果补语 to a liquid 用来修饰宾语 the butter 的状态变化。而在(32b)中,结果补语 hot 用来修饰主语 I 的状态变化,想要表达"我熔铁熔得浑身发热"的意思。虽然主动词与结果补语在意思搭配上不存在问题,但句子并不成立。这说明在英语动结式中,结果补语不能用来修饰主语的状态变化,只能修饰宾语的状态变化。

 再看主动词为非作格动词的动结式。如下文例(33)所示。

(33) a. *They danced *tired*.

    b. *The lecturer talked *hoarse*.

 例(33a,b)的句子均不成立。这主要是因为(33a,b)的结果补语 tired、hoarse 不能用来叙述主语的状态变化。但是,如下文例(34)所示,当非作格动词同时后接宾语和结果补语时,句子则成立。

(34) a. They danced *themselves tried*.

    b. The lecturer talked *himself hoarse*.

 与例(33)相比,例(34)中的反身代词 themselves、himself 充当了句子的宾语①。此时,结果补语 tried、hoarse 分别用来叙述宾语的状态变化。

 最后,再看主动词为非宾格动词的动结式。如例(35)所示,

(35) a. The ice cream froze *solid*.

———————

 ① Goldberg(1995)将这里的 himself、themselves 等称为"假宾语(fake reflexive)",认为这类假宾语是构式论元,而并非动词论元。如, *They danced themselves. *The lecturer talked himself 均不成立。

b. The window broke *to pieces*.

例(35a)的结果补语 solid 叙述的是 the ice cream 的状态变化,(35b)的结果补语 to pieces 用来修饰 the window 的状态变化。从表面上看,结果补语都用来叙述主语的状态变化。但是,例(35a,b)中的主语位置 the ice cream、the window 实为深层结构的宾语。如下例(36)所示,(36b)中非宾格动词的主语 the window 等同于(36a)中及物动词句的宾语 the window。

(36) a. John broke *the window*.

　　 b. *The window* broke.

因此,上述结果补语看似修饰主语的状态变化,实则修饰其直接宾语的状态变化。

综上所述,在以及物动词、非作格动词、非宾格动词为主动词的三种英语动结式中,结果补语都用来叙述直接宾语的状态变化,严格遵循 DOR 规则。

2.5.2.2　DOR 规则对汉语结果复合动词的适用性

一直以来,有关 DOR 规则在汉语中的适用性存在争议。一种观点以 Cheng&Huang(1994)、Li(1990)为代表,认为在汉语结果复合动词中,结果补语的叙述对象既可以是其直接宾语,也可以是主语,并不完全遵循 DOR 规则。① 例如,"小猫咬死了老鼠"中的结果补语"死"叙述的是直接宾语"老鼠"的状态变化;而"他哭累了"中的结果补语"累"则叙述的是主语"他"的状态变化。马真、陆剑明(1997)进一步指出,当结果补语的语义指向主语时,一般不带宾语,如"*干累活了"不成立,"喝醉酒、吃饱饭"等是特例;李临定(1984)则认为动词拷贝式应为常用形式,如"干活干累了",而"喝醉、吃饱"等

---

① Cheng&Huang(1994)、Li(1990)等前人研究中使用的也是动结式的概念。依前所述,本文为了记述上的统一,统一使用结果复合动词这一概念。

动词带宾语的形式只是特殊形式。总之,上述研究将不带宾语的结果复合动词归类于主语指向。

而相反的另一种观点,Sybesma(1999)、崔玉花(2006)、袁毓林(2001)、施春宏(2008)等否定了结果补语的主语指向,认为汉语结果复合动词遵循 DOR 规则。Sybesma 主张汉语结果复合动词中的结果补语与其叙述的名词构成小节(small clause),如例(37)所示。他还将不带宾语的结果复合动词一律视为非宾格结构,认为句子表面主语实为深层结构的直接宾语,并非 DOR 的反例。

(37)a. 醉[$_{SC}$张三 倒了]

　　b. 哭[$_{SC}$他 累了]

　　c. 喝[$_{SC}$张三 醉了]

对于 Sybesma 上述主张的非宾格性结构,崔玉花(2006)持不同看法。崔认为,Sybesma 提出的"非作格动词在一定语言环境下可转换为非宾格动词"这一主张不能同样适用于英语、日语等其他语言,从普遍语言学的观点来看存在不妥。与崔文观点相同,本书也认为 Sybesma 将"哭累"与"醉倒""喝醉"等同视为非宾格结构确实存在不妥。如下例(38)所示。

(38)a. *张三醉倒了李四。

　　b. 张三哭累了李四。

　　c. *张三喝醉了李四。

如上,"哭累"在(38b)中表示"张三哭,使得李四累"的致使结构,包含两个论元。但"醉倒"、"喝醉"不能形成类似于(47b)的致使结构,(38a)(38c)不成立。即便是在"这瓶酒醉倒/喝醉了李四"的使动句中,主动词"醉/喝"和结果补语"倒/醉"都指向"李四","醉倒""喝醉"整体只包含"李四"一个动词论元,为非宾格结构。因此,将"哭累"与"醉倒""喝醉"等一并归为非宾格结构存在不妥。

上述前人研究都对 DOR 规则在汉语结果复合动词中的适用性进行了探讨,主要的争议点在于"V 累"型结果复合动词。① 如在"他哭累了"一句中,Cheng&Huang(1994)、Li(1990)等认为 V2"累"叙述主语"他"的状态变化,不遵循 DOR;而 Sybesma(1999)认为"他"实则深层结构的宾语,崔玉花(2006)认为 V2"累"叙述宾语部分的反身代词"自己",②总之不成为 DOR 的反例。在前人研究的基础上,本书认为,汉语主语指向型结果复合动词为 DOR 规则的反例,DOR 规则同样不适用于汉语结果复合动词。"哭累"类复合动词为自变类,即主体的行为引起自身变化,因此 V2 表示位于主语位置的动作主体的状态变化。而像"他哭累了妈妈"这样的句中,V2 看似表达宾语"妈妈"的状态变化,但上句实则通过致使交替派生而来,不能作为直接考察的对象。

下面,反观申亚敏(2009)的分类,"推开""哭走"等宾语指向型结果复合动词叙述的是直接宾语的状态变化,遵循 DOR 规则;而"跳烦""吃腻""下输""玩忘"等几类主语指向型结果复合动词所叙述的均为主语的状态变化,不遵循 DOR 规则。除此之外,"醉倒"类由"非宾格+非宾格"构成的结果复合动词,申亚敏将其归类为主语指向型复合动词,但实际上在这类结果复合动词

---

① 诸多先行研究围绕备受争议的"V 累"型动结式展开探讨,熊学亮、魏薇(2014)将"张三追累了李四"一句的语义指向归纳为以下三种释义:一种是"张三追李四,李四累了"的宾语指向;另一种是"张三追李四,张三累了"的主语指向;还有一种是"李四追张三,李四累了"的倒置释义。首先,对于宾语指向的释义,所有研究都认为它最自然、最合乎语法规则;其次,有关倒置释义,结果补语"累"用来修饰宾语"李四"的状态变化。这两种释义都说明了 DOR 对此类汉语动结式的制约。但是,主语指向的解读却存在争议。沈家煊(2004)认为这一释义不合乎语法,黄晓琴(2006)等把这种释义作为特例,认为无需过多解释。对于主语指向的释义,更为合乎语法的表达是李临定(1984)所主张的动词拷贝式,即"张三追李四追累了"。

② 崔玉花指出,英语动结式受 DOR 的严格制约,反身代词必须在句中宾语位置出现,如 John cried himself tired。而在汉语中,当宾语和主语一致时,反身代词并非义务性,可省略。这种英汉间的差异通过以下例句也可体现:

(ⅰ)a. 张三批评过自己吗?

　　b. e 批评过 e。/他批评过 e。

(ⅱ)a. Has Zhangsan criticized himself.

　　b. *e has criticized e. / *Zhangsan has criticized e.

　　(cf. He has criticized himself)

中,V1 和 V2 均为非宾格动词,主语位置的名词实则深层结构中的宾语。因此,这类复合动词不能成为 DOR 规则的反例。本书区别于申亚敏(2009)的分类,将包括"醉倒"类在内的遵循 DOR 规则的结果复合动词归类于"宾语指向型",将不遵循 DOR 规则的结果复合动词归类于"主语指向型"。下面按照上述标准对日语结果复合动词进行分类。

2.5.3 日语的"主语指向型"和"宾语指向型" 结果复合动词

日语结果复合动词中既包括表达动作/原因—结果关系的词汇型复合动词,还包括以"飽きる""慣れる"为 V2 的句法型复合动词。在"V 飽きる""V 慣れる"等句法型结果复合动词中,V1 与 V2 之间形成"V1に飽きる/慣れる"的句法关系,V1 一般为表示动作行为的及物动词或非作格动词。与此相对,在词汇型结果复合动词中,V1 与 V2 之间的结合形式比较多样。为了更加全面地考察日语结果复合动词中 V2 的语义指向,本书将词汇型结果复合动词的所有结合形式列为以下六类。①

(39) a. 及物动词+及物动词:押し倒す、叩き壊す、踏み潰す、押し開ける

　　b. 非宾格动词+非宾格动词:折れ曲がる、酔い潰れる、崩れ落ちる

　　c. 及物动词+非宾格动词:飲み潰れる、着膨れる、巻き付く

　　d. 非作格动词+非宾格动词:走り疲れる、待ちくたびれる

　　e. 非作格动词+及物动词:泣き腫らす、泣き濡らす

　　f. 非宾格动词+及物动词:舞い上げる、酔い潰す、絡み付ける

那么,在上述六类结果复合动词中,V2 的语义指向是否相同? 复合动词

---

① 日语动词同样适用于"非宾格假说",可以分为"及物动词""非作格动词"和"非宾格动词"三类。有关各类动词结合成复合动词的具体形式及结合规则等,详见本书第三章、第四章。

是否遵循 DOR 规则？ 基于上述标准,本书将例(39a-e)的结果复合动词分为如下的"主语指向型"和"宾语指向型"两类。①

2.5.3.1 日语中的宾语指向型结果复合动词

第一类为(39a)类型的结果复合动词。以"押し倒す""叩き壊す"为例,

(40) a. 太郎はその木を<u>押し倒した</u>。
　　 b. 太郎は机を<u>叩き壊した</u>。

(40a,b)分别包含了"推树""敲桌子"的施事动作和"树倒了""桌子坏了"的客事变化两方面意思。V2"倒す""壊す"分别叙述的是直接宾语"树""桌子"的状态变化,遵循 DOR 规则,属于宾语指向型结果复合动词。

第二类为(39b)类型的结果复合动词。以"折れ曲がる""崩れ落ちる"为例如下。

(41) a. 針金が<u>折り曲がる</u>。
　　 b. ビルが<u>崩れ落ちる</u>。

(41a,b)分别表达了"金属丝弯曲""大楼倒塌"的状态变化,其中 V2"曲がる""落ちる"叙述的是位于主语位置的"金属丝""大楼"的状态变化。但上述复合动词都由"非宾格动词+非宾格动词"构成,表面上的主语实则深层结构的宾语,同样遵循 DOR 规则,属于宾语指向型结果复合动词。

第三类为(39c)类型的结果复合动词。② 以"飲み潰れる""着膨れる"为

---

① 例(39f)的结果复合动词并非在论元结构中直接合成而来,而是经历致使交替的操作派生而来,在此暂不作为考察对象。

② 在(39c)的由及物动词与非宾格动词合成的结果复合动词中,既存在"飲み潰れる""着膨れる"等 V1、V2 直接合成而来的类型,又存在"巻き付く""積み重なる"等由意思形态对应的及物动词"巻き付ける""積み重ねる"经历致使交替派生而来的类型,后者在此暂不作为考察对象。

例如下。

　　(42)a. 太郎が飲み潰れる。
　　　　b. 太郎が着膨れる。

　　例(42a,b)分别表达了"太郎喝得烂醉""太郎穿得鼓鼓的"的状态变化，V2"潰れる""膨れる"叙述的都是位于主语位置的"太郎"的状态变化。与上文例(41)不同，主语"太郎"既是V1"飲む""着る"动作的发出者，又是V2"潰れる"、"膨れる"所述状态变化的对象。那么，"太郎"在复合动词的深层结构中究竟是主语还是宾语？一般来说，"飲む""着る"为及物动词，可同时带有主语和宾语。但如上例所示，在作为复合动词"飲み潰れる""着膨れる"的V1时，它们本身带有的宾语"酒""衣服"等却不能出现，如" *お酒を飲み潰れる"" *服を着膨れる"不成立。① 本文认为，"飲む""着る"这两个动词在上述复合动词中，不再表示动作发出者"太郎"的"喝酒""穿衣服"等动作，而是表示太郎自身承受的"很多酒进入体内""很多衣服穿在身上"的状态变化，类似于反身动词的用法。② "太郎"虽为表层结构中的主语，实则为复合动词深层结构中的宾语。因此，(39c)类结果复合动词同样遵循 DOR 规则，属于宾语指向型结果复合动词。下面来看日语中的主语指向型结果复合动词。

2.5.3.2 日语中的主语指向型结果复合动词

　　本书将日语中的主语指向型结果复合动词分为以下三类。第一类为例(39d)类型的结果复合动词。以"走り疲れる""待ちくたびれる"为例如下。

---

　　① 由本阳子(2005)指出，在这类复合动词的词汇概念结构中，y 为常元，如"飲み潰れる"的常元为"酒精类饮品"，"着膨れる"的常元为"衣服类物品"。
　　② 杰肯道夫(Jackendoff,1990)认为，drink 包含"液体进入喝的人口中"这一层反身变化的含义。并将其词汇概念结构记述如下：[Event CAUSE ([Thing] i , [Event GO ([Thing LIQUID]j, [Path　TO([Place　IN ([Thing MOUTH OF ([Thing]i)])])])])]

(43) a. 太郎が<u>走り疲れる</u>。

　　 b. 太郎が<u>待ちくたびれる</u>。

　　例(43a,b)分别表达了"太郎跑步""太郎等待"的施事动作和"太郎累了""太郎烦了"的心理状态变化两方面意思。V2"疲れる""くたびれる"叙述的是主语"太郎"的状态变化,不遵循 DOR 规则,属于主语指向型结果复合动词。

　　第二类为(39e)类型的结果复合动词。以"泣き腫らす""泣き濡らす"为例如下。

(44) a. 太郎は目を<u>泣き腫らす</u>。

　　 b. 太郎は顔を<u>泣き濡らす</u>。

　　例(44a,b)分别表达了"太郎哭"的施事动作和"眼睛肿了""脸湿了"的状态变化两方面意思。其中,V2"腫らす""濡らす"叙述的是宾语"眼睛""脸"的状态变化,可以将其归类于宾语指向型结果复合动词。但这类复合动词区别于(39a)类型的宾语指向型结果复合动词,宾语与主语之间存在"整体—部分"的特定关系。

(45) a. ＊太郎は花子の目を<u>泣き腫らす</u>。

　　 b. ＊太郎は花子の顔を<u>泣き濡らす</u>。

　　如上例所示,主语"太郎"与宾语"花子的眼睛""花子的脸"不构成"整体—部分"关系时,句子不成立。这类复合动词的 V2 虽然表示宾语的状态变化,但实际上可以认为是以拥有宾语状态变化的主语为叙述对象。因此,本书将(39e)类型的复合动词归类于主语指向型结果复合动词。

　　第三类为"食べ飽きる""読み慣れる"等句法型结果复合动词。

（46）a. 太郎はフランス料理を食べ飽きる。

　　　b. 太郎は英語の小説を読み慣れる。

　　"食べ飽きる""読み慣れる"为句法型复合动词,V1 与 V2 之间构成如下的句法关系:"フランス料理を食べる""英語の小説を読む"等由 V1 构成的小句在句法结构中作为 V2 的补语,表示"V1に飽きる""V1に慣れる"的语义关系。因此,(46a,b) 分别表示"太郎腻了吃法国菜""太郎习惯了读英文小说"的意思。虽然,句子的宾语为"法国菜""英文小说",但复合动词 V2 所叙述的并非这些宾语的状态变化,而是主语"太郎"的状态变化。因此,上述句法型复合动词属于主语指向型结果复合动词。①

　　综上,本文按照 V2 的语义指向和是否遵循 DOR 规则,将日语结果复合动词同样分为"主语指向型"和"宾语指向型"两类。例(39)中的 a、b、c 三类为宾语指向型结果复合动词,d、e 两类以及"食べ飽きる"等句法型复合动词为主语指向型结果复合动词。另一方面,日语结果复合动词与汉语结果复合动词一样,既存在符合 DOR 规则的类型,也存在不遵循该规则的类型。② 由此可见,与英语动结式不同,DOR 规则并不完全适用于日汉两语的结果复合动词。

---

　　① 彭广陆(2011)将"食べ飽きる"归类于"指向动作型"的复合动词。V2"飽きる"所表示的厌倦的对象为"吃(法国菜)"的动作,从这个意思上来说,V2 的语义指向 V1 所示的动作。但是,如果从 V2 所叙述的状态变化的对象这一角度来看,感到"腻了、厌烦"这一状态变化的为主语"太郎"。

　　② 申亚敏(2009)将日语的结果补语分为两类:一类是结果复合动词中表达结果状态的 V2,另一类是"结果状态+に"的副词句。后者的结果补语在句中只能叙述直接宾语的状态变化,遵循 DOR 规则。

　　(i)a. 彼女は家族全員の靴をピカピカに磨いた。

　　　b. *彼女は家族全員の靴をクタクタに磨いた。（影山 2000:159）

　　上例中(a)的意思是"她擦了全家的鞋,把鞋子擦得很亮",此时结果补语"ピカピカに(油光锃亮)"修饰的是宾语"靴"的状态变化。与此相对,(b)试图表达"她擦了全家的鞋,结果擦得自己精疲力尽"的意思,结果补语"クタクタに(精疲力尽)"用来修饰主语的状态变化,句子则不成立。

2.6　本章结语

　　本章在阐述日汉两语中的复合动词概念、形式的基础上,进一步明确了作为本书研究对象的结果复合动词的概念及分类等。

　　首先,日汉两语中都存在"复合动词"这一语言形式,但日汉两语在这一形式的界定上存在差异。(一)无论从概念的界定、还是构词的形态上来说,日语复合动词都较之汉语更为明确。日语复合动词由前一个动词的连用形与后一个动词结合而来,而汉语的复合动词为词干与词干合成而来。因此,相比于汉语而言,日语复合动词更容易从形态上作出判断。(二)在构词语素的类型上,日语复合动词较之汉语更为单一。依前所述,日语复合动词的构成语素必须为动词,而在汉语复合动词中,虽然由动词语素参与构成的复合动词占比最大,但同时也存在不包含动词语素、整体却为动词的类型。(三)在构成语素之间的语法关系和语义关系等方面,汉语结果复合动词更加复杂。如,日语中不存在表示"主谓""动宾"关系的复合动词,而汉语中存在。由此可见,虽然同为复合动词的概念,但日汉两语之间在构词语素、语素间的语法关系的方面都存在很大的差异。

　　其次,与一般的复合动词相对,在日汉两语的复合动词中都存在一类表示"动作/原因—结果"连锁关系的复合动词,即结果复合动词。日汉两语的这类复合动词无论在构词上还是前后项的语义关系上都存在一定的共性。(一)日汉结果复合动词都可以根据 V1 与 V2 结合度的差异分为"词汇型"和"句法型"两类;(二)日汉结果复合动词的 V1 与 V2 之间都形成因果关系,V1表示活动或原因事态,V2 表示结果事态;(三)根据 V2 所示结果的不同指向,日汉结果复合动词都可以分为"主语指向型"和"宾语指向型"两类。

　　综上所述,日汉两语的结果复合动词都可以表达"动作/原因—结果"的连锁关系,因此,两者在构词成分的语法性质、构词规则等方面必然会存在一定的共性。但同时,日汉两语间动词性质的不同等,也会导致结果复合动词在构词等方面的差异。本书第三章将对日汉结果复合动词的构词成分及其语法特征进行考察,并在此基础上明确两语之间的异同。

第三章　日汉结果复合动词的构词成分及其语法特征^①

在日语中诸如"押し倒す""折れ曲がる"等由前一个动词的第一连用形与后一个动词相结合而成的动词称为复合动词。而在复合动词中,表达"动作/原因—结果"这一连锁概念的复合动词称为结果复合动词。由此可见,构成日语结果复合动词 V1、V2 的成分都必须为动词。但,是否所有的动词都能构成 V1 或 V2?换言之,构成 V1、V2 的动词需要具备哪些语法特征?另一方面,与日语结果复合动词不同,汉语结果复合动词的构词成分未必都是动词,也可为形容词。如,"染红""刷白"等复合动词的 V1 为动词、而 V2 为形容词。那么,构成汉语结果复合动词 V1、V2 的成分又应具有哪些语法特征?

除此之外,日汉两语中还存在着大量诸如"押し倒す"与"推倒""歩き疲れる"与"走累""酔い潰れる"与"醉倒"等形式上均为复合动词、且意思相对应的结果复合动词。但与此相对,如日语中不存在与汉语"染红"相对应的复合动词形式,只能用"赤く染める"的形式进行表达;又如,汉语的"累哭",日语也无法用" *疲れ泣く"的形式表达,尽管日语中存在复合动词"泣き疲れる

---

① 本章的主要内容在作者以下三篇论文的基础上加以修改完成。其中,有关日语结果复合动词的构词及语法特征的部分内容曾以《论日语结果复合动词的构词规则——以"他动词+他动词"型结果复合动词为对象》为题发表于《日语学习与研究》(2021 年第 1 期);有关"单一路径限制"规则对日语复合动词适用性的部分内容曾以《"单一路径限制"规则与日语复合动词构词分析》为题发表于《日语学习与研究》(2020 年第 5 期);有关日汉结果复合动词构词成分间的对比分析等部分内容曾以《日汉结果复合动词的构词特征比较研究》为题发表于《现代语文》(2019 年第 4 期)。

(哭累)"。要想更准确地理解这些异同,有必要深入考察日汉结果复合动词在构词成分、以及前项和后项间结合形式上的差异。

本章将系统地对上述问题展开分析,从而明确日汉结果复合动词的构词成分及其语法特征。本章的具体内容如下:3.1 节列举日语结果复合动词中V1、V2 间的几种不同的结合形式;3.2 节考察并分析构成日语结果复合动词V2 的动词种类及其语法特征;3.3 节考察并分析构成汉语结果复合动词 V2的成分及其语法特征;3.4 节分别考察日汉两语结果复合动词 V1 的构词成分及其语法特征;3.5 节根据上文所述的 V1、V2 的语法特征,探讨"单一路径限制"规则对日汉结果复合动词的适用性;3.6 节分析日汉结果复合动词在构词成分、结合形式及 V1、V2 语法特征等方面的共性与差异;3.7 节对本章内容进行总结。

3.1 日语结果复合动词的结合形式

要考察构成结果复合动词的动词种类及其语法特征,首先必须明确日语中有哪些不同种类和性质的动词。前人研究中对于日语动词的分类有很多角度,影山太郎(1993)等在考察日语复合动词构词时,从论元结构出发,将日语动词分为及物动词、非作格动词、非宾格动词的三类。下面,先对此进行简单介绍。

3.1.1 非宾格假说

Perlmutter(1978)提出"非宾格假说"(Unaccusative Hypothesis),主张不及物动词内部并非整齐划一的同质,一部分动词的唯一论元为逻辑主语,属于域外论元。另一部分动词的唯一论元为深层宾语,属于域内论元。故前者被称为非作格动词(unergative verbs),后者被称为非宾格动词(unaccusative verbs)。这一假说已经得到广泛的跨语言的支持证据。影山太郎(1993)以

"非宾格假说"为基础对日语动词进行了分类。影山把日语动词分为及物动词、非作格动词和非宾格动词三类,具体如下例所示。

　　(1)a.子供が木の枝を折った。(孩子折断了树枝。)

　　　　b.木の枝が折れた。(树枝断了。)

　　　　c.男の子が暴れた。(男孩乱闹。)

(影山太郎 1993:44-45)

　　(1a)的"折る"带有"子供(孩子)"和"木の枝(树枝)"两个论元,且"子供"为动作的施事,"木の枝"表示动作的客事,为及物动词。再看(1b)和(1c),(1b)的主语"木の枝"与(1a)的宾语具有相同的题元角色"客事",而(1c)的主语"男の子(男孩)"与(1a)的主语"子供(孩子)"一样都表示"施事"。[①]由此可见,(1b)的唯一论元表示客事,为域内论元,"折れる(断)"为非宾格动词。(1c)的唯一论元表示施事,为域外论元,"暴れる(胡闹)"为非作格动词。

　　非宾格假说同样适用于日语动词。日语中的及物动词具有域外和域内两个论元,非作格动词只具有域外论元,而非宾格动词只具有域内论元。影山(1993:117)将日语各类动词的论元结构记述如下(域外论元 x,域内论元 <y>)。

　　(2)a.及物动词　　　(x　<y>)

　　　　b.非作格动词　　(x　< >)

　　　　c.非宾格动词　　(　<y>)

　　在上述三类动词中,哪类动词可以成为结果复合动词的 V1、哪类动词可以成为 V2? 是否还需要进一步的限制条件? 下文对此展开进一步考察。在

---

　　①　有关题元角色的具体论述详见第四章。

此之前,先来看一下日语结果复合动词的几种不同结合形式。

3.1.2 V1 与 V2 的结合类型及占比

石井正彦(2007)对『学研国語大辞典(初版)』、『新明解国語辞典(第三版)』、『岩波国語辞典(第二版)』、『国立国語研究所資料集 7 動詞・形容詞問題語用例集』等四本现代日语辞典中的复合动词例进行了收集和调查,共收集 2494 个日语复合动词。[①] 本书参考石井(2007)的数据,并抽取其中的结果复合动词,按照不同动词类型间的结合形式分为以下六类,其具体结合形式及数量统计如表 3-1 所示。[②]

表 3-1 日语结果复合动词的种类和数量

类型	结合形式	数量
①押し倒す	及物动词+及物动词	1081 词
②巻き付く	及物动词+非宾格动词	443 词
③折れ曲がる	非宾格动词+非宾格动词	366 词
④泣き疲れる	非作格动词+非宾格动词	139 词
⑤酔い潰す	非宾格动词+及物动词	72 词
⑥泣き腫らす	非作格动词+及物动词	42 词

首先,从构词成分上来看,构成日语结果复合动词 V1 的动词可以为及物动词、非作格动词和非宾格动词。但构成 V2 的动词却只能是及物动词和非宾格动词。影山太郎(1993)提出了日语复合动词的"右核心原则",位于右侧的 V2 决定整个复合动词的语法性质。因此,不包含结果含义的非作格动词,不能成为结果复合动词的 V2。

---

① 本书以结果复合动词作为对象,因此考察对象仅为石井收集的 2494 个复合动词中的一部分。另外,此处统计的仅为词汇型结果复合动词。

② 表 3-1 中的六种类型是按照"及物动词""非作格动词""非宾格动词"之间的不同组合而来,与本书第二章中例(39)所列举的六种形式一致,但顺序不同。表 3-1 按照各类结合形式的数量,从多到少依上而下进行排列。

其次,我们再来考察一下各种类型的占比。其中,"及物动词+及物动词"型复合动词共计 1081 词,所占比例最大,约为复合动词总数的 43%;排在第三位的为"非宾格动词+非宾格动词"的组合,约占总数的 17%。上述两类复合动词都是由相同类型的动词结合而来,共占结果复合动词总数的 60%。由此可见,在日语中同类型的动词最容易结合成为复合动词,遵循影山太郎所提议的及物性和谐原则,详见第四章。除此之外,"及物动词+非宾格动词"的组合(第二位)与"非宾格动词+及物动词"的组合(第五位),本书认为这两类复合动词并非由 V1、V2 直接合成,而是经由致使交替过程派生而来。[①] 不过,从这两类结果复合动词共占总数 24% 的这一数据来看,结果复合动词的致使交替现象在日语中并不少见。[②]

综上,我们考察了日语结果复合动词的六种不同结合形式。那么,这些构成结果复合动词 V1 或 V2 的动词应该具备怎样的语法特征?同为及物动词或同为非宾格动词的动词,在分别构成复合动词 V1 和 V2 时分别需要具备哪些语法特征,它们之间是否存在语法性质上的差异?基于以上几点问题,本章主要对构成结果复合动词 V1 和 V2 的成分及其语法特征进行详细考察和分析。另一方面,相比于非作格动词和非宾格动词,日语的及物动词包含了性质不同的多种类型,这些不同类型在构成 V1 或 V2 时会体现出差异。因此,在分析 V1 和 V2 构成成分的语法特征的同时,对日语及物动词的考察也必不可少。下面,先来考察结果复合动词核心部分 V2 的语法特征。

---

① 排在第二位的"及物动词+非宾格动词"的结果复合动词中包含少数如"飲み潰れる""着膨れる"等由 V1、V2 直接合成的类型。但大多数为"及物动词+及物动词"的复合动词经历去致使化派生而来,如"巻き付く""積み重なる""吸い上がる"等。

② 有关结果复合动词的致使交替现象暂不作为本书研究对象,具体可参考张楠(2021)的论述。

3.2 日语结果复合动词的 V2 及其语法特征

日语结果复合动词的 V2 由及物动词(如"倒す""潰す")或非宾格动词(如"曲がる""落ちる")构成,非作格动词不能成为 V2。由此可见,只能表示主体动作、不包含结果意思的动词不能构成结果复合动词的 V2。换言之,V2 必须包含结果性,本书将其语法属性记作[+change of state]。那么,具备[+change of state]属性的动词是否都能成为 V2? 构成 V2 的动词是否还应具备其他语法属性? 早津惠美子(1989)、佐藤琢三(2005)、石井正彦(2007)等研究均指出,日语中"巻く""吊る"等无对及物动词与"倒す"等有对及物动词一样也包含结果意思,也就是具备[+change of state]属性。然而从事实上来看,"倒す"等有对及物动词可以构成结果复合动词的 V2,而"巻く"等无对及物动词却不可以,只能作为 V1 出现。由此可见,[+change of state]属性并非构成 V2 的充分条件。下面,我们先来考察"倒す""巻く"这两类及物动词间的差异。

3.2.1 及物动词的分类及语法特征

早津惠美子(1989:231)指出,"日语的及物动词可以根据是否存在形态上相对应的不及物动词分为两类。一类是像'倒す''曲げる'这样存在对应不及物动词('倒れる''曲がる')的及物动词,另一类是像'たたく''読む'这样无对应不及物动词的及物动词。前者称为'有对及物动词',后者称为'无对及物动词'"。并且,早津认为日语的有对及物动词多着眼于动作结果的状态,而无对及物动词则侧重表达动作过程中的样态。如下文例(3)所示,有对及物动词"切る(切,剪)"与结果副词"半分に(一半)"共用,表示"切る"这一动作引起客体变化的结果为"布が半分になった"。而与(3b)的样态副词"ジョキジョキ(嘞嘞地)"共用,则表达了"大幅度挥动剪刀"这一剪裁布匹

动作过程中的样态。有对及物动词可以分别与结果副词和样态副词共用,这是因为有对及物动词包含了表示主体动作和客体变化两个方面的意思。

(3)a. 布を半分に切る。(把布剪成一半。)

　　b. 布をジョキジョキ切る。(唰唰地剪布。)

(早津 1989:243)

与之相对,只包含主体动作意思的无对及物动词则无法与结果副词共用。如下文例(4)的无对及物动词"たたく",它可以与样态副词"どんどんと"连用,表达敲门时的样态。然而,"たたく"却无法与结果副词连用。例如,"*ものを粉々にたたく"不能表达"把东西敲碎"的意思,这是因为"たたく"本身不包含客体变化的意思。

(4)ドアをどんどんとたたく。(咚咚地敲门。)

(早津 1989:243)

如上所述,有对及物动词一般包含施事动作和客事变化两个方面的意思,而无对及物动词一般只表达施事动作。但事实上,日语中也存在一部分无对及物动词,它们同时包含施事动作和客事变化两方面的意思。另外,有对及物动词之间也存在某些性质上的差异,并不完全等同。因此,有必要将有对及物动词和无对及物动词分别进行再分类。下文将从"动作样态性"和"结果性"这两个角度出发,进一步明确不同类型及物动词的语法特征及差异。

3.2.1.1　基于"动作样态性"的分类

从"动作样态性"的角度对及物动词进行分类。佐藤琢三(2005)将动作过程样态的性质分为"动作样态的特定性"和"动作样态的透明性",前者指施事的动作过程具有特定的样态,后者指施事的动作不具有特定的样态。本书将上述两种动作样态的语法属性分别标记为[+manner]和[-manner]。佐藤

(2005)以"壊す""塗る"为例,说明了有对及物动词与无对及物动词所表达的动作样态性质的不同。

 (5)a.(地面に花瓶をたたきつけて粉々にした場合)

   子供が花瓶を壊した。

  b.(時計を分解してバラバラにした場合)

   子供が時計を壊した。

  c.(ビルにダイナマイトを仕掛けて破壊した場合)

   作業員がビルを壊した。

(佐藤2005:176)

 (6)a.(ハケにペンキをひたして着色した場合)

   太郎が壁にペンキを塗った。

  b.(バケツ入りのペンキを壁に投げかけて着色した場合)

   ? 太郎が壁にペンキを塗った。

  c.(スプレーのボタンを一押しして着色した場合)

   ? 太郎が壁にペンキを塗った。

(佐藤2005:177)

　　佐藤认为例(5)的"壊す"不限制施事的动作方式,只要最终导致"物体损坏"的结果即可使用,不表示具体的动作样态。而例(6)的"塗る"所表示的动作过程具有特定的样态,即动作主体必须在与动作对象保持平行的状态下进行动作。故例(6b)(6c)的例子不自然。

　　但是,与佐藤的观点略有不同,本书认为并非所有的有对及物动词所表示的动作样态都不具有特定性。下面以"切る"和"抜く"为例,说明它们可以表达特定的动作样态。

 (7)a.(包丁を使って牛肉を小さくした場合)

   太郎が牛肉を切った。

　　b.（歯で嚙んで堅い肉を二つにした場合）

　　　? 太郎が堅い肉を切った。

　　c.（火で焼いて金属を切断した場合）

　　　? 太郎が金属を切った。

（8）a.（手で引っ張ってとげを取り出した場合）

　　　太郎がとげを抜いた。

　　b.（手で瓶をビールケースから取り出した場合）

　　　? 太郎が瓶を抜いた。

　　c.（機械で瓶を穴から取り出した場合）

　　　? 太郎が瓶を抜いた。

　　例（7）的"切る"一般指动作主体使用刃器等对动作对象进行分割,使其发生状态变化;例（8）的"抜く"一般指动作主体用力向外拉动物体,使其离开原来位置。两者表示的动作过程的样态都具有特定性,故例（7）、例（8）中的b、c 两句都不自然。

　　综上所述,无对及物动词表示的动作样态具有特定性。与此相对,有对及物动词中既存在"壊す""潰す"等不能表示具体动作样态的动词,也存在"切る""抜く"等可表示特定动作样态的动词。

3.2.1.2　基于"结果性"的分类

　　从"结果性"对及物动词进行分类。依前所述,包含结果含义的及物动词可与结果副词共用,表示施事动作所引起的客事的变化结果。如下文例（9）所示,有对及物动词包含状态变化的意思,均可以与结果副词搭配使用。

（9）a. 布を半分に切る。（把布剪成一半。）

　　b. 牛乳を100℃に温める。（把牛奶加热到 100℃。）

（早津 1989:243）

与此相对,无对及物动词之间在是否包含结果性上却存在差异。如上文例(4)中的"たたく"只表示动作主体的动作,不能与结果副词共用。而下文例(10)的"塗る(涂、刷)""磨く(擦、磨)"却可以与结果副词共用。(10a)的"塗る"表示施事对墙壁进行粉刷,使墙壁变得雪白;(10b)的"磨く"表示施事刷地板,使其变得干净光亮。这里的"塗る"和"磨く"在表示施事动作的同时,也都表达了客事的变化结果,具有结果性。

(10)a. 壁を真っ白に塗る。(把墙壁刷得雪白。)

    b. 床をピカピカに磨く。(把地板擦得锃亮。)

(早津 1989:244)

因此,本书将日语的无对及物动词按结果性分为包含结果性的"塗る"类型和不包含结果性的"たたく"类型,其语法属性分别标记为[+change of state]和[-change of state]。

综上,本书在早津(1989)分类的基础上,从"动作过程的样态性"和"结果性"两个方面对及物动词进行了再分类。依前所述,动作过程的样态因性质不同分为"动作样态的特定性"和"动作样态的透明性"。前者的属性标记为[+manner],后者标记为[-manner]。结果性即是否包含客事变化的结果,其属性分别标记为[+change of state]和[-change of state]。由此,本书将及物动词的具体分类及其语法属性归纳如下。

(11)a. たたく、押す、踏む[+manner],[-change of state]

    b. 塗る、磨く、洗う[+manner],[+change of state]

    c. 切る、抜く、焼く[+manner],[+change of state]

    d. 潰す、壊す、落とす[-manner],[+change of state]

下面本书以例(11)中的四类及物动词为对象,考察它们在结果复合动词构词过程中的实际使用情况,分别归纳出构成结果复合动词 V1 和 V2 的及物动词类型,从而明确结果复合动词的 V1 和 V2 分别应具备的语法特征。

3.2.2　V2 的语法特征

首先,构成日语结果复合动词 V2 的及物动词只能为有对及物动词。下文例(12)中的复合动词 V2 为(11c)类型的有对及物动词,而例(13)中的 V2 为(11d)类型的有对及物动词(以下例句均出自『現代日本語書き言葉均衡コーパス』^①)。

(12) a. 2 歳半くらいになったとき、自分でおしゃぶりを<u>嚙み切る</u>ようになった。

b. どうやら木箱の釘を<u>引き抜く</u>音らしい。

c. 具足の上から、敵を<u>断ち割る</u>のだ。

d. コンクリート床や壁に、内装材を直接に<u>貼り付ける</u>のではなく、隙間をあけて設置。

e. 度胸の良い子だと村の老人達はこの子を<u>抱き締める</u>。

(13) a. そして、その虫ケラからすると、自分を<u>踏み潰す</u>人間に善人も悪人もない んだから。

b. 郷子、立っていくと、倉庫内にあった火災報知器を、棒で<u>叩き壊す</u>。

c. まるで自分の体の汚れを<u>洗い落とす</u>ように、一心不乱にこすった。

d. そこへ立ち帰ること以外に、眼前の鏡を<u>打ち砕く</u>すべはなかった。

e. 数十年後、本堂の改築することとなり、桜の木がじゃまになるた

---

① 『現代日本語書き言葉均衡コーパス』(《现代日语书面语均衡语料库》)是由日本国立研究所开发的大型语料库,于 2011 年公开使用。该语料库收录约 1 亿词,数据规模大,语料构成均衡,准确反映了现代日语书面语的使用状况。

め、切り倒すことを決めた。

如上所示,无论是(11c)类型的及物动词,还是(11d)类型的及物动词都可以构成结果复合动词的 V2。那么,同样具备[+change of state]属性的(11b)类型的及物动词如何?这类及物动词虽然具有[+change of state]属性,但却只能作为结果复合动词的 V1 出现,无法成为 V2。也就是说,结果复合动词的 V2 必须具备[+change of state]属性,但具备[+change of state]属性的动词却未必都可以成为 V2。那么,构成结果复合动词 V2 的动词除了具备上述属性之外,还应该具备哪些其他的语法特征?下面通过对比分析(11b)与(11c)(11d)类型间的区别,探讨 V2 应具备的其他语法特征。

对比(11b)与(11c)(11d)的及物动词,虽然它们都可以表达施事动作和客事变化两个方面的意思,但在形态上却存在本质区别。即,(11b)为无对及物动词,而(11c)(11d)为有对及物动词。天野みどり(1987,1995)认为,包含施事动作和客事变化两方面意思的有对及物动词在"状态变化主体的及物动词句"中可以单独抽取客事变化这层含义。天野指出,日语中的某些及物动词谓语句与将及物动词置换为不及物动词的不及物动词谓语句的意思基本相同,这类及物动词谓语句可称为"状态变化主体的及物动词句"。且这类句子必须具备两个条件:一是句中的及物动词必须包含施事动作和客事变化两方面的意思;二是及物动词句的主语和宾语之间必须为整体-部分的关系。如下文例(14)所示。

(14)a. 私たちは、空襲で家財道具を焼いた。
　　b. 私たちは、空襲で家財道具が焼けた。

(天野 1987:110)

及物动词"焼く"存在形式对应的不及物动词"焼ける",可以表达施事动作和客事变化两方面的意思。其次,主语"私たち"和宾语"家財道具"在语义上为整体-部分的关系,即"私たちの家財道具"。此时,(14a)的及物动词句和(14b)的不及物动词句基本表达相同的意思,即"我们的家当在空袭中烧毁了"。由此可以认为,(14a)的及物动词"燒く"并不表示施事的动作,而是单纯地表达了客事变化的含义。

与此相对,(11b)的无对及物动词虽然也包含施事动作和客事变化两方面意思,但却无法单独抽取客事变化的意思。下文例(15)的"状态变化主体的及物动词句"均不成立。

(15)a. *太郎は、風で髪の毛を巻いた。
　　b. *太郎は、雨で顔を洗った。

如上,"巻く""洗う"都表示施事动作和客事变化两方面意思,且主语"太郎"和宾语"髪の毛""顔"之间也存在"整体–部分"的语义关系。原则上满足"状态变化主体的及物动词句"的条件,但例(15)的句子却不成立。由此可见,无对及物动词无法单独抽取出客事变化这层含义。有对及物动词"燒く"在形态上存在相对应的及物动词"燒ける",而"燒ける"正是表达客事变化的含义,客事变化的意思可以独立于施事动作存在。而无对及物动词在形态上不存在对应的不及物动词形式,其表达的施事动作和客事变化融合为一体,不可分离。

实际上,结果复合动词的 V2 与上述"状态变化主体的及物动词句"中的及物动词在性质上存在共同点。首先,"状态变化主体的及物动词句"的主语并非进行具体动作的施事,而是经历客体变化的经事。因此,及物动词本身包含的施事动作的意思在此句式中不起积极作用。另一方面,结果复合动词一般也是由表达施事动作和表达客事变化的两部分意思构成,且施事动作由 V1 提供,故 V2 只需要表达客事变化的含义即可。因此,施事动作与客事变化可分离的有对及物动词可以成为复合动词的 V2,而施事动作与客事变化意思相融合的无对及物动词则不可。[①]

3.2.3　小结

本节主要考察了日语结果复合动词 V2 的语法特征。首先,V2 必须包含结果性,具备[+change of state]属性。其次,通过对比上述有对及物动词和包含结果性的无对及物动词可知,即使同时包含施事动作和客事变化的含义,但只有能单独抽取客事变化的有对及物动词才可构成 V2。换言之,构成 V2 的及物动词所表示的施事动作和客事变化两部分意思可分离。另外,依上文所述,除有对及物动词之外,非宾格动词也能作为 V2 构成结果复合动词。如在"步き疲れる""折れ曲がる"等复合动词中,不包含施事动作,只表示客事变化的非宾格动词"疲れる""曲がる"也可以成为结果复合动词的 V2。这也从侧面说明,结果复合动词的 V2 只需包含结果性,即具有[+change of state]属性。因此,同时包含施事动作和客事变化意思的有对及物动词在作为结果复合动词 V2 时,其施事动作的意思实际上并未起到积极作用。

3.3　汉语结果复合动词的 V2 及其语法特征

汉语结果复合动词不同于日语最显著的一点是:虽然复合动词整体表达动词的含义,但其构词成分不一定为动词。朱德熙(1982)指出,构成汉语结果复合动词 V2 的成分除非宾格动词以外,还有很多形容词。下面先来考察形容词作 V2 的情况。

---

　① 本书认为,"殺す"是无对及物动词中的特例。"殺す"虽属于(11b)类型的无对及物动词,但可以成为结果复合动词的 V2。如"絞め殺す(绞死)""殴り殺す(打死)""刺し殺す(刺死)"等。虽然"殺す"属于无对及物动词,但它和不及物动词"死ぬ"之间在句法和语义上均存在类似自他对应的关系。因此,本书认为"殺す"和有对及物动词相同,所包含的施事动作和客事变化两方面意思可分离,在作为复合动词 V2 时,正是单独抽取了其客事变化的含义。

3.3.1　形容词作 V2

汉语中的形容词和不及物动词、尤其是非宾格动词之间的界限比较模糊，不易区分。本书参照李临定(1980)、朱德熙(1982)、雅洪托夫(1987)等研究，采用以下两个语法测试来区分形容词和非宾格动词。

第一，是否可以与程度副词"很"搭配使用。一般来说，汉语中的形容词可以与"很"共用，但动词不容易与其共用。如例(16-18)所示，例(16)的"红""白"例(17)的"累""醉"都可以与"很"搭配使用；而例(18)的"倒""断"却不可。

(16)a. 他的头发很<u>红</u>。

　　b. 墙壁很<u>白</u>。

(17)a. 张三很<u>累</u>。

　　b. 张三喝得很<u>醉</u>。

(18)a. *这棵树很<u>倒</u>。

　　b. *树枝很<u>断</u>。

由此可见，"倒""断"与其他几个词不同，为动词词性。但是，与"很"共用的例(16)、例(17)中的词是否都为形容词？事实上，汉语中与"很"共用的未必都是形容词，比如一些与情感、心理相关的动词也可以与"很"搭配使用，如下文例(19)所示。因此，将副词"很"作为区分形容词与动词的唯一标准并不全面。

(19)a. 我很<u>想</u>你。

　　b. 我很<u>喜欢</u>你。

第二，形容词或动词在修饰名词时，根据修饰词与被修饰词之间的"的"

69

是否可以脱落,也能来区分形容词和动词。如下文例(20-22)所示。

(20) a. 红(的)头发

b. 白(的)墙

(21) a. 累 *(的)人

b. 醉 *(的)人

(22) a. 想 *(的)人

b. 喜欢 *(的)人

如上所示,即使去掉"的",例(20)中"白""红"等与后面名词间的修饰关系仍成立;但在例(21)中,如果去掉"的"变成"累人""醉人",此时的"累""醉"与名词"人"之间已不再为修饰关系,在一定的语境中可以理解为"使人累""使人醉"的致使关系。另外,如果去掉例(22)中的"的"变为"想人""喜欢人",那么"想""喜欢"与名词"人"之间也失去修饰关系,转为述宾关系。由此可见,动词在修饰名词时,两者间的"的"不能脱落,而形容词修饰名词时则可以。

综上所述,"红""白"既可以与副词"很"共用,也可以在修饰名词时脱落名词前的"的",为形容词;与此相对,"累""醉"虽然可与"很"共用,但修饰名词时不能脱落"的",本书认为它们是动词,且为非宾格动词。

非宾格动词和形容词都可以构成汉语结果复合动词的 V2。如,下文例(23)为 V2 由非宾格动词构成、例(24)为 V2 由形容词构成的结果复合动词。

(23) a. 张三哭累了。

b. 张三喝醉了。

(24) a. 张三染红了他的头发。

b. 张三刷白了墙壁。

那么,这些构成结果复合动词 V2 的非宾格动词与形容词之间是否存在

哪些共性？另外，是否所有的形容词都可以构成结果复合动词的 V2？请看例
（25）。

　　（25）a. 张三刷<u>白</u>了墙壁。（= 24b）
　　　　　b. *张三刷<u>雪白</u>了墙壁。

　　对比（25a）与（25b）可见，（25a）的形容词"白"可以作为复合动词的 V2，
而（25b）的"雪白"却不可。那么，"白"和"雪白"这两个形容词在性质上存在
哪些差异？张国宪（1995，2006）根据［±static］的语义特征，将汉语的形容词分
为"动态形容词"和"静态形容词"两类。他指出，"动态形容词"存在内在的
自然开始点和结束点，可以后接"了"等表示时态的助词，表示某种状态变化，
而且这类形容词多为单音节词。如例（26）所示。

　　（26）a. 墙已经<u>白</u>了，需要重刷。
　　　　　b. 衣服<u>干</u>了，请收进来。

　　例（26a，b）分别表达了"墙壁颜色褪色变白""衣服由湿变干"的状态变
化。与此相对，张国宪指出，"静态形容词"不包含内在的起点和终点，也不能
与"了"等助词共用，并且这类形容词多为双音节词，如雪白、短暂、漫长、勤
劳、优秀、详细等。因此，如果将（26a）的"白"换为"雪白"，" *墙已经雪白了，
需要重刷。"则不成立。因为"雪白"一词不包含状态变化，不能表达"墙壁褪
色变白"的意思。

　　由此可见，构成结果复合动词 V2 的形容词必须为动态形容词。换言之，
必须包含状态变化的含义。如例（27）所示，这与非宾格动词具有相同的语法
特征。

　　（27）a. 张三<u>累</u>了。
　　　　　b. 张三<u>醉</u>了。

上例中的非宾格动词"累""醉"与"了"共用,也表达了张三"变累""变醉"的自身状态变化。因此,本书认为构成汉语结果复合动词 V2 的形容词和非宾格动词都必须具有[+change of state]的语法属性。且因其相同属性,本书在后文考察汉语结果复合动词的论元结构、词汇概念结构等时,不再将上述动态形容词与非宾格动词作明确区分,统一称为非宾格动词。

综上所述,具有[+change of state]属性的非宾格动词和动态形容词可以成为结果复合动词的 V2。那么,除此之外,汉语中的及物动词、非作格动词是否也可以构成 V2?

3.3.2 状态变化及物动词作 V2

汉语的及物动词大多用来表示施事的动作,不包含状态变化的含义。戴浩一(1984)认为汉语的单音节动词只能用来表示动作或状态。他指出,汉语的单音节及物动词与英语、日语不同,一般不包含结果的意思。如例(28)所示。

(28) a. 张三杀了李四两次,李四都没死。

　　 b. *張三は李四を殺したが、李四は死ななかった。

　　 c. *John killed Bill twice, but Bill didn't die.

戴文认为汉语的"杀"不同于日语"殺す"和英语"kill",只表示"杀李四"的行为,不包含"李四死"的结果,因此(28a)成立。而(28b)"殺す"、(28c)"kill"不仅表达了"杀李四"的行为,还包含了"李四死"的结果,因此无法再对其结果进行否定。

依本章 3.2 节所述,构成日语结果复合动词的 V2 大多为有对及物动词。那么,汉语中是否也存在语法性质类似的及物动词?确实,汉语中大多数及物动词都不包含结果含义,如例(28a)。但实际上也存在少数表示状态变化的及物动词,如例(29)的"会""懂"等。

(29)a. 张三<u>会</u>英语。

b. 张三<u>懂</u>李四的话。

如上,"会""懂"分别后接宾语"英语""李四的话",为及物动词。对比例(30)、例(31),这类及物动词与例(30)中的"敲""砍"等及物动词不同,它们并非表示施事的动作,而是其状态变化。

(30)a. 张三用力地<u>敲</u>桌子。

b. 张三用力地<u>砍</u>树。

(31)a. *张三用力地<u>会</u>英语。

b. *张三用力地<u>懂</u>李四的话。

上例中的副词"用力地"一般后接动作性的动词,用来修饰限定动作强度。从它与例(30)的"敲""砍"的共用情况来看,"敲""砍"为表示施事动作的及物动词。但是,"用力地"却不能用来修饰例(31)中的"会""懂"等及物动词,这说明"会""懂"等动词不能表示施事动作。接下来,再看下文例(32)、例(33)。

(32)a. 张三<u>敲</u>桌子一个小时了。

b. 张三<u>砍</u>树半天了。

(33)a. 张三<u>会</u>英语一年了。

b. 张三<u>懂</u>李四的话有一会儿了。

例(32a,b)分别表示"张三敲桌子的动作持续了一个小时","张三砍树的动作持续了一阵子时间",这里的时间状语"一个小时""半天"表示动作持续的时间;而与此相对,例(33a)表示"张三会说英语了"这个变化结果已经持续了一年时间,(33b)表示"张三懂了李四的话"这个变化结果已经有了一阵子时间。时间状语"一年""一会儿"表示结果状态持续的时间。因此,与"敲""砍"等表示施事动作的及物动词不同,"会""懂"等及物动词表示"从不会到会""从不懂到懂"的状态变化,本文将这类及物动词称为"状态变化及物动词"。这类及物动词与非宾格动词、动态形容词一样,也具备[+change of state]属性,可以构成结果复合动词的 V2。如例(34)所示。

(34) a. 张三学会了英语。

　　 b. 张三听懂了李四的话。

综上,与日语结果复合动词一样,构成汉语结果复合动词 V2 的成分也必须具有[+change of state]的语法属性。依前所述,日语的非作格动词一般表示施事的动作,不包含状态变化,无法成为结果复合动词的 V2。但是,与日语不同,汉语中却存在"哭走""打哭"等 V2 为非作格动词的结果复合动词。下面对此进行考察。

3.3.3　非作格动词作 V2

首先,如下文例(35)所示,汉语中的一部分非作格动词(如,"走""跑""哭"等)可以作为结果复合动词的 V2 成立。

(35) a. 张三哭走了客人。

　　 b. 妈妈打哭了孩子。

上例中"哭走"(非作格动词+非作格动词)、"打哭"(及物动词+非作格动词)的 V2"走""哭"在单独使用时,一般被界定为非作格动词。但当它们作为结果复合动词的 V2 时,是否还保留非作格动词的语法性质?

本书认为,汉语的某些非作格动词不同于日语,它们在一定的语境中具有非宾格动词的性质。请看例(36)。

(36)张三走了一个小时了。

　　a.張三は一時間歩いた。

　　b.張三は(ここを)離れて一時間経った。

　　例(36)对应日语中的 a、b 两种解释:在(36a)中,"走"表示动作,后置时间状语"一个小时"表示"走"的动作持续了一个小时;而(36b)中,"走"的意思是"离开",这里的"一个小时"是指"张三离开这里"的结果状态持续了一个小时。例(36)中的汉语"走"在意思上分别对应了日语中的"歩く"和"離れる"。由此可见,"走"在(36a)中为非作格动词的用法,而在(36b)中则具有非宾格动词的性质。反观(35a),构成结果复合动词"哭走"V2 的"走",实际意思为"离开",具有非宾格性。再看例(37)的"打哭"。

(37)a.妈妈故意打哭了孩子。

　　b.妈妈故意打得孩子哭了。

　　c.*妈妈打得孩子故意哭了。

　　与(37a)(37b)相比,(37c)的句子不成立。由此可见,副词"故意"可以修饰复合动词整体或 V1"打",但不能单独修饰 V2"哭"。一般来说,副词"故意"后接意志性动词,表示施事的意图。然而,如例(37c)所示,"故意"不能修饰 V2"哭",说明"哭"在作为"打哭"的 V2 时,不再具有意志性,只是表示"从没哭到哭的一种自然而然的状态变化"。由此可见,"走""哭"等非作格动词在作为结果复合动词的 V2 时,用来表示状态变化的意思,具有非宾格性。而日语中的非作格动词不具有非宾格性,无法成为结果复合动词的 V2。

3.3.4 小结

综上所述,非宾格动词、形容词、及物动词和非作格动词都可以充当汉语结果复合动词的 V2。但是,形容词中只有包含结果变化意思的动态形容词,及物动词中也只有包含状态变化的及物动词才能成为结果复合动词的 V2。而,一部分非作格动词在成为复合动词 V2 时,所表示的也并非施事的动作,而是状态变化。这些都充分说明了 V2 的非宾格性,即构成 V2 的成分必须具备[+change of state]的语法属性。另外,上述构成 V2 的动词和形容词都不包含活动事态,不能表示施事的动作,具有[−manner]的语法属性。因此,本书认为,汉语结果复合动词的 V2 应该具有[−manner][+change of state]的语法属性。

另外,在汉语结果复合动词中,V1 与 V2 间的结合形式可归纳为以下五种①。

(38)a. 及物动词+及物动词:学会、听懂

  b. 非作格动词+及物动词:玩忘

  c. 非宾格动词+非宾格动词:醉倒、累坏、冻死

  d. 非作格动词+非宾格动词:哭醒、哭累

  e. 及物动词+非宾格动词:砍倒、喝醉、染红

上述不同类型的结合形式在汉语结果复合动词中的分布和占比情况如何?下面参照申亚敏(2009),将本书作为考察对象的汉语结果复合动词的结

---

① 这里对动态形容词和非宾格动词不做区分,统一记为"非宾格动词"。

合类型及数量归纳为表 3-2。①

表 3-2 汉语结果复合动词的种类和数量

类型	结合形式	数量
①推倒	及物动词+非宾格动词	894 词
②醉倒	非宾格动词+非宾格动词	161 词
③哭累	非作格动词+非宾格动词	62 词
④学会	及物动词+及物动词	16 词
⑤玩忘	非作格动词+及物动词	2 词

　　如上表所示,在汉语结果复合动词中,"及物动词+非宾格动词"类复合动词所占比例最大,大约为复合动词总数的 79%。其次是"非宾格动词+非宾格动词"的组合,大约占比 14%。与此相对,"及物动词+及物动词"的结合形式较为少见,仅占比不到 2%。而这类结合形式在日语结果复合动词中却占比最大,约为 50%,体现了日汉两语在结合形式上的差异。

3.4　日汉结果复合动词的 V1 及其语法特征

3.4.1　日语结果复合动词的 V1

　　按照表 3-1 中的结合形式,日语的及物动词、非作格动词、非宾格动词都能成为结果复合动词的 V1。其中,占比例最大的是及物动词作 V1 的复合动

---

　　① 申亚敏(2009)从《汉语动词——结果补语搭配词典》中抽取 1866 个汉语复合动词例,考察了它们的分布情况。申文指出,V2 为"完"等体范畴的复合动词共计 655 例。这类 V2 不仅造词能力强,且大多已语法化,与其他类型的复合动词差距较大,故上表 2 中并未纳入此类复合动词。另外,除"V 完"类复合动词之外,本书所考察的对象与申文多少存在差异,因此上表中的数字并非绝对准确,但可以体现出各类结合形式的分布倾向及比例。

词。下面先来考察构成结果复合动词 V1 的及物动词的语法特征。

3.4.1.1　构成 V1 的及物动词及语法特征

反观例(11)中的及物动词分类。(11a)(11b)(11c)的三类动词均可以作为复合动词的 V1 使用,分别如下文例(39-41)所示。(以下例句均出自《現代日本語書き言葉均衡コーパス》)

(39) a. 叔父が家に来て手を貸してくれれば、二人で手斧を使って魚の頭を<u>叩き切る</u>こともできたはずだった。

b. ドアが開いていて、<u>押し開ける</u>とカウンターの中でコーヒーを飲んでいるシバさんと目が合った。

(40) a. クリンザーを黒くなったところに<u>塗り付ける</u>。

b. まるで自分の体の汚れを<u>洗い落とす</u>ように、一心不乱にこすった。

(41) a. 数十年後、本堂の改築することとなり、桜の木がじゃまになるため、<u>切り倒す</u>ことを決めた。

b. 上の棚から一冊の本を<u>抜き出す</u>と、軽くほこりを払ってわたしに渡した。

如上所示,无论是只表示施事动作的"叩く""押す"类无对及物动词,还是同时包含施事动作和客事变化的"塗る""洗う"类无对及物动词,又或是"切る""抜く"等有对及物动词,都可以构成结果复合动词的 V1。由此可见,结果性并非 V1 所必须具备的语法属性。而且,与上述三类及物动词不同,日语中几乎不存在以"潰す""壊す"等(11d)类及物动词作为 V1 的结果复合动词。那么,为什么(11d)类及物动词无法成为 V1?

对比上述四类及物动词的语法特性可以发现,(11d)区别于其他三类及物动词的语法特征在于动作样态的性质。(11a-c)的及物动词均具有[+manner]属性,表示动作过程存在特定的样态。而"潰す""壊す"等及物动词为[−

manner]属性,动作过程不存在特定的样态,不能表达具体的动作。由此可见,
[+manner]属性是构成复合动词 V1 的必要条件,换言之,不能表示具体动作
的及物动词无法构成结果复合动词的 V1。因此,日语中不存在以(11d)类及
物动词作 V1 的结果复合动词。

另外,返观(11a~c),虽然它们都具备[+manner]属性,但在是否包含结果
性上却存在不同。(11a)的"たたく""押す"只表示施事动作,不包含客事变
化的结果,其语法属性为[+manner],[-change of state];而(11b)(11c)的"塗
る""切る"等及物动词不仅表示施事动作,还表示客事变化的结果,其语法属
性为[+manner][+change of state]。但依上文所述,(11a~c)的及物动词都可
充当结果复合动词的 V1。由此可以推测,[+change of state]属性,即结果性并
非构成 V1 的必要条件。那么,(11b)(11c)的包含结果性的及物动词在构成
复合动词 V1 时,其结果性发生了怎样的变化?

3.4.1.2　V1 的"结果性后退"

石井正彦(2007)指出,"原本表示'动作-结果'关系的动词在某种语境下
其结果性会发生后退,只表示施事动作的意思。石井将这种现象定义为'结
果性的后退'"。如下例(42)所示。

(42) a. 何本目かで、私は漸くその甘みを感じ、窪地へ降りて、そこを流
　　　れる水を飲み、芋についた土を洗い落とす余裕を持った。
　　 b. 屠者のあるものは残物の臓腑を取片付ける、あるものは手桶に
　　　足を突っ込んで、牛の血潮を洗い落とす……

(石井 2007:59)

石井认为,"洗い落とす"的意思是除去"芋头""脚"等物体上附着的污
垢。"*芋を洗い落とす""*足を洗い落とす"之所以不成立,是因为"洗い落
とす"的直接作用对象不是物体,而是附着在物体上的"土""血潮"等污浊物,
与 V2"落とす"的对象保持一致。虽然 V1"洗う"也有除去物体上污浊的意

思,但它的对象往往不是"汚れ",而是"もの"。换言之,"芋を洗う""足を洗う"成立,而" *土を洗う"" *血潮を洗う"却为错句。因此,"洗い落とす"整体的对象不是V1"洗う"的对象,而是V2"落とす"的对象。整个复合动词所表示的结果性也并非V1所示的结果,而是V2所示的结果。此时,V1原本具有的结果性发生后退。

另外,本书认为通过动词与结果副词共起关系的变化,也可以说明其动词的结果性在构成V1时发生"后退"。下面以"切る""切り倒す"为例进行说明。

(43)a. 太郎がその木を二つに<u>切った</u>。
  b. *太郎がその木を二つに<u>切り倒した</u>。
  c. 太郎がその木を地面に<u>切り倒した</u>。
  d. 太郎がその木を地面に<u>倒した</u>。

"切る"既表示施事动作,也表示动作引起的客事变化。(43a)中"切る"与结果副词"二つに"共用,表示客事变化的结果为"その木が二つになった"。与此相对,当"切る"构成"切り倒す"的V1时,如(43b,c)所示,"切り倒す"与结果副词"二つに"不能共用,但可以与"地面に"共用,表示"木が地面に倒れた"的结果状态。另外,对比(43c)和(43d)可知,"切り倒す"整体的结果性与V2"倒す"保持一致,V1"切る"的结果性在作为复合动词前项时发生"后退",只表示施事动作的意思。

但是,为何"洗う""切る"等包含结果性的及物动词在构成结果复合动词V1时会发生"结果性后退"? 石井(2007)只是指出复合动词的V1是发生"结果性后退"现象的语境之一,并未对发生这种现象的原因作出解释。本书参考佐藤琢三(2005),尝试对此现象进行说明。佐藤(2005)指出,"否定动作主体意志性的文脉,几乎不发生结果的否定。"也就是说,动作主体的意志性越弱,越不容易发生结果否定现象。反之,如果动作主体的意志性越强,则越容易发生结果否定。对比下文例(44a)(44b)可以发现,(44b)的"手を滑らせ

て"削弱了施事的意图,使结果否定不易发生。因此,(44b)中"切れなかっ
た"这一结果否定的认可度只有(44a)的一半。

(44)a.糸を切ったけれど、切れなかった。<50.5%>

b.手を滑らせて糸を切ったけれど、切れなかった。<24.5%>

(佐藤 2005:108)

再来看结果复合动词,在及物动词作 V1 的结果复合动词中,V1 通常表
示施事的动作,V2 表示客事的变化,V1 的动作一般为引起 V2 所示状态变化
的手段或方法。因此,可以认为 V1 的意志性较强。换言之,施事必须有意图
地进行该动作,才能引起 V2 所示的状态变化。参照佐藤的结论,施事的意志
越强,越容易发生结果的否定。因此,当"切る"作为"切り倒す""切り崩す"
"切り落とす"等复合动词的 V1 时,具有的强意志性削弱了其本身包含的结
果性,从而使结果发生"后退"。这就能够解释石井正彦所说的"复合动词的
V1 是发生结果性后退的语境之一"这一结论。

综上所述,构成日语结果复合动词 V1 的动词必须具备[+manner]的语法
属性。故动作样态无指定的"潰す""倒す"类及物动词无法成为 V1。另一方
面,构成 V1 的动词还应具备[−change of state]属性。原本包含结果性的动词
在构成结果复合动词的 V1 时,其结果性发生后退,只表示施事的动作。因
此,日语结果复合动词中 V1 的语法属性可标记为[+manner][−change of
state]。

3.4.2　汉语结果复合动词的 V1

与日语结果复合动词一样,汉语结果复合动词的 V1 也可以由及物动词、

非作格动词、非宾格动词来充当。^① 如例(45)所示。

(45) a. 推倒、砍掉、听懂、学会

　　 b. 哭醒、跑累、跳烦、坐塌

　　 c. 病倒、倒塌、醉倒、饿死

　　(45a)中的结果复合动词 V1 都为及物动词,(45b)中的结果复合动词 V1 为非作格动词,(45c)中的 V1 都为非宾格动词。

　　首先,来看 V1 为及物动词的复合动词。汉语的及物动词中几乎不存在类似于日语有对及物动词的类型。换言之,汉语的及物动词一般不同时包含施事动作和客事变化两方面意思。^② 上文所述的"会""懂"等少数及物动词只包含客事变化的意思,不表示施事动作。其他大多数及物动词则只表示施事的动作,不包含客事变化。另外,"会""懂"等及物动词虽然可以构成复合动词的 V2,但一般不能成为 V1。因此,本书认为构成汉语结果复合动词的 V1 为及物动词时只表示施事动作、不包含客事变化的动词。它的语法属性可标记为[+manner][−change of state]。

　　其次,来看非作格动词。汉语中的非作格动词一般用来表示施事的动作,不包含客事变化的意思。但如上文所述,汉语中的"走""跑"等部分非作格动词可以成为结果复合动词的 V2,带有非宾格性。不过,此时它们的意思不再是"走""跑"等施事发出的动作,而是表示"离开""消失"等状态变化。与此相对,当"走""跑"等非作格动词成为结果复合动词的 V1 时,如在"走累""跑累"等复合动词中,V1 所表达的并非状态变化,而是施事的动作。因此,本书

---

　　① 当然,汉语中的一些动态形容词也可构成复合动词的 V1。但依前所述,汉语的动态形容词在语法性质上与非宾格动词存在共性,都具有[+change of state]属性。因此,本书在考察构词成分的语法特征时,暂对两者不做细致区分。

　　② 汉语中存在如"烤""炖"等可表示"产生、创造"意思的及物动词。本书认为这类及物动词同时包含了施事动作和客事变化两方面含义,类似于日语中的有对及物动词,但两者间又存在不同。这类及物动词只能构成结果复合动词的 V1,不能成为 V2。且在作为 V1 时,原本包含的结果性发生后退,仅用来表达施事的动作。

认为构成结果复合动词的 V1 为非作格动词时同样为只表示施事动作、不包含客事变化的动词。它的语法属性也标记为[+manner][-change of state]。

最后,来看非宾格动词。与上述及物动词、非作格动词不同,非宾格动词一般不表示施事的动作,只表示客事的变化,具有[-manner][+change of state]的语法属性。而且,当非宾格动词作 V1 时,可以构成的结果复合动词通常为"非宾格(V1)+非宾格(V2)"的形式。也就是说,V1 和 V2 都包含结果性。依前所述,石井正彦(2007)提出了"结果性后退"一说。当然,石井所指的情况为,原本表示"动作—结果"关系的动词在某种语境下结果性发生后退,只表示施事动作。但本书认为,这种"结果性后退"现象同样可出现在表示"结果(V1)—结果(V2)"关系的复合动词中。也就是说,复合动词整体只表达 V2 所示的结果状态,V1 原本所示的结果性发生后退,转为表达结果的样态。① 因此,结果复合动词 V1 的语法属性仍标记为[+manner][-change of state]。②

3.4.3　小结

综上所述,在日汉两语结果复合动词中,构成 V1 的成分虽略有不同,但可以归纳出相同的语法属性,记作[+manner][-change of state]。

第一,当 V1 为及物动词时,该及物动词必须具有特定的样态性,即[+manner]属性。因此,诸如"潰す(弄烂)""落とす(弄掉)"等不能表示特定样态的及物动词无法成为日语结果复合动词的 V1。同样,汉语中"懂""会"等及物动词也不能充当 V1。但另一方面,如果同时包含施事动作和客事变化意思的及物动词充当 V1 时,V1 的结果性发生后退,复合动词整体的结果性由 V2 决定。换言之,V1 为[-change of state]属性。

---

① 有关"结果样态"的概念,本书将在第五章进行详细说明和论述。

② 首先,V1 原本具有的结果性发生后退,语法属性由原本的[+change of state]改记为[-change of state];另外,非宾格动词在构成 V1 时,结果性后退的同时转为表示结果的样态,记作[+manner]。不过,这里的样态并非上文所述的动作样态,而是表示结果样态。

第二,当非作格动词作为结果复合动词的 V1 时,如"步き疲れる""泣き腫らす""哭醒""走累"等。V1 都用来表示施事的动作,不包含客事的状态变化,而且动作具有特定的样态性,即[+manner][-change of state]属性。

第三,当非宾格动词作为结果复合动词的 V1 时,如"崩れ落ちる""折れ曲がる""饿死""倒塌"等。V1 不表示施事的动作,只包含客事的变化。但此时,V1 的结果性发生后退,转为表示结果的样态,复合动词整体的结果性也由 V2 决定。V1 的语法属性转为记作[+manner][-change of state]。

由此可见,无论是日语还是汉语中的结果复合动词,构成 V1 的动词必须满足[+manner][-change of state]的语法属性。原本[+change of state]的动词在构成 V1 时,结果性后退,转为[-change of state],复合动词整体的结果性由 V2 提供,V1 只需为结果复合动词提供动作样态或结果样态。这也从侧面证明了日语结果复合动词的构词遵循"单一路径限制"规则(Goldberg,1991)。

3.5 "单一路径限制"规则与结果复合动词构词

"单一路径限制"规则(Unique Path Constraint),最早由西方语言学家(Goldberg)针对英语动结式提出。Goldberg(1991:368)指出,"如果当 X 为具体事物时,在单句中只能叙述其经过的一条路径。X 不能向两个不同的方向移动,移动必须在一个场景中沿着一条路径发生。"那么,这一规则是否适用于同样表达动-结关系的日汉结果复合动词?本节将在影山太郎(1999)等前人研究的基础上,进一步探讨"单一路径限制"规则对结果复合动词构词的适用性。

3.5.1 影山太郎对"单一路径限制"规则的解释

影山太郎(1999)最早将这一规则应用于日语复合动词构词,此后何志明(2010)的研究也基本与影山保持一致。首先,来看影山对"单一路径限制"规则的阐释及对日语复合动词的应用。

影山太郎(1999)指出,"单一路径限制"同样适用于日语复合动词的构词,一个复合动词只包含一条变化路径。而且,这里的"路径"不仅指代物理性的位置移动,也指抽象的状态变化的过程。

首先,影山以例(46)的英语动结式为例,对"单一路径限制"进行了如下诠释。

(46)a. The vegetables went from her hand into the soup.

　　b. The vegetables went from crunchy to mushy.

　　c. *The vegetables went from crunchy into the soup.

(影山 1999:205)

影山认为,(46a)表示从一个位置 her hand 到另一个位置 the soup 发生的位置变化,(46b)表示一种状态 crunchy 到另一种状态 mushy 的状态变化,均可在一个句子中恰当表述。而(46c)是由表示状态的 crunchy 向表示位置的 the soup 的变化,违背"单一路径限制"规则。

在此基础上,影山指出"单一路径限制"规则同样适用于日语复合动词的形成。例如,下文(47a)是表示状态变化的 V1 与表示状态变化的 V2 的结合,(47b)是表示位置变化的 V1 与表示位置变化的 V2 的结合,复合动词整体只包含"状态变化"或"位置变化"一条变化路径。与此相对,(47c)的 V1"叩く""押す"表示施事动作,不包含客事变化。它们分别与表示状态变化的"壊す"、表示位置变化的"倒す"结合,复合动词整体只包含 V2 所示的一条变化路径,同样遵循"单一路径限制"规则。

(47)a.切り崩す、焼き焦がす

　　b.貼り付ける、取り入れる

　　c.たたき壊す、押し倒す

与此相对,表示位置变化的动词与表示状态变化的动词之间的复合违反"单一路径限制"规则。因此,在下文例(48)中的复合动词"*落とし壊す""*流し壊す""*つぶし捨てる"等,V1"落とす""流す"是表示位置变化的动词,而V2"壊す"则表示状态变化。复合动词"*落とし壊す""*流し壊す"整体包含位置变化和状态变化两条不同的变化路径,违背"单一路径限制"规则,因此不成立。

(48) a. *ラジオを(床に)落とし壊す。
　　 b. *洪水が民家を流し壊した。

(影山 1999:209)

到此为止,影山的理论貌似没有问题。但请看下文例(49),如果影山的解释合理,那么(49a)的复合动词理应不成立,而(49b)(49c)的复合动词应该成立。这一事实不得不让人质疑影山理论的合理性。

(49) a. 切り倒す、切り落とす、焼き落とす　　(状态变化+位置变化)
　　 b. *倒し落とす、*落とし捨てる　　(位置变化+位置变化)
　　 c. *潰し壊す、*崩し潰す　　(状态变化+状态变化)

3.5.2　"单一路径限制"规则的再分析

事实上,在英语动结式中,即使是表示同类变化路径的两个结果补语,也不能与一个谓语动词搭配使用。如例(50)所示,(50a)中的 bloody 和 dead 不能同时作为 kick 的结果出现,(50b)中的 dry 和 clean 亦是如此。一个谓语动词只能叙述一条变化路径,同类的变化路径不能同时出现。这也从侧面验证了影山对"单一路经限制"规则的诠释并不十分妥当。

(50) a. *She kicked him bloody dead.

b. *He wiped the table dry clean.

本书认为,"单一路径限制"强调的是一个谓语动词只能叙述一条变化路径,影山的这种解释没有强调谓语动词的作用,存在不妥之处。反观例(46),(46a)(46b)之所以恰当,是因为英语的 go 既可表示实际移动,也可以表示隐喻的移动。(46a)表示实际移动的 go 与表示位置变化的方向补语 from her hand into the soup 搭配使用;(46b)表示隐喻移动(即状态变化)的 go 与表示状态变化的结果补语 from crunchy to mushy 搭配使用。与此相对,(46c)是将实际移动与隐喻移动相结合,违背了"单一路径限制"规则。

下面,再次列举"切り倒す"的例子,来考察日语复合动词的情况。

(51)a. 木を二つに切る。

　　b. 木を地面に倒す。

　　c. *木を二つに地面に切り倒す。／　*木を二つに切り倒す。

　　d. 木を地面に切り倒す。

(51a)"切る"与结果补语"二つに",(51b)"倒す"与结果补语"地面に"分别搭配使用,"切る"表示客事"树"的状态变化,"倒す"表示"树"的位置变化。而由两者复合而成的结果复合动词"切り倒す",如(51c)所示既不能同时与"二つに""地面に"共用,也不能单独与"二つに"搭配使用。但,它可以与"地面に"共用,如(51d)所示。由此可见,"切り倒す"整体只含一条表示位置变化的路径,且由 V2"倒す"提供。

因此,本书认为影山(1999)的阐释并不合理。日语复合动词虽然由 V1、V2 两个动词构成,但整体作为一个谓语动词存在。"单一路径限制"规则适用于日语复合动词的形成,但并非 V1 和 V2 由表示相同变化路径("位置变化+位置变化""状态变化+状态变化")的动词合成,而是复合动词整体只能包含一条变化路径,并且这一变化路径由 V2 提供。

据此可以说明,前例(49)中(49a)的"切り倒す""焼き落とす"之所以正

确,是因为"切る""烧く"在成为 V1 时,并不包含变化路径,复合动词整体只包含一条由"倒す""落とす"提供的位置变化的路径。但是,同样的解释显然并不适用于(49b)(49c)。本书认为,日语中之所以不存在"*溃し坏す""*崩し溃す"等复合动词,是因为如上文所述的"溃す""崩す"等及物动词为[-manner][+change of state]属性,不具有特定的动作样态,不能表示具体动作,因此无法成为结果复合动词的 V1。

综上所述,日语复合动词的构成同样遵循"单一路径限制"规则,即复合动词整体只包含一条变化路径,且由 V2 所提供。即使构成 V1 的动词原本具有结果性,但当其作为 V1 时,结果性发生后退,不为复合动词提供变化路径,仅用来提供动作样态或结果样态。下面,再来看"单一路径限制"规则对汉语结果复合动词的适用性。

3.5.3 "单一路径限制"规则与汉语结果复合动词

如上所述,表示施事动作的及物动词、非作格动词以及非宾格动词都可以构成汉语结果复合动词的 V1。首先,当 V1 为及物动词和非作格动词时,只用来表示施事的动作,不包含客体的状态变化,复合动词整体表示的结果状态自然由 V2 提供,遵循上述"单一路径限制"规则。其次,当 V1 为非宾格动词时,虽然动词本身包含状态变化的含义,但在构成复合动词 V1 时,原本的结果性发生后退,复合动词的结果状态依然由 V2 提供。如例(52)(53)所示。

(52) a. 张三醉倒在地上。

  b. *张三醉倒得眼睛红了。

(53) a. *张三醉在地上。

  b. 张三倒在地上。

例句中,"醉倒"的 V1"醉"单独使用时一般为表示状态变化的非宾格动词,如"张三醉得眼睛红了";而 V2"倒"单独使用时一般为表示位置变化的非宾格动词,如"张三倒在地上"。而当两者结合成复合动词"醉倒"时,复合动词整体只能与表示位置的结果补语"在地上"搭配使用(如例52a),而无法与"眼睛红了"这一表示状态变化的结果补语连用(如例52b),说明"醉倒"整体表示一种位置变化。另外,如例(53)所示,V2"倒"也可以与"在地上"共用,而 V1"醉"却不可。由此可见,复合动词"醉倒"整体只包含一条表示位置变化的路径,且由 V2 所提供,遵循"单一路径限制"规则。另外,V1 的"醉"在构成复合动词的 V1 时已经不再表示状态变化,转为表示结果的样态,对 V2 所示的结果状态起限定修饰的作用。

3.5.4 小结

综上,本节在影山太郎对"单一路径限制"规则解释的基础上,重新分析了"单一路径限制"规则在复合动词形成上的适用性。结果表明,与英语动结式一样,日汉两语结果复合动词的形成也同样遵循"单一路径限制"规则。即,结果复合动词整体只包含一条变化路径,并由 V2 所提供。而构成结果复合动词的 V1,或原本不包含变化路径,或因结果性后退而不再包含变化路径。由此可见,结果复合动词的形成符合"行为→变化→结果"的连锁关系。另外,复合动词整体的单一变化路径由 V2 提供,这也从侧面支持了影山太郎(1993)提议的日语复合动词的"右核心"原则。

3.6 日汉结果复合动词构词的共性与差异

本章分别考察了日汉两语结果复合动词的构词成分及其语法特征。本节在上文考察结果的基础上,归纳总结日汉两语结果复合动词在构词成分、V1和 V2 结合形式,以及 V1、V2 具有的语法属性上的共性与差异。

3.6.1 构词成分及结合形式上的异同

本书将日汉两语结果复合动词在构词成分 V1、V2 以及两者间结合形式上的异同归纳为下表。

表 3-3 日汉结果复合动词的构词成分对比表

V1＼V2	及物动词	非作格动词	非宾格动词
及物动词	切り倒す 听懂	× 骂走	待ちくたびれる 推倒
非作格动词	泣き腫らす 玩忘	× 哭走	泣き疲れる 哭累
非宾格动词	舞い上げる ×	× 累哭	崩れ落ちる 倒塌

第一,日汉两语结果复合动词在 V1、V2 的构词成分上存在异同。首先,在日汉两语中及物动词、非作格动词、非宾格动词都可以构成结果复合动词的 V1。但汉语中的"会""懂"等只表示状态变化的及物动词一般不可充当 V1。其次,构成结果复合动词 V2 的成分,日语必须都为动词,而汉语可以是动词或动态形容词。这主要是因为汉语中的动态形容词包含状态变化的意思,而日语中不具备该类性质的形容词。最后,在汉语结果复合动词中,部分非作格动词可以充当 V2,而在日语结果复合动词中则不可。综上所述,汉语中的"走""哭"等非作格动词在某种语言环境下具备非宾格性,而日语中的非作格动词一般不具备这种性质,因此无法构成结果复合动词的 V2。

第二,日汉两语结果复合动词在 V1 和 V2 间的结合形式上也存在异同。其共同点在于,两者都存在"及物动词/非作格动词+及物动词""及物动词/非作格动词+非宾格动词""非宾格动词+非宾格动词"的结合形式。而不同点在于,日语中缺少及物动词与非作格动词的结合形式,汉语中则缺少"非宾格动

词+及物动词"的形式。总之,日语结果复合动词中之所以缺少"及物动词+非
作格动词"的复合,是因为日语的非作格动词不具有结果性。而汉语结果复
合动词所缺少的"非宾格动词+及物动词"的结合形式,实际上在日语中也并
非常态。日语中的此类复合动词(如"舞い上げる""染み付ける")实则由
"非宾格动词+非宾格动词"的不及物复合动词经过"致使化"派生而来。汉语
中也存在相同的致使化现象。如下文例(54)所示的"累倒"。

(54) a. 张三累倒了。

　　 b. 连日的工作累倒了张三。

在(54a)的基础上引入施事"连日的工作",形成(54b)的致使句。(54a,
b)之间发生的致使化过程与日语"舞い上がる→舞い上げる"相同。但与汉
语不同的是,伴随致使化的发生,日语"舞い上がる"的V2"上がる"变成了其
对应的及物动词形式"上げる",而汉语的"累倒"在形态上却并未发生变化。
根据影山太郎(1993)提出的"右核心"原则,复合动词的及物性由位于右侧的
V2决定,因此,当不及物动词发生致使化转变为及物动词时,V2随之发生形
态上的变化,以此标示其及物性。与此相对,汉语的及物动词与不及物动词在
形态上往往无明显区分,因此,汉语中即使存在如例(54)的"非宾格动词+非
宾格动词"型复合动词的致使化现象,也不存在"非宾格动词+及物动词"形式
的复合动词。

第三,在日汉两语结果复合动词的结合形式中,各种结合形式的所占比例
也存在不同倾向。在日语结果复合动词中,"及物动词+及物动词"的结合所
占比例最大;而在汉语结果复合动词中,"及物动词+非宾格动词"所占比例最
大。另外,在表达相同意思时,日语结果复合动词的V2多使用有对及物动
词,而汉语结果复合动词的V2则多使用非宾格动词,如"押し倒す"和"推
倒"。

下面,再来考察构成日汉结果复合动词的V1、V2在语法特征上的异同。

3.6.2 V1、V2 语法特征上的异同

本书从"动作过程的样态性（[±manner]）""结果性（[±change of state]）""施事动作与客事变化的关系"等角度对日语动词（尤其是及物动词）进行了分类，并通过分析其语法特性，明确了其构成结果复合动词的 V1 或 V2 的可能性。在此，将日语各类动词的语法属性与结果复合动词构词之间的关系归纳为下表。

表 3-4 动词的语法属性与结果复合动词构词

	叩く	洗う	切る	潰す	泣く	崩れる
动词类型	无对及物动词	无对及物动词	有对及物动词	有对及物动词	非作格动词	非宾格动词
样态性	[+manner]	[+manner]	[+manner]	[-manner]	[+manner]	[-manner]
结果性	[-change of state]	[+change of state]	[+change of state]	[+change of state]	[-change of state]	[+change of state]
施事动作与客事变化	无客事变化	融合性	分离性	分离性	无客事变化	无施事动作
作 V1 或 V2	V1	V1	V1 或 V2	V2	V1	V1 或 V2

首先，归纳日语各类动词的语法特征及其构成结果复合动词 V1、V2 的可能性。如上表所示，在前四列的及物动词中，"叩く"型及物动词只表示施事动作，不包含结果性，只能成为复合动词的 V1；"洗う"型及物动词包含施事动作和客事变化两个方面的意思，但两方面的意思相互融合，不可分离。故只可成为结果复合动词的 V1，不能成为 V2；"切る"型及物动词包含施事动作和客事变化两个方面的意思，且两方面的意思可分离。因此，既可成为结果复合动词的 V1，也可成为 V2；"潰す"型及物动词包含施事动作和客事变化两个方

面的意思,且两方面的意思可分离。但它所示动作过程的样态不具有特定性,无法表示具体动作。故无法成为结果复合动词的 V1,只可作为 V2 使用。再看上表中第五列的非作格动词和第六列的非宾格动词。非作格动词只表示施事动作,不包含客事变化,只能成为结果复合动词的 V1,不能构成 V2;而非宾格动词包含客事变化的含义,可成为结果复合动词的 V2。同时,它还可以作为结果复合动词的 V1,表示结果的样态,当然这仅限于 V2 同为非宾格动词的结果复合动词之中。

其次,分别归纳构成日语结果复合动词 V1 和 V2 的动词应具备的语法属性。第一,V1 必须具备[+manner]属性。即 V1 必须表示施事的具体动作。[+manner][+change of state]属性的及物动词也可成为复合动词的 V1,但当其作为 V1 时,原本具有的结果性发生"后退"。因此,V1 的语法属性记作[+manner][-change of state]。第二,V2 必须具备[+change of state]属性,因为结果复合动词整体表示的结果性由 V2 提供。[+manner][+change of state]属性的及物动词可以作 V2,但包含的"施事动作"和"客事变化"两个方面意思必须可分离。换言之,在作为 V2 时需单独抽取其"客事变化"的意思,[+manner]的属性不再起作用。因此,V2 的语法属性记作[-manner][+change of state]。

同样,汉语结果复合动词 V1、V2 应具备的语法特征与上述日语结果复合动词体现出一致的倾向。汉语结果复合动词的 V2 一般由非宾格动词、"懂""会"等少数状态变化性及物动词,以及"哭""跑"等一部分在特定语境中具有非宾格性质的非作格动词构成,都具备[-manner][+change of state]的语法属性。与此相对,汉语结果复合动词的 V1 一般由表示施事动作的及物动词和非作格动词充当,具有[+manner][-change of state]属性。除此之外,还有一类"非宾格动词+非宾格动词"的结果复合动词,但当非宾格动词作为 V1 时,原本具有的结果性发生后退,转为表示结果的样态,可记作[+manner][-change of state]属性。而当非宾格动词作 V2 时,复合动词整体的结果状态需由 V2 提供,因此作为 V2 的非宾格动词只表示客事的变化,具有[-manner][+change of state]属性。

3.7　本章结语

本章主要考察了构成日汉两语结果复合动词 V1、V2 的构词成分及它们应具有的语法特征,并在此基础上,对比分析了日汉两语结果复合动词在构词成分、前后项结合形式上存在的异同,以及它们在 V1、V2 语法特征上的共性。

第一,无论是日语还是汉语的结果复合动词,构成其 V1、V2 的成分都具有相同的语法特征。即 V1 均为[+manner][-change of state]属性,V2 均为[-manner][+change of state]属性。换言之,V1 用来表示结果复合动词中的活动事态、不包含变化路径,而 V2 用来表示结果复合动词的结果事态,为复合动词提供唯一一条变化路径。

第二,即使日汉两语结果复合动词 V1、V2 具有相同的语法属性,但在构词成分的词性、动词类型、以及结合形式等方面仍然体现出不同。如,日语中存在同时包含施事动作和客事变化的及物动词,这类及物动词既可构成结果复合动词的 V1、也可构成 V2。而汉语中的及物动词只包含施事动作,或只包含客事变化,同一个及物动词只能成为 V1,或只能成为 V2。又如,汉语中的动态形容词和部分非作格动词可构成结果复合动词的 V2,日语却不可以等。

第三,在很多表示相同意思的日汉结果复合动词中,日语结果复合动词的 V2 倾向于使用有对及物动词,而汉语结果复合动词则倾向于使用非宾格动词。这主要是因为,在词汇概念结构中连结 V1(活动事态)与 V2(结果事态)之间的致使关系(CAUSE)类型不同。日语的此类结果复合动词,一般 V2 的概念结构中包含 CAUSE,因此 V2 多为有对及物动词;而汉语结果复合动词,V1 与 V2 之间 CAUSE 为潜在性的存在,V2 的词汇概念结构中不包含 CAUSE,故 V2 多为非宾格动词。当然,日语结果复合动词中也存在不少 V2 为非宾格动词的类型,它们之间的致使关系类型与汉语结果复合动词存在共性。

有关结果复合动词的词汇概念结构及其合成规则等,本书将在第五章展开详细论述。在此之前,需要先对日汉结果复合动词的论元结构进行考察,进一步明确结果复合动词的构词规则,同时也为第五章考察结果复合动词的词汇概念结构打好基础。

第四章 日汉结果复合动词的构词与
变化主体一致原则

  影山太郎(1993)、松本曜(1998)、由本阳子(2005)等诸多前人研究分别提议了日语复合动词在构词上所遵循的规则。影山太郎(1993)最早提出了制约日语复合动词构词的"及物性和谐原则"。随后,为了解释"走り疲れる(走累)"等违背该原则的复合动词构词,松本曜(1998)提出了更为宽泛的"主语一致原则"。这一原则的提出更为全面地解释了日语复合动词前项与后项之间的结合条件,明确了复合动词的内部结构。由本阳子(2005)又针对 V1 或 V2 为非宾格动词的复合动词提出了"非宾格性优先原则"。但是,上述这些构词规则只适用于日语复合动词。松本曜(1998)曾指出,在汉语复合动词中,有时前项主语与后项主语一致,有时前项宾语与后项主语一致,甚至有时前、后项之间不存在一致的论元。故"主语一致原则"不适用于汉语复合动词。但松本的"主语一致原则"是针对日语复合动词整体提出的普遍规则,如果仅以结果复合动词为对象,那么日汉两语之间是否存在某种共通的构词规则?

  本章尝试在"主语一致原则"的基础上,提出制约结果复合动词构词的"变化主体一致原则"。这一新规则不仅能够更有针对性地说明结果复合动词的结合条件,同时也适用于汉语结果复合动词的构词,具有跨语言的效应。本章具体内容如下:4.1 节对既有的日语复合动词的构词规则进行阐述,并在此基础上考察其应用于汉语复合动词构词的局限性;4.2 节在既有构词规则的基础上,通过对动词的论元结构以及题元角色间的关系等分析,提出适用于结果复合动词构词的"变化主体一致原则";4.3节分别考察日语中的"主语指向型"和"宾语指向型"结果复合动词的论元结构及论元的整合提升,明确"变化主体一致原则"对日语结果复合动词构词的适用性;4.4节进一步考察"变化主体一致原则"对汉语结果复合动词构词的适用性;4.5节对本章内容进行总结。

4.1　既有的复合动词构词规则及其适用性

影山太郎(1993)、松本曜(1998)、由本阳子(2005)等研究先后提出了制约日语复合动词构词的"及物性和谐原则""主语一致原则"和"非宾格性优先原则",明确了日语复合动词 V1 与 V2 之间的结合条件。下面,分别对上述三种构词规则进行阐述和说明。

4.1.1　及物性和谐原则

Perlmutter(1978)提出的"非宾格假说"(Unaccusative Hypothesis)同样适用于日语动词,日语的不及物动词中也同样包含非作格动词和非宾格动词两种不同的类型。影山太郎(1993:117)将日语各类动词的论元结构记述如下(域外论元 x,域内论元<y>)。

(1)a. 及物动词　　　(x　<y>)
　　b. 非作格动词　　(x　< >)
　　c. 非宾格动词　　(　　<y>)

如上所示,日语中的及物动词具有域外和域内两个论元,非作格动词只具有域外论元,而非宾格动词只具有域内论元。影山太郎进一步指出,日语动词的非宾格性体现在复合动词的构词上,并提出了制约日语复合动词构词的

"及动性和谐原则",即具有相同类型论元结构的动词之间可以发生复合。换言之,及物动词之间、非作格动词之间、非宾格动词之间,以及同样具备域外论元的及物动词与非作格动词之间可以发生复合。但只具有域内论元的非宾格动词无法与及物动词、非作格动词结合成复合动词。因此,按照影山太郎(1993)提议的及物性和谐原则,日语复合动词可以存在以下五种形式的组合①。

　　(2)a.及物动词+及物动词:押し倒す(推倒)、叩き壊す(敲坏)

　　　 b.非作格动词+非作格动词:泣き叫ぶ(哭叫)、泣き喚く(哭喊)

　　　 c.非宾格动词+非宾格动词:崩れ落ちる(塌落)、溺れ死ぬ(溺死)

　　　 d.及物动词+非作格动词:持ち歩く(携带)、連れ去る(带走)

　　　 e.非作格动词+及物动词:泣き腫らす(哭肿)、泣き濡らす(哭湿)

　　如上,按照及物性和谐原则,日语中理应不存在非作格动词与非宾格动词、及物动词与非宾格动词之间的结合。然而,事实上在日语中及物动词、非作格动词与非宾格动词结合,不遵循及物性和谐原则的复合动词并不少见。具体如下文例(3)所示。

　　(3)a.非作格动词+非宾格动词:

　　　　走りくたびれる(跑乏)、泣き疲れる(哭累)

　　　 b.及物动词+非宾格动词:

　　　　①:待ちくたびれる(等烦)、読み疲れる(读累)、食い倒れる(吃穷)、飲み潰れる(喝倒)、着ぶくれる(穿得臃肿)

---

　　① 依第二章所述,由本阳子(1996)根据V1和V2间语义关系的不同将日语复合动词分为六类。按照由本的分类,(2b)的"泣き叫ぶ""泣き喚く"的V1和V2之间为并列关系;而,(2d)的"持ち歩く""連れ去る"的V1表示V2动作伴随的样态。两者的V2均为非作格动词,复合动词整体不能表达"动作/原因-结果"的连锁关系,不具备结果复合动词的特征。因此,本书暂不将上述(2b)(2d)类复合动词作为考察对象。

②:打ち上がる（升到高处）、吹き飛ぶ（吹跑）、折り曲がる（折弯）、積み重なる（垒高）、焼き付く（烙印）、巻き付く（缠上）

c.非宾格动词+及物动词：

舞い上げる（扬起）、浮き上げる（浮起）、染み付ける（染上）、飛び散らす（飞散）、酔い潰す（灌醉）

　　那么，为了解释上述这些不遵循及物性和谐原则的复合动词，松本曜（1998）在影山太郎（1993）的基础上提出了较之"及物性和谐原则"更为宽泛的"主语一致原则"。

4.1.2　主语一致原则

　　松本曜（1998:72）提出主语一致原则，指出"构成复合动词前、后项两个动词的语义结构中，最显著的参与者（通常指主语）必须一致。"①依据这一原则，我们反观例（3）。

　　首先，以（3a）中"泣き疲れる"为例进行说明。如在"太郎が泣き疲れる"一句中，V1"泣く"的主语"太郎"与V2"疲れる"的主语"太郎"保持一致。遵循"主语一致原则"，V1与V2之间可以结合为复合动词。

　　其次，再看（3b）的复合动词。本书将（3b）的复合动词细分为两类，b①的复合动词遵循主语一致原则，以"待ちくたびれる"为例，如在"太郎が待ちくたびれる"一句中，V1与V2的主语都为"太郎"，保持一致；而与此相对，b②的复合动词不遵循主语一致原则。如下文例（4）所示。

（4）a. 花火が打ち上がる。（烟花升起）

　　b. 屋根が吹き飛ぶ。（房檐刮跑）

---

① 这里的"主语"是指出现在主语位置的论元，可以是深层结构中的域外论元，也可以是域内论元。

（4a）的主语"花火"、（4b）的主语"屋根"分别也是 V2"上がる""飛ぶ"的主语，如"花火が上がる（烟花升起）""屋根が飛ぶ（屋檐飞了）"。但，又如"花火を打つ（发射烟花）"、"屋根を吹く（刮屋檐）"所示，"花火"、"屋根"并非 V1"打つ""吹く"的主语，而是它们的宾语。换言之，V2 的主语与 V1 的宾语一致。由此可以认为，b②类复合动词并不遵循"主语一致原则"。影山太郎（1993）、陈劼择（2010）、张楠（2021）等指出，b②类复合动词实际上是由"及物动词＋及物动词"型复合动词经历去致使化派生而来。也就是说，"打ち上がる""吹き飛ぶ"并非由 V1、V2 直接合成，而是分别由及物动词"打ち上げる""吹き飛ばす"派生而来。具体如下文例（5）所示。

（5）a. 太郎が花火を打ち上げる。→花火が打ち上がる。

　　b. 台風が屋根を吹き飛ばす。→屋根が吹き飛ぶ。

如上，如果将句子的焦点放在施事的动作上，那么形成"太郎が花火を打ち上げる""台風が屋根を吹き飛ばす"的及物动词句；但如果在某种特定语言环境中，施事的动作不起作用，表示施事的论元在词汇概念结构中被抑制，不再投射于论元结构，那么句子就相应转换为不包含施事的非宾格动词句"花火が打ち上がる""屋根が吹き飛ぶ"。

最后，再看（3c）类型的结果复合动词。以"舞い上げる""染み付ける"为例，如下文例（6）所示。

（6）a. 風が太郎の帽子を舞い上げる。（风吹起太郎的帽子。）

　　b. 店員がコーヒー豆の匂いをポットに染み付ける。

　　（店员让咖啡豆的香味附着在咖啡壶上。）

在例（6a,b）中，V1 与 V2 的主语也不一致。如"帽子が舞う（帽子飞起）""風が帽子を上げる（风吹起帽子）"所示，（6a）中 V1 的主语为"帽子"，而 V2 的主语为"风"、宾语为"帽子"；又如"匂いが（ポットに）染む（香味渗

到咖啡壶上)""店員が匂いを(ポットに)付ける(香味附着在咖啡壶上)"所示,(6b)中 V1 的主语为"香味",V2 的主语为"店員",宾语为"香味"。由此可见,在上述复合动词中,V1 的主语和 V2 的宾语一致,同样不遵循"主语一致原则"。松本曜(1998)、陈劼擇(2010)指出,这类复合动词存在对应的非宾格动词形式("非宾格动词+非宾格动词"型复合动词),由非宾格动词经历致使化派生为及物动词形式("非宾格动词+及物动词"型复合动词)。具体如下文例(7)所示。

(7) a. 太郎の帽子が舞い上がる。

　　→風が太郎の帽子を舞い上げる。

　b. コーヒー豆の匂いがポットに染み付く。

　　→店員がコーヒー豆の匂いをポットに染み付ける。

　　(7a)的"太郎の帽子が舞い上がる"、(7b)的"コーヒー豆の匂いがポットに染み付く"分别表示客体"帽子""咖啡豆"的状态变化,如果在词汇概念结构中导入引发该种状态变化的致事"风""店員"等,那么整个句子的意思转换为"某人或某事物引起客体的状态变化",表示致事的名词成为句子的主语,非宾格动词也相应地转换为形态对应的及物动词,实现致使化。

　　综上所述,(3b②)和(3c)类复合动词都并非由 V1、V2 直接合成而来,而是通过致使交替派生而来。由此可见,松本曜提议的"主语一致原则"只适用于直接复合而来的复合动词。另外,对比(3b②)(3c)我们还可以发现,这两类复合动词的派生方向彼此对立,(3b②)为及物动词向非宾格动词的派生,(3c)为非宾格动词向及物动词的派生。接下来,介绍由本阳子(2005)提出的"非宾格性优先原则"。

4.1.3　非宾格性优先原则

　　由本阳子(2005)对日语复合动词 V1、V2 的结合形式进行了重新考察,结果发现违背及物性和谐原则的复合动词都与非宾格动词有关联。由本在此发现的基础上提出了"非宾格性优先原则"。由本阳子(2005:144)指出,"在动词与动词结合而成的词汇型复合动词中,无论是否作为复合动词的核心,[-acc](非宾格性)都必须被复合动词所继承。"换言之,如果复合动词的 V1 或 V2 具有非宾格性,那么复合动词整体也必须继承这一非宾格性,为非宾格动词。

依照由本阳子的非宾格性优先原则,再次反观例(3)。首先,这一规则可以对(3a)(3b)中的复合动词例进行正确的预测。(3a)(3b)中的复合动词,V2 都为非宾格动词,复合动词整体继承 V2 的非宾格性。因此,即使 V1 为及物动词或非作格动词,复合动词仍为非宾格动词。但另一方面,上文例(3c)的复合动词使用这一规则却无法解释。如(3c)中的"舞い上げる""染み付ける"等都是由"非宾格动词+及物动词"的结合,按照非宾格性优先原则,无论非宾格动词是否为复合动词的核心部,非宾格性都会被继承,复合动词整体应为非宾格动词。但如例(6)所示,"舞い上げる""染み付ける"等复合动词均为及物动词用法。由此可见,非宾格性优先原则对于非直接合成的复合动词似乎也不奏效。

总而言之,这一原则只可用作对(3a)(3b)类复合动词的解释。陈劼择(2010)针对非宾格性优先原则指出,(3a)(3b)的复合动词之所以为非宾格动词,也可以理解为是因为遵循影山太郎(1993)提议的"右核心原则",复合动词整体继承核心部 V2 的非宾格性。确实如陈文所述,右核心原则足以说明(3a)(3b)的非宾格性。因此,"非宾格性优先原则"的必要性值得商榷。

4.1.4 界限原则

施春宏(2008)在袁毓林(2001)、郭锐(2002)等前人研究的基础上提出了有关汉语结果复合动词论元结构整合提升的"界限原则"。具体内容如下。

(8)界限原则(Boundary Principle)

施春宏(2008:83)指出,由于受动结式语义关系的制约,述语动词和补语动词之间似乎存在着一个句法界限,限制着动结式整合过程中底层论元的提升方式和提升上来后论元的性质、结构位置及同指论元的叠合方向。

在很多汉语学界的研究中将本书的结果复合动词称作动结式,施春宏(2008)亦是如此。因此,上述"界限原则"中的"述语动词"等同于结果复合动词的 V1、"补语动词"等同于结果复合动词的 V2。下面,先对"界限原则"进行具体说明。

施春宏(2008)认为,在结果复合动词的 V1 与 V2 之间存在着一个隐性的句法界限,影响着底层论元向高层结构投射的过程;当 V1 与 V2 之间没有同指论元时,V1 的论元向界限之前提升,V2 的论元向界限之后提升;而当 V1 与 V2 间有同指论元时,则需要叠合,叠合的方向由双重突显关系来决定,主体论元叠合后提升到界限之前,其他论元叠合后提升到界限之后。具体如例(9)所示。

(9)a. 她站累了。

　　b. 她哭湿了手帕。

　　c. 她读懂了这段金文。

(施春宏 2008:80)

例(9a)中的"站累",V1 和 V2 的主体论元都为"她",两者同指。V1 的主体论元是使因事件的参与者,处于突显的地位,提升到结果复合动词的主体论元。V2 的主体论元由于同指关系而叠合到 V1 的主体论元中;例(9b)中的"哭湿",V1 的主体论元为"她"、V2 的主体论元为"手帕",V1 与 V2 之间没有同指论元。V1 的主体论元是使因事件参与者,提升到结果复合动词的主体论元,而 V2 的主体论元只是使果事件的参与者,只能处于不够突显的位置,提升为结果复合动词的客体论元;例(9c)中的"读懂",V1 和 V2 的主体论元都为"她"、客体论元都为"这段金文",两者均同指。V1 的主体论元优先提升为复合动词的主体论元,V2 的主体论元由于同指关系而叠合后提升到同一句法位置。V2 的客体论元优先提升为结果复合动词的客体论元,V1 的客体论元由于同指关系而叠合后提升为统一句法位置。

施春宏(2008)的"界限原则"规定了汉语结果复合动词中 V1 与 V2 的论元提升方式和提升规则。但是,对于同指论元叠合时的论元继承关系并未明确指出。以(9a)的"站累"为例,按照施文所述,V1 与 V2 的主体论元同指,V1 的主体论元优先提升到主体论元,V2 的主体论元与其叠合到同一位置。那么,叠合后提升的主体论元的性质继承于 V1 的论元结构、还是 V2 的论元结构?V1"站"的主体论元表示"施事",V2 的主体论元表示"经事",两者性质不同。而"站累"的主体论元也应为"经事",与 V2 的论元结构呈现出一致。因此,本书认为,施春宏(2008)所述的"V1 的主体论元优先提升为结果复合动词的主体论元,V2 的客体论元优先提升为结果复合动词的客体论元,此后,同指论元再分别叠合提升到同一位置"的这一操作有待推敲。如上所述,结果复合动词"站累"的主体论元与 V1"站"的主体论元所指派的题元角色并不一致。因此,不能认为 V1 的主体论元优先提升,而应该是 V1 与 V2 同指的主体论元先叠合后,再提升到结果复合动词的主体论元,且叠合后的主体论元继承 V2 的论元结构。有关上述观点,本章将在 4.4 节展开详细论述。

4.1.5 既有原则的跨语言效应

上文分别阐述了影山太郎(1993)、松本曜(1998)、由本阳子(2005)等针对日语词汇型复合动词提出的几种构词规则,以及施春宏(2008)针对汉语结果复合动词提议的"界限原则"。那么,这些构词规则是否同样具有跨语言的效应?

首先,来考察有关日语复合动词的构词规则在汉语结果复合动词中的适用性。松本曜(1998)指出主语一致原则并不适用于汉语结果复合动词。在汉语复合动词中,V2 的主语有时与 V1 的主语一致,有时与 V1 的宾语一致,有时又与 V1 的主语、宾语都不一致。具体如下所示。

（10）a. V2 的主语＝V1 的主语

　　　　例:张三<u>吃腻</u>了法国菜。

　　　　　　张三<u>醉倒</u>了。

　　　b. V2 的主语＝V1 的宾语

　　　　例:张三<u>推倒</u>了那棵树。

　　　c. V2 的主语≠V1 的主语或宾语

　　　　例:张三<u>哭累</u>了李四。

　　其次,再看及物性和谐原则的适用性。如下文例(11)所示,(11a)的"及物动词+及物动词"、(11b)的"非宾格动词+非宾格动词"型复合动词遵循及物性和谐原则,但这两类复合动词在汉语中并非大量存在。(11c)的"非作格动词/及物动词+非宾格动词"是汉语结果复合动词中最典型的结合形式,但这类复合动词并不遵循及物性和谐原则。

（11）a. 非作格动词/及物动词+及物动词

　　　　例:玩忘、学会、听懂

　　　b. 非宾格动词+非宾格动词

　　　　例:醉倒、累倒、冻死、累坏、病倒

　　　c. 非作格动词/及物动词+非宾格动词

　　　　例:哭走、哭累、哭醒、砍倒、敲平、打坏

　　同样,非宾格性优先原则也不适用于汉语复合动词。汉语复合动词中诸如"推倒""打坏"等及物动词与非宾格动词构成的复合动词,V2 虽为非宾格动词,但复合动词整体为及物动词。上述三种有关日语复合动词的构词规则都是针对整个日语复合动词体系而提出的,日汉两语的复合动词在概念界定、结构类型、语义等方面都存在很多不对应性,因此上述构词规则不能适用于汉语也不足为奇。

最后,我们再来看一下针对汉语结果复合动词提出的"界限原则",是否同样适用于日语结果复合动词。依照松本曜(1998)提议的"主语一致原则",在由V1与V2直接合成的日语复合动词的中,不存在V1与V2之间无同指论元的情况。那么,再看论元同指时的论元提升过程。根据"界限原则",V1与V2的主体论元同指时,V1的主体论元优先提升到复合动词的主体论元,V2的主体论元由于同指关系叠合到同一位置。V1与V2的客体论元同指时,V2的客体论元优先提升到复合动词的客体位置,V1的客体论元由于同指关系叠合到同一位置。在日语结果复合动词中,如"泣き疲れる""泣き腫らす""押し倒す"等,V1与V2的主体论元都同指,且同指的主体论元也都提升为复合动词主体论元;"押し倒す""折れ曲がる"等V1、V2的客体论元同指,也都提升为复合动词的客体论元。由此可见,"界限原则"也适用于日语结果复合动词的论元提升。但问题同样在于,论元由于同指关系叠合后,其论元性质继承于V1还是V2?"界限原则"对此未作详细论述。相比于"界限原则",影山太郎(1982)提议的"相对右核心原则"更为明确地规定了日语复合动词的论元提升规则及论元继承关系。依照"相对右核心原则",复合动词的论元结构优先继承于V2,V2中不包含,而V1中包含的信息作为补充继承给复合动词的论元结构。也就是说,当V1与V2的主体论元或客体论元同指,同指叠合后的论元结构与V2一致。而V1、V2中不同指的论元作为补充也继承给复合动词的论元结构,主体论元提升到复合动词的主体论元位置,客体论元提升到复合动词的客体论元位置。

综上所述,有关日汉复合动词构词的既有规则在日汉两语间并不具有跨语言的效应。依本书前三章所述,日汉两语的结果复合动词在V1、V2间的语义关系、构词成分的语法特征等方面都存在一定共性,那么它们之间在构词上是否也遵循一致的规则?松本曜(1998)将"主语"作为复合动词语义结构中最显著的参与者,并在此基础上提议了主语一致原则。参照松本曜的主语一致原则,本书认为,无论是日语还是汉语,在结果复合动词的语义结构中,与"结果"概念相关的"变化主体"则是作为认知核心显现的最显著参与者。而在V1与V2结合为结果复合动词时,表示"变化主体"的论元必须相同或者可以整合,本书将上述规则称为"变化主体一致原则"。本章将通过考察结果复合动词的论元结构及论元的整合提升过程,来检验这一规则在日汉两语结果复合动词构词上的适用性。本章将先对变化主体一致原则进行详细说明。

4.2 变化主体一致原则

4.2.1 论元与题元角色的关系

首先,简单介绍一下论元与题元角色。参照 Radford(1988,1997)、Rozwadowska(1988)、顾阳(1997)、宋国明(1997)等前人研究,"题元角色(thematic role)"是指根据动词与相关名词性成分之间的语义关系,动词指派给这些名词性成分的语义角色。目前研究中常见的题元角色有,施事(Agent)、经事(Experiencer)、客事(Theme)、致事(Causer)、与事(Dative)、受事(Patient)、处所(Location)、工具(Instrument)等。① 而带有上述题元角色的名词性成分被称作"论元(argument)"。例如,在"张三推树"一句中,动词"推"带有"张三"和"树"两个论元。而且,"张三"和"树"分别与动词"推"之间存在不同的语义关系,具有不同的题元角色。即,"张三"是"推"这一动作的实施者,为施事;"树"是"推"这一动作的对象,为客事。

那么,众多的题元角色之间是否存在共性? Rozwadowska(1988)以[±sentient][±cause][±change]等三类语法属性的组合关系为基准,分析了下面七种题元角色间的差异。具体如例(12)所示。

(12)a.[+sentient,+cause,+change]　　Affected Agent

---

① 上述题元角色在不同研究也有不同的说法。如施事亦叫做施动者、经事亦叫做经验者、客事亦叫做客体、对象等。

b. [+sentient,+cause,−change] Agent

c. [+sentient,−cause,+change] Experiencer

d. [−sentient,−cause,+change] Patient

e. [? sentient,+cause,−change] Instrument

f. [−sentient,+cause,−change] Object−Cause of emotion

g. [−sentient,−cause,−change] Neutral

依照第三章所述,构成结果复合动词的 V1 多表示动作的样态,动作性动词居多。因此,V1 指派的题元角色一般会要求[+sentient, +cause]语法属性;而 V2 多由表示状态变化的动词充当,V2 指派的题元角色一般要求[+change]语法属性。因此,在上述分类中作为结果复合动词指派的题元角色主要涉及施事、经事、客事三种。① 下面结合日语例句首先对这三种题元角色进行简单说明。

(13)施事(Agent)

　　a. 太郎が次郎を殴る。(太郎打次郎。)

　　b. 太郎が毎朝走る。(太郎每天早上跑步。)

如上,无论是(13a)的及物动词作谓语的句子,还是(13b)的非作格动词作谓语的句中,"太郎"都是动作的实施者,具有施事的题元角色。而且,具有该题元角色的论元一般在句中作为域外论元,不作为域内论元出现。

(14)经事(Experiencer)

　　a. 太郎には、黒板がよく見える。(太郎能看到黑板。)

　　b. 太郎は料理が好きだ。(太郎喜欢做菜。)

---

① 本书认为 Rozwadowska(1998)中称作 Patient(受事)的题元角色与客事的语法属性相同,本书将客事记作 Theme。

c.太郎がとても疲れる。(太郎非常累。)

(14a)的"太郎"并非向"黑板"实施动作的施事,而是经历"看到"这种知觉变化的人。除"見える(看到)"之外,同类型的日语中还有"聞こえる(听到)""分かる(理解)""できる(会)"等动词;(14b)的"太郎"是体验"喜欢""讨厌"等情感的人;(14c)的"太郎"体验了身体或心理上的疲劳感。在上述句子中,主语"太郎"被指派的题元角色均为经事。另外,与施事不同,具有经事这一题元角色的论元既可以作为域外论元(如14a,b),也可以作为域内论元(如14c)。

(15)客事(Theme)

　　a.太郎がドアを押す。(太郎推门。)

　　b.針金が曲がる。(金属丝变弯。)

　　c.花子が目を腫らす。(花子肿了眼睛。)

(15a)的"ドア(门)"是动词"押す(推)"的宾语,是"推"这一动作实施的对象,为客事;(15b)的"針金(金属丝)"位于主语位置,实则是非宾格动词"曲がる(弯)"的深层宾语,是承受"弯了"这一状态变化的对象,亦为客事;(15c)的"目(眼睛)"是及物动词"腫らす(弄肿)"的对象,亦为客事。但需要注意,(15c)主语位置的"花子"不同于(15a)的"太郎",并非施事,而是经事。① 由此可见,具有客事这一题元角色的论元一般只能出现在域内论元的位置。另外,如(15a)(15c)所示,当表示客事的名词出现在域内论元时,与其同现的域外论元既可被指派施事,也可被指派经事。其论元结构可分别记作

──────────

① 早津惠美子(1989)将(13c)类型的及物动词句称作"状态变化及物动词句",并指出这类及物动词句的意思基本等同于由形态意思对应的非宾格动词构成的不及物动词句。如"花子が目を腫らす"的意思基本等同于"花子は目が腫れる"。因此,主语位置的"花子"并非施事。

(Agent <Theme>)和(Experience <Theme>)。^① 下面,再来分析施事、经事、客事这三种题元角色之间存在的共同属性。

4.2.2 题元角色间的共性

参照 Rozwadowska(1988)分析的各类题元角色的语法属性,并选取出施事、经事、客事三种题元角色,将其语法属性记述如下。

(16)a. 施事[+sentient;+cause;-change]

　　b. 经事[+sentient;-cause;+change]

　　c. 客事[-sentient;-cause;+change]

首先,施事必须是带有感觉、感情的有情物([+sentient]),且有意志性地进行某种动作行为([+cause]),但施事自身不包含状态变化([-change]);其次,经事与施事相同,也必须是带有感觉、感情的有情物,但有两点不同于施事:一是不能靠自己的意志来控制事件的发生([-cause]),二是经事包含某些状态变化([+change]);最后,客事不同于施事和经事,一般为不带有感情、感觉的无情物([-sentient])^②,自然也不具有意志性([-cause]),但在表示状态变化这点上与经事具有相同的特征([+change])。

对比施事、经事、客事三类题元角色的语法特征,可以将它们之间的共性归纳如下:施事与经事都必须为有情物,具有[+sentient]属性;经事与客事都包含状态变化,具有[+change]属性;而施事与客事之间不存在任何相同的属

---

① 参照影山太郎(1993:117)的标记方式,将域外论元记作 x,域内论元记作 <y>。

② 这里需要注意的是,[-sentient]这一属性并不排除客事为有生命物。即使为有生命物,也与其作为有生命物的知觉、感觉无关。例如,在"太郎が次郎を蹴る。(太郎踢次郎)"一句中,"次郎"为施事"太郎"实施动作的对象,虽然为生命体,但其情感等在此不起作用,故"次郎"为客事。与此相对,在"次郎は交通事故で母親を亡くした。(次郎在交通事故中失去了母亲。)"一句中,"次郎"经历了"母亲在事故中去世"这一事件,自身的感觉、感情起作用,故为经事。

性。具体如例(17)所示。

(17)a. 施事—经事［+sentient］
　　 b. 经事—客事［+change］
　　 c. 施事—客事无

4.2.3　题元角色的层级

施事表示动作的实施者,一般被指派给域外论元;而客事表示状态变化,一般被指派给域内论元;经事与施事、客事都具有相同属性,在不同语言环境中,它既可以指派给域外论元,也可指派给域内论元。由此可见,施事、经事、客事三者之间构成的论元结构可能存在(Agent <Theme>)(Experiencer <Theme>)(Agent <Experiencer>)的三种形式。① 下面逐一举例进行考察。

首先,来看域外论元为施事、域内论元为客事的动词,其论元结构记作(Agent <Theme>)。

(18)a. 太郎がその木を押す。(太郎推那棵树。)
　　 b. 张三推那棵树。

在上述例句中,"押す""推"均为及物动词,包含域外和域内两个论元。域外论元"太郎""张三"分别为"推"这一动作的发出者,域内论元"那棵树"为承受上述动作的对象,动词"押す""推"都分别向域外论元指派了 Agent、向域内论元指派了 Theme 这两个题元角色。接下来,再看例(19a)的日语及物动词"焼く"。

---

① 如上文所述,Agent 不可出现在域内论元,Theme 不可出现在域外论元,故(Experiencer <Agent>)(Theme <Agent>)(Theme <Experiencer>)等几种论元结构均不存在。

(19) a. 私たちは空襲で家財道具を焼いた。（我们在空袭中烧了家当。）

b. 私たちは空襲で家財道具が焼けた。（我们在空袭中家当烧了。）

依前所述，天野みどり（1987，1995）将上述例（19）的句子称为"状态变化主体的及物动词句"。这类句中的及物动词为有对及物动词，如（19a）的"焼く"，且（19a）在意思上与自他成对的"焼ける"构成的不及物动词句（19b）基本相同，都表示"我们的家当在空袭中烧毁了"的意思。另外，在（19a）的及物动词句中，"私たち"并非"焼く"的施事，而是经历"自己的家当在空袭中烧毁"这一变化的经事。因此，"焼く"与例（18）中的及物动词"押す""押し倒す"不同，它向域外和域内论元分别指派的题元角色应为经事和客事，其论元结构记作（Experiencer <theme>）。同样的现象在汉语中也存在。如例（20）所示。

(20) a. 张三折了一条腿。

b. 张三肿了双眼。

c. 张三死了父亲。

例（20）的各句从论元结构来看包含"张三"和"一条腿"（或"双眼""父亲"）两个论元，是及物动词句。但在意思上，分别与"张三的一条腿折了""张三的双眼肿了""张三的父亲死了"等不及物动词句基本相同。秋山淳（1998）将例（20）的句子称为"疑似及物动词句"，并指出这类句子中的主语和宾语之间在意思上必须为整体−部分关系。秋山认为，主语"张三"分别是拥有"一条腿折了""双眼肿了""父亲死了"等状态变化的经事。因此，本文认为动词"折""肿""死"在例（20）类句式中分别向域外和域内论元指派的题元角色也应为经事和客事，其论元结构为（Experiencer <Theme>）。

最后，再来考察（Agent <Experiencer>）的论元结构。请看下文例（21）。

(21) a. 子供がわっとお母さんを驚かした。

　　b.孩子哇地吓了妈妈一跳。

　　无论是日语的"驚かす"还是汉语的"吓"，都带有"孩子"和"妈妈"两个论元。其中，"孩子"是"恐吓"这一动作的发出者，为施事；而"妈妈"则经历了恐惧这一心理变化，并非单纯的客事，而应表示经事。由此可知，"驚かす""吓"这两个动词分别将施事的题元角色指派给了域外论元"孩子"，把经事的题元角色指派给了域内论元"妈妈"。因此，例(21)中的"驚かす"和"吓"的论元结构为记作(Agent <Experiencer>)。

　　综上，我们考察了施事、经事与客事的题元角色在论元结构中的实现以及它们之间的阶层关系。无论是日语还是汉语，施事和经事都可在域外论元实现，客事一般在域内论元实现，且施事和经事都可与客事共现，三者之间的阶层关系为：施事>经事>客事，可表述为：(Agent (Experiencer (Theme)))。①

4.2.4　"变化主体一致原则"的提议

　　上节主要考察了施事、经事、客事三个题元角色之间的共通属性，以及三者在论元结构中的位置关系。如上所述，施事和经事之间具有相同属性[+sentient]，在论元实现过程中两者可以发生整合；经事和客事之间具有相同属性[+change]，两者也可以在论元实现过程中发生整合；但施事与客事之间不存在任何相同的属性，两者不可整合。此外，在论元结构中施事只能作为域外论元实现，客事也只能作为域内论元实现，而经事既可以作为域外论元也可以作为域内论元实现。

　　再看"变化主体"的概念。顾名思义，"变化主体"是指发生状态变化的主体，也就是结果复合动词中V2所示状态变化的主体。但是，在日汉结果复合

----

　　① Gu(1992)将题元角色间的阶层表述为，(动作引发者(经事(目标/来源/地点(客事))))。其中，"动作引发者"包括致事和施事；Pan(1998)将题元角色间的阶层关系表述为，致事>施事>受惠者>承受者/经事>工具>客事/受事>处所。尽管两者间的表述略有不同，但施事、经事、客事三者之间阶层关系均为，施事>经事>客事。

动词中,表示变化主体的论元有时为域外论元,有时为域内论元。如,在"太郎が泣き疲れる""张三哭累了"中,发生状态变化的主体"太郎""张三"分别为复合动词的域外论元;又如,在"太郎がその木を押し倒す""张三推倒那棵树"中,发生状态变化的主体分别为"その木""那棵树",均为复合动词的域内论元。因此,根据变化主体论元位置的不同,上述提议中的"变化主体一致"可以分别体现为"域外论元一致"和"域内论元一致"。因此,本书将"变化主体一致原则"的具体内容规定如下:变化主体一致包括"域外论元一致"和"域内论元一致"两种情况。前者一般指,表示施事的论元之间、表示经事的论元之间、或表示施事的论元与表示经事的论元之间的同指或整合;后者一般指,表示客事的论元之间、表示经事的论元之间、或表示客事的论元与表示经事的论元之间的同指或整合。

下面分别考察日汉两语结果复合动词的论元结构,探讨"变化主体一致原则"对结果复合动词构词的适用性。(下文在记述结果复合动词的论元结构时,为了标记上的便宜,将 Agent 记作 Ag,Experiencer 记作 Ex,Theme 记作 Th。)

4.3 日语结果复合动词与变化主体一致原则

在考察结果复合动词的论元结构之前,先来介绍一下影山太郎(1982)提议的"相对右核心原则"。根据这一原则,可以决定 V1 与 V2 的论元在论元结构中如何整合以及复合动词的论元如何从 V1、V2 继承。

4.3.1 相对右核心原则

影山太郎(1982)指出,在决定复合动词整体的论元结构时,构成复合动词的 V1(左侧)与 V2(右侧)具有相同种类的论元时,位于右侧的 V2 的论元优先被继承。当 V2 的论元中不包含、但左侧 V1 的论元中包含时,V1 的论元信息被复合动词继承。这一原则被影山称作"相对右核心原则"。影山太郎（1993）列举了下文例（22）的复合动词论元结构,证明了这一原则在日语复合动词上的适用性。

（22）
　　a. 太郎がドアを押し開ける。　　　　　b. 服の汚れを洗い落とす。

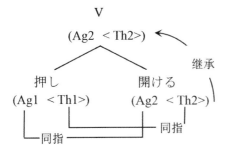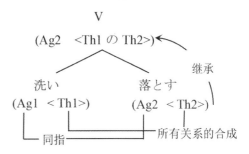

　　例（22a）中"押し開ける"的 V1 与 V2 具有相同的论元结构,按照相对右核心原则,复合动词整体继承 V2 的论元结构。而（22b）中"洗い落とす"的 V1 与 V2 的域外论元相同,但域内论元分别为"衣服"和"污渍",两者之间在意思上为所有关系,即"衣服的污渍"。因此,按照相对右核心原则,复合动词优先继承 V2 的论元结构,且 V2 论元结构中不包含的信息由 V1 补充。故两者合成的论元信息被复合动词的域内论元继承<Th1のTh2>。但是,复合动词在选择论元时主要还是取决于 V2。如例（23）所示,不能成为 V2 域内论元的名词也无法成为复合动词的域内论元。

（23）a. V1：服を洗う、V2：*服を落とす　→　*服を洗い落とす

　　　b. V1：ビンを振る、V2：*ビンを混ぜる　→　*ビンを振り混ぜる

　　　c. V1：（舞台の）ゴミを掃く、V2：*（舞台の）ゴミを清める

　　　　→ *（舞台の）ゴミを掃き清める

　　　d. V1：（ニワトリの）首を絞める、V2：*（ニワトリの）首を殺す

　　　　→ *（ニワトリの）首を絞め殺す

整体而言,V2 在决定日语复合动词论元结构上起着至关重要的作用。下面,我们按照本书第二章的分类,分别考察日语中"主语指向型"和"宾语指向型"结果复合动词的论元结构以及论元整合提升的过程,并分析和探讨"变化主体一致原则"在日语结果复合动词构词上的适用性。

4.3.2　主语指向型与域外论元一致

本书在第二章论述了主语指向型和宾语指向型结果复合动词的分类。在此,再次列举日语中属于主语指向型的三类结果复合动词,如例(24)所示。

(24)a.非作格动词+非宾格动词:泣き疲れる、遊びくたびれる

　　b.非作格动词+及物动词:泣き腫らす、泣き濡らす

　　c.及物动词+非宾格动词:食べ飽きる、履き慣れる

首先,以"泣き疲れる""遊びくたびれる"为例分析(24a)型结果复合动词的论元结构。其论元结构及论元整合提升过程可表述为例(25)。

(25)

　　a. 太郎が泣き疲れる。　　　　　b. 太郎が遊びくたびれる。

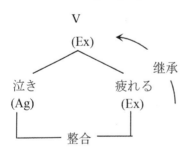
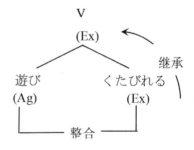

如上,例(25a,b)的复合动词都由 V1 的非作格动词和 V2 的非宾格动词复合而来。主语"太郎"分别是"泣く(哭)""待つ(等)"的施事,同时也是经历 V2"疲れる(累)""くたびれる(烦)"等状态变化的经事。而且,施事与经事之间存在共同属性[+sentient],两者之间进行整合后提升到复合动词的论元结构。另外,上述复合动词的论元继承遵循影山太郎的"相对右核心原则",复合动词整体继承 V2 的论元,因此上述复合动词只有域外论元,且指派的题元角色为"经事"。这一点可以通过例(26)、例(27)得以证明。

(26)a. 太郎が必死に<u>泣いた</u>。(太郎拼命地哭。)

　　b. *太郎が必死に<u>疲れた</u>。(*太郎拼命地累。)

　　c. *太郎が必死に<u>泣き疲れた</u>。(*太郎拼命地哭累。)

(27)a. 太郎がわざと授業中に<u>遊んだ</u>。(太郎故意在课上玩。)

　　b. *太郎がわざと授業中に<u>くたびれた</u>。(*太郎故意在课上烦。)

　　c. *太郎がわざと授業中に<u>遊びくたびれた</u>。(*太郎故意在课上玩烦。)

依前所述,施事具有[+cause]属性,经事则为[-cause]属性。而副词"必死に(拼命地)""わざと(故意)"只能后接意志性动词。因此,如例(26a)(27a)所示,指派施事的动词"泣く""遊ぶ"可与"拼命地""故意"等副词在句中共用;但如例(26b)(27b)所示,指派经事的"疲れる""くたびれる"不可以与其共用。那么,再看例(26c)(27c)的复合动词,复合动词整体也不能与上述副词共用,说明它们不具有意志性,也说明复合动词的域外论元"太郎"并非施事,而是经事,这一题元角色继承于 V2 的论元结构。

其次,以"泣き腫らす""泣き濡らす"为例分析(24b)型结果复合动词的论元结构。

(28)

a. 花子は目を泣き腫らす。　　　　b. 花子は顔を泣き濡らす。

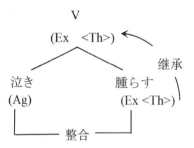 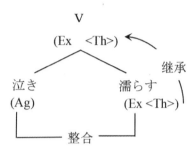

　　"泣き腫らす""泣き濡らす"都是由非作格动词和及物动词的结合而来，这类复合动词在日语结果复合动词中为数不多。(28a)"泣き腫らす"的 V2 带有"花子"和"眼睛"两个论元，(28b)"泣き濡らす"的 V2 带有"花子"和"脸"两个论元，均为及物动词。但需要注意，V2 的"腫らす""濡らす"向域外论元"花子"指派的题元角色并非施事，而是经事。① 因此，V2 的论元结构为(Ex <Th>)。而(28a,b)中 V1"泣く"的主语"花子"为施事，V1 的论元结构为(Ag)。那么，在 V1 与 V2 论元结合的过程中，因为施事与经事间的共同属性，Ag 与 Ex 整合后提升，作为复合动词的域外论元实现，同时，按照相对右核心原则，复合动词整体继承 V2 的论元结构(Ex <Th>)。也就是说，结果复合动词"泣き腫らす""泣き濡らす"的域外论元为经事。下面通过例(29)进行证明。

(29) a. 花子が一生懸命に/わざと泣いた。

　　b. *花子が一生懸命に/わざと目を泣き腫らした。

　　c. *花子が一生懸命に/わざと顔を泣き濡らした。

---

　　①　在"花子は目を腫らした""花子は顔を濡らした"的句子中，根据语境不同，域外论元"花子"可能被指派"施事"和"经事"两种不同的题元角色。为"经事"时，一般表示花子对于"眼睛肿了""脸湿了"这一状态变化并非有意识地去控制，只是出现自身的状态变化。而为施事时，一般表示花子通过某种手段方法有意识地把眼睛弄肿，或把脸弄湿。

例(29a)中,"一生懸命に(拼命地)""わざと(故意)"等表示施事意志性的副词可以与 V1"泣く"共用。但(29b,c),它们不能与"泣き腫らす""泣き濡らす"搭配使用。可见,"泣き腫らす""泣き濡らす"等复合动词不能表示有意志性的动作,主语"花子"也并非施事,而是经历"眼睛肿了""脸湿了"等状态变化的经事。

最后,再看(24c)类型的结果复合动词。下面以"食べ飽きる""履き慣れる"为例。

(30)
a. 太郎はフランス料理を食べ飽きる。　b. 花子はハイヒールを履き慣れる。

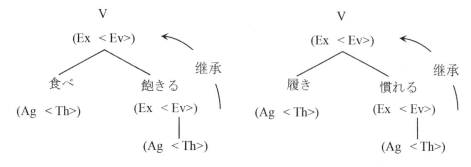

"食べ飽きる""履き慣れる"为日语中的句法型结果复合动词,在句法结构中,由 V1 构成的小句作 V2 的补语,形成"V1に飽きる""V1に慣れる"的句法关系。V1"食べる""履く"为表示施事动作的及物动词,带有施事和客事两个论元,其论元结构记作(Ag ＜Th＞)。V2 的"飽きる""慣れる"以 V1 构成的事件(Event)为补语,而且,如下文例(31)所示,"飽きる""慣れる"不能与"一生懸命に(拼命地)""わざと(故意)"等表示施事意志性的副词共用,它所带有的域外论元为经事。

(31) a. ＊太郎は一生懸命に/わざとフランス料理に飽きる。

  b. ＊花子は一生懸命に/わざとハイヒールに慣れる。

由此,V2 的论元结构可记作(Ex ＜Ev＞)。根据相对右核心原则,复合动词的论元结构继承于 V2,也记作(Ex ＜Ev＞),且＜Ev＞部分由(Ag ＜Th＞)嵌入。此时,V1 的域外论元 Ag 与 V2 的域外论元 Ex 必须同指或发生整合,在日语中诸如"＊太郎は花子がフランス料理を食べ飽きる"这样的句子不成立,因此,Ag 与 Ex 整合后(Ex)提升到复合动词的域外论元位置,V1 的域内论元＜Th＞成为整个复合动词的域内论元。

4.3.3　宾语指向型与域内论元一致

下面,列举日语中的属于宾语指向型的三类结果复合动词。如例(32)所示。

(32) a. 及物动词+及物动词:押し倒す、洗い落とす

  b. 非宾格动词+非宾格动词:折れ曲がる、崩れ落ちる

  c. 及物动词+非宾格动词:飲み潰れる、着膨れる

首先,考察(32a)型结果复合动词的论元结构。以"押し倒す""洗い落とす"为例,影山太郎(1993)对其论元结构分别记述如下。

（33）

a. 太郎がドアを押し開ける。　　　　b. 服の汚れを洗い落とす。

　　（＝例 22a）　　　　　　　　　　　（＝例 22b）

V

此类结果复合动词的 V1、V2 均为及物动词,都包含表示施事的域外论元和表示客事的域内论元。在论元整合提升的过程中,V1 与 V2 的域外论元同指,V1 与 V2 的域内论元或同指(如例 33a),或因所有关系发生整合(如例 33b),然后分别提升到复合动词的域外论元和域内论元。按照影山太郎提议的相对右核心原则,复合动词整体的论元结构继承于 V2。但是,如果 V1 与 V2 的域内论元之间存在不同指或无法整合的情况时,V1 与 V2 无法结合成复合动词。如 V1"洗う"的论元结构为(太郎,<服>),V2"落とす"的论元结构为(太郎,<靴>),那么当 V1 与 V2 的论元整合时,域外论元"太郎"同指后提升为复合动词的域外论元,而域内论元"衣服"和"鞋"两者无法发生整合,只能作为单独的两个域外论元提升到复合动词的论元结构,形成" *太郎は服を靴を洗い落とした"的句子,而这在日语中不成立。由此可见,在合成上述结果复合动词时,V1 与 V2 的域内论元必须同指或发生整合。

其次,以"折れ曲がる""崩れ落ちる"为例,考察(32b)结果复合动词的论元结构。

(34)

a. 針金が折れ曲がる。　　　　　b. ビルが崩れ落ちる。

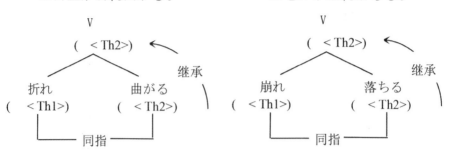

　　例(34)的结果复合动词都由非宾格动词与非宾格动词结合而来。V1 与
V2 分别只带有域内论元<Th1><Th2>,且两者同指。遵循相对右核心原则,复
合动词整体的论元结构继承于 V2,记作(<Th2>)。

　　最后,以"飲み潰れる""着膨れる"为例,考察(32c)类型结果复合动词的
论元结构。这类复合动词在日语中比较少见。"飲む""着る"虽单独使用时
为及物动词,其论元结构为(Ag <Th>)。但是,当"飲む""着る"分别作为复
合动词"飲み潰れる""着膨れる"的 V1 时,它们本身可以带有的宾语(如
"酒""衣服")不能出现,"飲む""着る"也不再表示施事的动作,而是表示施
事自身承受的某种状态变化,类似于反身动词的用法。具体而言,如"太郎が
飲み潰れる"的 V1"飲む"并不表示太郎喝酒的动作,而是"喝了很多的酒"或
者说"很多酒已经进入太郎身体"的一种状态变化;又如"太郎が着膨れる"的
V1"着る"也并非指太郎穿衣服的动作,而是"穿了很多衣服"或者"很多衣服
穿在身上"的一种状态变化。因此," *一口を飲んで飲み潰れた。(*喝了一
口,喝倒了。)"" *一枚の服を着て、着膨れた。(*穿了一件衣服,穿得鼓鼓
的。)"等句子在日语中不成立。综上,本书认为"飲む""着る"在作为"飲み

潰れる”“着膨れる”的 V1 时,其动作性减弱。① 因此,本书将“飲み潰れる”
“着膨れる”的 V1“飲む”“着る”视为表示动作主体承受自身状态变化的反身
代词,认为包含[+change][+sentient]属性的经事作为论元实现。本书将“飲
み潰れる”“着膨れる”的论元结构表述如下。

（35）

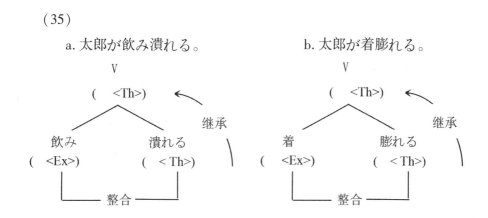

    a. 太郎が飲み潰れる。　　　　　　b. 太郎が着膨れる。

如上所示,V1 与 V2 的域内论元具有[+change]的相同属性,两者之间发
生整合后提升到复合动词的域内论元,且按照相对右核心原则,结果复合动词
继承 V2 的论元结构。

---

① 日语的“飲む”“着る”在特定的语言环境中,动作性会变弱。如在下列致使句中,
（ⅰ）a. 赤ちゃんにミルクを飲ませる。（让婴儿喝牛奶。）
　　　b. 地蔵さんに服を着せる。（让地藏穿衣服。）
（ⅱ）a. 子供に本を読ませる。（让孩子读书。）
　　　b. 学生に論文を書かせる。（让学生写论文。）
对比例（ⅰ）（ⅱ）可知,（ⅱ）的主语“子供”“学生”都必须实际进行“読む”“書く”的动
作,句子才成立。换言之,“子供”“学生”分别为“読む”“書く”的施事;而（ⅰ）的“赤ちゃん”
“地蔵さん”实际上并未进行“飲む”“着る”的动作。与其说是施事,更倾向于“ミルク”“服”
移动的终点。因此,如果将日语的致使句看作由动词与“せる/させる”相结合的复合结构,那
么,这里的动词就相当于复合结构中的 V1。同样,“飲む”“着る”等出现在复合动词 V1 时,也
发生动作性的削弱。

4.3.4 小结

4.3 节在影山太郎提议的"相对右核心原则"的基础上,分别对日语的"主语指向型"和"宾语指向型"结果复合动词的论元结构进行了考察。

第一,主语指向型结果复合动词的论元整合提升及论元结构如下。

首先,在论元整合提升的过程中,V1 与 V2 的域外论元必须同指或进行整合,而域内论元的同指并非必要条件。因此,在主语指向型结果复合动词中,V1 经常可以是不具有域内论元的非作格动词,如"泣き疲れる""泣き腫らす"等。依第二章所述,主语指向型结果复合动词中 V2 所示的状态变化为主语(域外论元)的状态变化,变化主体为域外论元位置的名词。V1、V2 的域外论元必须同指或整合,换言之,表示变化主体的论元必须同指或整合,遵循上文提议的"变化主体一致原则";其次,按照"相对右核心原则",复合动词整体继承 V2 的论元结构和题元角色。而结果复合动词的 V2 包含状态变化的意思,故域外论元多被指派为"经事"。因此,主语指向型结果复合动词的域外论元基本为经事,复合动词整体不表示意志性的动作。

第二,宾语指向型结果复合动词的论元整合提升及论元结构如下。首先,在论元整合提升的过程中,V1 与 V2 的域内论元必须同指或进行整合,而域外论元的同指并非必要条件。因此,很多宾语指向型结果复合动词可以不包含域外论元,如"折れ曲がる""着膨れる"等。依第二章所述,宾语指向型结果复合动词中 V2 所示的状态变化为宾语(域内论元)的状态变化,变化主体为域内论元位置的名词。因此,V1、V2 的域内论元间同指或整合,也就意味着表示变化主体的论元必须同指或整合,同样遵循上文提议的"变化主体一致原则"。另外,如果 V1、V2 都包含域外和域内两个论元、且域内论元同指或整合,那么一般来说域外论元也会同指。如"太郎がその木を押し倒す"中,V1 与 V2 的域内论元都为"その木(那棵树)",两者同指;V1 与 V2 的域外论元都为"太郎",也同指。其次,按照"相对右核心原则",复合动词整体继承 V2 的论元结构和题元角色。

下面分别考察汉语中的"主语指向型"和"宾语指向型"结果复合动词的论元结构及论元整合提升的过程,探讨"变化主体一致原则"对汉语结果复合动词的适用性。

4.4 汉语结果复合动词与变化主体一致原则

4.4.1 主语指向型与域外论元一致

依第二章所述,本书将汉语中属于主语指向型的结果复合动词分为以下四类。

(36) a. 及物动词+及物动词:学会、听懂、下输

　　 b. 及物动词+非宾格动词:吃腻、穿惯、听烦

　　 c. 非作格动词+及物动词:玩忘、哭懂

　　 d. 非作格动词+非宾格动词:跳烦、哭醒、哭累

首先,以"学会""听懂"为例,考察(36a)型结果复合动词的论元结构。具体如下文例(37)所示。

(37)

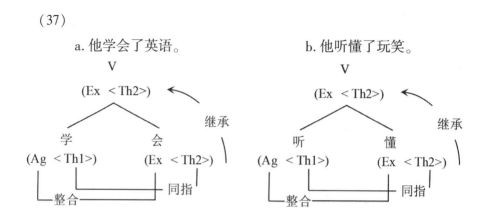

a. 他学会了英语。　　　　　　　b. 他听懂了玩笑。

　　"学会""听懂"都由及物动词与及物动词复合而来,V1、V2都分别带有域外和域内两个论元。下面以(37a)的"学会"为例,分析其论元结构。(37a)的V1"学"带有"他"和"英语"两个论元,V2"会"也带有"他"和"英语"两个论元。但需要注意的是,虽然"学"和"会"的域外论元都为"他",但由于"学""会"两个动词的语法性质不同,"他"被指派的题元角色也不同。前者为施事,后者为经事。两者的区别可以通过与"拼命地""故意"等副词的共用情况来证明。在汉语中,上述副词一般用来修饰意志性的动作。如例(38)所示。

(38) a. 他拼命地/故意学英语。

　　b. *他拼命地/故意会英语。

　　(38a)中的V1"学"可以与"拼命地""故意"等副词共用,(38b)的V2"会"则不可。由此说明,V1具有意志性,V2不具有意志性,两者语法性质不同。因此,V1的论元结构记作(Ag <Th1>),V2的论元结构记作(Ex <Th2>)。两者在论元结构整合提升的过程中,V1的施事与V2的经事由于[+sentient]的共同属性发生整合后提升到复合动词的域外论元,<Th1>与<Th2>同指提升为复合动词的域内论元。① 那么,V1的域外论元(Ag)与V2的域外论元(Ex)

———————

① (35b)的"听懂"与(35a)的论元整合提升过程及论元结构一致,在此略去。

整合提升后,复合动词整体的域外论元继承 V1、还是 V2 的论元结构? 换言之,作为复合动词域外论元的名词应表示施事还是经事? 前文在考察日语结果复合动词的论元结构时曾指出,日语复合动词的论元继承遵循"相对右核心原则",复合动词的论元结构优先继承于 V2。那么,汉语结果复合动词的论元结构又如何继承? 请看例(39)。

(39) a. *他拼命地/故意<u>学会</u>英语。
　　 b. *他拼命地/故意<u>听懂</u>笑话。

　　如例(39)所示,(39a)的复合动词"学会"、(39b)的"听懂"都不能与"拼命地""故意"等副词共用,说明它们本身也不包含意志性,作为域外论元的"他"应为经事。"学会""听懂"的论元结构可记作(Ex <Th2>),与 V2"会""懂"的论元结构一致。例(39)与例(38b)也体现出一致的倾向。由此可见,汉语结果复合动词的论元结构也优先继承于 V2。与日语不同,汉语一般被认为是左核心语言,但近年来有关汉语结果复合动词的核心问题一直存在争议,出现了"右核心说",以及句法左核心、语义右核心的"双核心说"等。仅从例(36a)类型的汉语结果复合动词来看,其论元结构的继承支持"右核心说"。那么,其他类型的汉语结果复合动词在论元结构的继承上是否也是如此? 接下来,我们再看(36b)类型的结果复合动词。

(40)

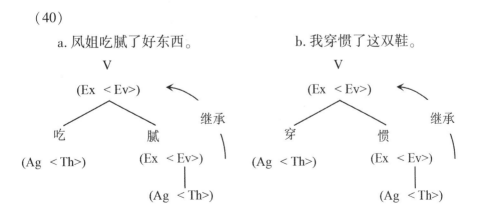

a. 凤姐吃腻了好东西。　　　　　　b. 我穿惯了这双鞋。

如上所述,"吃腻""穿惯"类结果复合动词,V1 在句法结构中作为 V2 的补语。在例(40)中,(40a) 表示"凤姐腻了吃好东西"、(40b) 表示"我习惯了穿这双鞋"。V2 的"腻""惯"与其说是"腻了或习惯了某个事物",不如说更倾向于表示"腻了或习惯了某个事件",因此,其域内论元记作< Event>,略记为 < Ev>。再看 V2 的域外论元,如下文例(41)所示,"腻""惯"等动词一般也不能与"拼命地""故意"等副词共用,说明不具有意志性,被指派的题元角色应为经事。

(41) a. *凤姐拼命地/故意腻了好东西。

　　　b. *我拼命地/故意(习)惯了这双鞋。

由此,V2"腻""惯"的论元结构记作 (Ex < Ev>)。而,V1"吃""穿"为及物动词,带有域外和域内两个论元,域外论元为表示"吃""穿"等动作行为的施事,域内论元为客事,其论元结构记作 (Ag < Th>)。在论元整合提升的过程中,由于 V1 在句法结构中作为 V2 的补语,因此复合动词直接继承 V2 的论元结构,记作 (Ex < Ev>)。而且,V1 作为 V2 补语,其域外论元必须与 V2 的域外论元一致。如想表达"凤姐腻了弟弟(总)吃好东西"的意思,但 V1"吃"的域外论元"弟弟"与 V2"腻"的域外论元"凤姐"显然不一致,这种情况无法使用"凤姐吃腻了好东西"的句子来表达。另外,V1 的域内论元也作为补充信息继承给复合动词的论元结构,成为复合动词的域内论元。

再看(36c)型结果复合动词的论元结构。以"玩忘"为例,其论元结构如下所示。

(42)他玩忘了自己的职责。

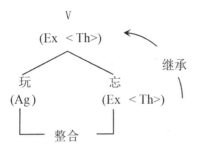

如上所示,"玩忘"由非作格动词"玩"与及物动词"忘"结合而来。V1 的
"玩"只带有"他"一个域外论元,V2"忘"带有域外论元"他"和域内论元"自己
的职责"两个论元。下面先通过与"拼命地""故意"等副词的共用情况,考察
V1、V2 的域外论元"他"是否存在题元角色上的不同。

(43)a. 他拼命地/故意玩。
　　 b.？他拼命地/故意忘了自己的职责。

在上例中,(42a)的 V1"玩"可与"拼命地""故意"等副词的共用,说明其
具有意志性,域外论元"他"应为施事;而 V2"忘"也可与"拼命地""故意"等
副词的共用,具有意志性,如"故意忘了伤心事""拼命地忘了过去"等。但在
(43b)中,宾语为"自己的职责""拼命地/故意忘了自己的职责"略显不自然,
当然在特定的语境下这一句可以成立,但"无意识地忘了自己的职责"应该为
更自然的语境。因此,本书认为"玩忘"中 V2"忘"的域外论元"他"应为经事,
其论元结构为(Ex ＜Th＞)。在论元整合提升过程中,V2 的经事与 V1 的施
事,因[＋sentient]的共同属性发生整合后提升到复合动词的域外论元,V2 的
客事直接提升为复合动词的域内论元。那么,"玩忘"整体的论元结构是否也
与"学会"类一样优先继承于 V2?对比"？他拼命地/故意玩忘了自己的职
责"一句与上文例(43b)可见,"玩忘"与 V2"忘"体现出一致的倾向。因此,本
书认为"玩忘"的论元结构依然是继承于 V2,记作(Ex ＜Th＞)。

最后,考察(36d)类结果复合动词的论元结构。下面以"跳烦""哭醒"为例,

(44)

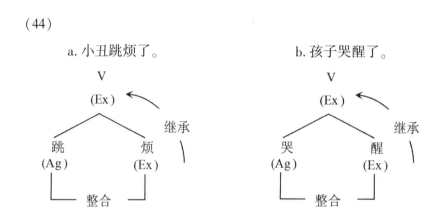

     a. 小丑跳烦了。   b. 孩子哭醒了。

如前文所述,例(44a,b)中的不及物动词用法为"跳烦""哭醒"型复合动词的基础形式,而"小丑跳烦了我""孩子哭醒了妈妈"等及物动词句为经历致使交替而来的派生形式。因此,在分析此类复合动词的论元结构时,本书以例(44)的基础形式为考察对象。① 在上述复合动词中,V1"跳""哭"分别带有的域外论元"小丑""孩子"都为 V1 动作的实施者,表示施事;V2"烦""醒"分别带有的域外论元与 V1 的域外论元相同,但它们所表示的并非施事,如"＊小丑故意烦了""＊孩子故意醒了"不成立。由此可见,V2 所带有的域外论元为经事。V1 与 V2 发生复合时,V1 与 V2 的域外论元整合后提升为复合动词的域外论元。与上述各类复合动词一样,"跳烦""哭醒"整体的论元结构依然与 V2 的论元结构保持一致。如"＊小丑故意跳烦了""＊孩子故意哭醒了"等句子不成立,说明复合动词的域外论元"小丑""孩子"也为经事,复合动词的论元结构记作(Ex)。

---

① 刘凤樨(2018)指出,汉语中诸如"哭醒"等复合动词可以通过致使化实现使动转换。如,"小妹妹哭醒了"一句可以通过在语义结构中导入致事"一场噩梦"等,转换为"一场噩梦把小妹妹哭醒了"的致使义句式。

综上,本节考察了汉语主语指向型结果复合动词的论元结构及其论元整合提升的过程。结果表明,当 V1 与 V2 的论元结构相结合时,V1 和 V2 的域外论元必须同指或发生整合,而 V1、V2 的域内论元同指为非必要条件。因此,主语指向型结果复合动词中存在"玩忘""哭醒"等 V1 或者 V1、V2 本身就不包含域内论元的类型。依第二章所述,主语指向型结果复合动词所示的状态变化为主语(域外论元)的状态变化,变化主体为作为域外论元的名词。那么,在 V1 与 V2 结合为复合动词时,域外论元在 V1、V2 的论元结构中必须同指或发生整合,也就说表示变化主体的论元必须同指或整合。由此可见,汉语的主语指向型结果复合动词在 V1、V2 的论元整合过程中同样遵循本文提议的"变化主体一致原则"。而且,复合动词的论元继承优先取决于 V2,同样符合影山太郎针对日语复合动词提议的"相对右核心原则"。

4.4.2　宾语指向型与域内论元一致

下面接着考察宾语指向型结果复合动词的论元结构。本书将汉语中属于宾语指向型的结果复合动词分为以下三类。

(45) a. 及物动词+非宾格动词:推倒、洗掉、杀死

　　　b. 非宾格动词+非宾格动词:醉倒、倒塌、饿死

　　　c. 非作格动词+非宾格动词:坐坏、睡塌、哭走

首先,考察(45a)型结果复合动词的论元结构。具体如例(46)所示。

(46)

　　　a. 张三推倒了那棵树。　　　　　　b. 张三洗掉了衣服的污渍。

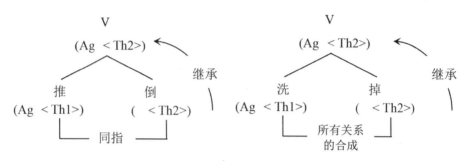

　　"推倒""洗掉"等结果复合动词都由及物动词与非宾格动词结合而来。(46a)"推倒"的 V1"推"带有域外论元"张三"和域内论元"那棵树"两个论元,V2"倒"只带有"那棵树"一个域内论元;(46b)"洗掉"的 V1"洗"带有域外论元"张三"和域内论元"衣服",V2"掉"带有一个域内论元"污渍"。在(46a)的论元结构整合提升过程中,V1 与 V2 的域内论元"那棵树"同指,提升为复合动词的域内论元;而在(46b)中,V1 的域内论元"衣服"与 V2 的域内论元"污渍"之间存在所有关系,即"衣服的污渍",两者整合后提升为复合动词的域内论元。与此相对,V2 不包含域外论元,无法与 V1 的域外论元同指或整合,那么 V1 的域外论元如何参与到复合动词的论元结构?按照影山太郎(1982)提议的"相对右核心原则",复合动词整体优先继承 V2 的论元结构,但如果 V2 论元结构中不包含,而 V1 论元结构中包含的信息,也可作为补充被复合动词的论元结构所继承。本书认为,这一原则同样适用于汉语结果复合动词。在例(46)的"推倒""洗掉"的论元结构中,V1 的域外论元直接提升为复合动词的域外论元,复合动词整体的论元结构为(Ag ＜Th2＞)。另外,与日语结果复合动词一样,V2 的词汇性限制也同样继承给复合动词。如例(47)所示。

(47) a. 张三推了李四的后背。

　　b. *李四的后背倒了。

　　c. *张三推倒了李四的后背。

　　在例(47)中,V1"推"可以选择域内论元"李四的后背",但 V2 由于语义上的限制,不能选择"李四的后背"作域内论元,即(47b)不成立。而从(47c)可知,复合动词"推倒"同样不能选择"李四的后背"作域内论元,这体现了 V2 的论元结构对汉语结果复合动词论元结构起着优先的决定性。

　　其次,考察(45b)型的结果复合动词。以"醉倒""倒塌"为例,

(48)

　　　a. 张三醉倒了。　　　　　　　　　　　b. 大楼倒塌了。

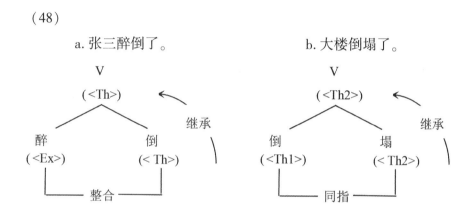

　　(48a)的"醉倒"、(48b)的"倒塌"都由非宾格动词与非宾格动词结合而来,V1、V2 都分别只带一个域内论元。V1 与 V2 的域内论元同指或整合后提升为复合动词整体的域内论元,复合动词的论元结构依然继承于 V2。

　　最后,考察(45c)型结果复合动词。以"坐坏""睡塌"为例,

(49)

    a. 张三坐坏了椅子。   b. 张三睡塌了床。

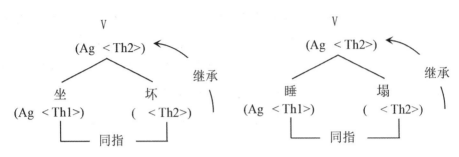

如上所示，"坐坏""睡塌"都由非作格动词和非宾格动词结合而来。V2 的"坏""塌"都只包含一个域内论元，分别为"椅子""床"。再看 V1 的"坐""睡"，一般来说，非作格动词只有一个域外论元，不能带有域内论元。但在汉语中，诸如例(50)的句子成立。

(50) a. 张三<u>坐</u>椅子，李四<u>坐</u>沙发。

     b. 张三<u>睡</u>床，李四<u>睡</u>地板。

在例(50)中，动词"坐"与出现在宾语位置的"椅子""沙发"，动词"睡"与"床""地板"之间的语法关系一般被认为是"动作——场所"的关系，宾语位置的名词被认为是"位格"。如，望月圭子(1990)曾指出，"坐椅子"的意思实际为"坐在椅子上"。但本书认为，上述宾语位置的名词与一般的位格仍存在一定的区别。一般来说，汉语中的位格经常伴随"在"的出现。而直接接在"坐""睡"等动词后的"坐椅子""睡床"，无论在形式上还是意思上都与"坐在椅子上""睡在床上"不完全等同。例如，针对"你坐哪里?""你睡哪里?"的提问，可以回答"坐椅子""睡床"，但一般不会回答"坐在椅子上""睡在床上"。另外，再看下面的例(51)、例(52)。

(51) a. 他把椅子<u>坐</u>了。

　　　　b. 他把床睡了。

（52）a. 椅子被他坐了。

　　　　b. 床被他睡了。

　　Huang&Lin（1992）指出,可以通过句子能否转换为"把"字句、"被"字句,来判断名词是否为动词真正的宾语。如"他吃饱了饭"一句,不能转换为"他把饭吃饱了""饭被他吃饱了"的把字句和被字句,因此 Huang&Lin 认为"饭"并非"吃饱"的真正宾语。那么,反观例（51）、例（52）,"他坐了椅子""他睡了床"可以分别转换为把字句（51a,b）和被字句（52a,b）,说明"椅子""床"分别为动词"坐""睡"的宾语。由此,本书认为"坐""睡"在例（49）中的论元结构为（Ag ＜Th1＞）。并且,在复合动词论元整合提升的过程中,V1"坐""睡"的域内论元"椅子""床"分别与 V2 的"坏""塌"的域内论元同指,提升为复合动词的域内论元。而 V1 的域外论元作为补充信息仍然继承给复合动词,直接提升为复合动词的域外论元,复合动词整体的论元结构为（Ag ＜Th2＞）。

　　综上,本节考察了汉语的宾语指向型结果复合动词的论元结构及其论元整合提升的过程。结果表明,当 V1 与 V2 结合为复合动词时,V1 与 V2 论元结构中的域内论元必须同指或进行整合,而域外论元的同指非必要条件。因此,很多宾语指向型结果复合动词的 V1 或 V2 可以不包含域外论元。如"醉倒"的 V1、V2 都不包含域外论元;"推倒""坐坏"等复合动词的 V2"倒""坏"也不包含域外论元。另外,依第二章所述,宾语指向型结果复合动词中 V2 所示的状态变化为宾语（域内论元）的状态变化,变化主体为域内论元位置的名词。因此,V1、V2 的域内论元间同指或整合,也就意味着表示变化主体的论元必须同指或整合,同样遵循本章提议的"变化主体一致原则"。另外,如果 V1、V2 都包含域外和域内两个论元、且域内论元同指或整合,那么一般来说域外论元也会同指。如"张三学会了英语"中,V1 与 V2 的域内论元都为"英语",两者同指;V1 与 V2 的域外论元都为"张三",也同指。而且,复合动词的论元继承优先于 V2,同样遵循"相对右核心原则"。

135

4.5　本章结语

　　本章在既有的复合动词构词规则的基础上,针对结果复合动词提出了"变化主体一致原则"。并且,通过分别考察日汉结果复合动词的论元结构及论元整合提升的过程,明确了变化主体一致原则对日汉两语结果复合动词的适用性。

　　第一,在日汉两语的主语指向型结果复合动词中,V2 所示状态变化的主体是作为域外论元的名词。当 V1 与 V2 结合为复合动词时,V1 与 V2 论元结构中的域外论元必须同指或进行整合,此后提升为复合动词的域外论元,遵循"变化主体一致原则"。另外,如果 V1 与 V2 同时包含域内论元,则两者的域内论元一般同指;如果只有 V1 或 V2 一方包含域内论元,则其提升为复合动词整体的域内论元。

　　第二,在日汉两语的宾语指向型结果复合动词中,V2 所示状态变化的主体是作为域内论元的名词。当 V1 与 V2 结合为复合动词时,V1 与 V2 论元结构中的域内论元必须同指或进行整合,此后提升为复合动词的域内论元,同样遵循"变化主体一致原则"。另外,如果 V1 与 V2 同时包含域外论元,则两者的域外论元一般同指;如果只有 V1 包含域外论元,则其提升为复合动词整体的域外论元。①

　　第三,无论是日语还是汉语、无论是主语指向型还是宾语指向型的结果复合动词,在论元继承上都遵循"相对右核心原则",复合动词整体的论元结构优先取决于 V2。而只有 V1 所包含的、且与 V2 无法整合的论元,则作为补充信息被复合动词的论元结构所继承。V2 对结果复合动词论元结构的决定性

---

　　① 按照第三章所考察的结果复合动词的结合形式,除日语中的"舞い上げる""酔いつぶす"等经历致使化派生而来的复合动词之外,日汉两语的结果复合动词中都不存在"非宾格动词+及物动词"的结合。因此,V1 不包含域外论元,只有 V2 包含域外论元的形式在日汉两语的结果复合动词中均不存在。

作用也体现了其在结果复合动词中的重要地位。

　　除此之外,在本书第五章所考察的结果复合动词的词汇概念结构合成,以及第六章所考察的结果复合动词的事态类型等方面,V2 都为决定性因素。下面依次展开论述。

第五章　日汉结果复合动词的词汇概念结构及其合成规则

　　词汇概念结构(Lexical Conceptual Structure,以下记作 LCS)是利用抽象的谓词概念来表述动词意思的结构,与动词的句法结构、论元结构相对应,早期由 Hale & Keyser(1987)、Rappaport & Levin(1988)、Jackendoff(1990)等研究所提倡。影山太郎(1996)根据词汇概念结构与论元结构之间的对应关系,即概念结构中的哪个部分对应论元结构的域外论元,哪个部分对应域内论元,提出了域外论元规则和域内论元规则,具体如下所示。

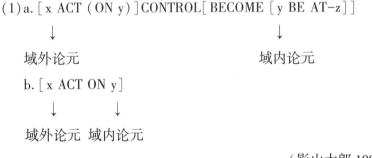

(1)a. [x ACT (ON y)]CONTROL[BECOME [y BE AT-z]]

　　　　↓　　　　　　　　　　　　　　　　　　↓

　　域外论元　　　　　　　　　　　　　　域内论元

　　b. [x ACT ON y]

　　　　↓　　　↓

　　域外论元　域内论元

(影山太郎 1996:91-92)

　　按照域外论元规则,上位事件的主语 x 成为域外论元;按照域内论元规则,如果存在下位事件,那么下位事件中谓词 BE 的主语 y 成为域内论元,如例(1a);如果不存在下位事件,那么谓词 ACT ON 的宾语 y 成为域内论元,如例(1b)。由此可见,论元结构与概念结构之间存在一定的对应关系。本书在

第四章重点考察了日汉结果复合动词的论元结构,那么这些复合动词的 LCS 如何表述? LCS1(V1 的 LCS)与 LCS2(V2 的 LCS)在合成为复合动词 LCS 的过程中遵循怎样的规则? 另外,在复合动词的论元结构中,域外论元或为施事、或为经事,这些在 LCS 中又该如何区别表述? 要明确结果复合动词的 LCS 及其合成过程,有必要对上述内容进行详细的规定。

本章将重点考察日汉结果复合动词的 LCS 合成,明确 LCS 的合成规则。具体内容如下展开:5.1 节先对 LCS 表述中较为常用的几种概念谓词进行概述,明确它们具有的语义特征以及不同谓词在使用上的差异;5.2 节在前人研究的基础上提出适用于结果复合动词 LCS 合成的新规则;5.3 节运用本章提出的复合动词 LCS 合成规则,举例分析日语结果复合动词的 LCS 合成;5.4 节同样运用上述规则,分析汉语结果复合动词的 LCS 合成;5.5 节对本章内容进行总结。

5.1　概念谓词及其语义特征

LCS 一般由有限个数的概念谓词和论元构成。如上文例(1a)的 LCS 由 x,y 两个论元和 ACT、ON、CONTROL、BECOME、BE、AT 等几个概念谓词构成。下面,参照影山太郎(1996;1999)、由本阳子(1996;2005;2008)等前人研究,概述 LCS 中常见的几种概念谓词。

(2)a. ACT:表示持续的或瞬间的动作。

　　b. ON:与 ACT 连用,表示动作行为的对象。

　　c. BE:表示静止的状态。

　　d. AT:与 BE 连用,表示抽象的状态或者物理位置。

　　e. BECOME:表示变化。

　　f. MOVE:表示移动。

(影山太郎 1999:66)

例(2)列举了常见的六种概念谓词及其意思。那么,它们具体又具有怎样的语义特征? 哪些词可以成为它们的下位指定? 下面以例(2)中的六个概念谓词和谓词 EXPERIENCE 为对象进行考察。

5.1.1　谓词 ACT(ON)与 EXPERIENCE

首先,我们来考察例(2a,b)的 ACT、ON。Pinker(1989:193)使用过 ACT 这一概念谓词。Pinker 指出,ACT 的主语一般为动作者或行为者。影山太郎(1996,1999)等后来的研究大多沿用了这一谓词。ACT 可以用于表述非作格动词和及物动词,如下文例(3)所示,前者使用 ACT,后者使用 ACT ON 来表述。

(3)a.非作格动词:[x ACT]
　　b.及物动词:[x ACT ON y]

日语中的"遊ぶ""泣く""走る"等非作格动词的 LCS 可以表述为(3a),"(本を)読む""(木を)押す"等表示施事动作的及物动词 LCS 可以表述为(3b)。① 汉语中的"玩""哭""走"等非作格动词、"读(书)""推(树)"等及物动词也可以分别表述为(3a)(3b)。另外,(3a,b)一般都用来表述持续性的动作,所以动作样态可以作为 ACT(ON)的下位指定。具体如下例所示②。

(4)a.太郎がその木を押す。

---

① 但需要注意,这里的及物动词仅限于表示施事动作的动词。依照本书第三章所述,日语中还存在很多同时包含施事动作和客事状态变化两方面意思的及物动词,如"倒す""潰す"等,这类及物动词不能表述为(3b),详见后文。
② 当然也有其他方式的表述。如(4a)表述为[x PUSH ON y]。

b. [x ACT ON y]
　　　|
　　PUSH

(5) a. 太郎が泣いた。

b. [x ACT]
　　|
　CRY

例(4)、例(5)中谓词 ACT(ON)的主语 x 一般表示施事,如"太郎"为"推树""哭"等动作的发出者。换言之,如果论元结构中的域外论元为施事时,那么在相应的 LCS 中,x 后的谓词使用 ACT(ON)。那么,如果论元结构中的域外论元表示经事时,是否还能使用谓词 ACT? 对此,影山太郎(1996)区别于 ACT,使用了谓词 EXPERIENCE 来表示"经事经历某种状态变化"的抽象概念。请看下文例(6)、例(7)。

(6) a. She caught a cold.

b. He drowned in the sea.

c. He got his arm injured.

(影山太郎 1996:82)

(7) a. 彼らは、空襲で家財道具をみんな焼いた。

b. 親戚の人が、台風で家の屋根を飛ばした。

c. 子供が手にとげを刺した。

(影山太郎 1996:285)

影山指出,无论是英语还是日语中都存在诸如例(6)、例(7)的主语为经事,表示经历生理或心理变化意思的句子。那么,在表述这些动词的 LCS 时,不能使用谓词 ACT。影山以(7a)为例,使用谓词 EXPERIENCE 将其 LCS 表述如下。

(8) x EXPERIENCE [xの家財道具 BECOME [xの家財道具 BE AT-

BURNED]]

(影山太郎 1996:286)

例(7a)的 LCS 可表述为例(8),表达了"主语 x 经历了自己家当被烧毁的变化"这一意思。x 后的谓词使用 EXPERIENCE,并非 ACT,说明主语并非有意识地去烧毁自己的家当,而只是经历且承受了这一变化。另外,反观例(8),影山将谓词 BECOME、BE 的主语记作"xの家财道具(x 的家当)",并未使用直接论元。这种表述方式虽然从意思上更为直观,但在表明与论元结构之间的对应关系上略显模糊。"焼く"在例(7a)中具有两个论元,分别为域外论元"彼ら"和域内论元"家财道具",且两者之间存在整体—部分的所属关系。因此,为了更加清晰地表明 LCS 与论元结构间的对应,本文建议将例(8)的 LCS 修改为:x EXPERIENCE [y BECOME [y BE AT-BURNED]] AND [y IS-A-PART-OF x]。

5.1.2 谓词 BE 与结果样态

谓词 BE 表示静止,它经常后接 AT 表示物理上的位置或抽象的状态。表达某一物体存在于某个场所是这种形式的基本意思,将存在的场所假定为 z,存在的物体标记为 y,就可以得到[y BE AT-z]的概念结构。当然,这一概念结构不仅可以表示某个物体存在于某个场所,也可表达某个物体处于某种抽象的状态。具体如下所示。

(9) a. She is home.　[$_{STATE}$ she BE AT-[$_{Place}$ home]]
　　b. She is healthy.　[$_{STATE}$ she BE AT-[$_{State}$ healthy]]

(影山太郎 1996:52)

状态动词中最为典型的就是 be 动词。除此之外,remain,stay,exist,live 等表示超越时间概念的状态也可使用谓词 BE 进行表述。另外,谓词 BE 除了用来表示存在,还经常表示"所有"(Gruber1976;Jackendoff1990等)。前者的谓词 BE 经常与 AT 连用,后接表示物理位置或抽象状态的词,如(10a);而后者则与 WITH 连用,构成如例(10b)所示的 LCS。

（10）a. [y BE AT-z]

　　　b. [z_i BE[WITH[y BE AT-z_i]]]

与例(10a)相对,(10b)中的谓词 WITH 表示"相邻或伴随的关系",BE WITH 相当于英语的 have。如下文例(11)所示,(11a)的句子可以表述为(10a)的 LCS,(11b)的句子可以表述为(10b)的 LCS。

（11）a. A bird nest is in the tree.

　　　b. The tree has a bird nest in it.

（影山太郎 1996:50）

除此之外,英语中的 know(be with knowledge)、believe(be with belief)等动词的 LCS 也可表述为(10b)。

以上,我们对 BE AT 与 BE WITH 的区别作了简单介绍。那么,谓词 BE 是否也与谓词 ACT 一样存在下位指定? 依前所述,BE 表示一种静止状态,可以说它具有一种超越起始和终止时间的持续性,这也是为什么状态动词不存在进行时的原因所在。正因为谓词 BE 具有持续性,因此与 ACT 一样存在下位指定。影山太郎(1996:237)指出,结果样态可以作为 BE 的下位指定,用来修饰谓词 BE 的样态。具体如下文例(12)所示。

（12）a. He was flat on the stretcher. (他平躺在担架上。)

　　　[he BE AT-ON stretcher] flat
　　　　|
　　　flat

b. 器にねぎを<u>平らに</u>並べる。（把葱平摆在盘子上。）

[ネギBE AT-IN 器]平ら
|
平ら

（影山太郎 1996:237）

首先,来看结果样态的概念。相比于结果样态,结果状态这一概念比较常见。如在"壷が<u>粉々に</u>割れた"（壶摔得粉碎）一句中,"粉々に"用来表示客事"壶"碎了后的结果状态。但与"粉々に"不同,在例(12)中,无论(a)的 flat还是(b)的"平らに",它们所描述的都不是"他"和"葱"发生变化的结果状态,而是"他如何在担架上""葱如何摆在盘子里"的样态。区别于"结果状态",影山太郎(1996)将例(12)中的这类补语称之为"结果样态"。另外,影山还指出,这类表示结果样态的补语即使与表示结果状态的结果补语连用,也不违背"单一路径限制"规则。如下文例(13)所示。

(13) a. <u>豚肉に</u>片栗粉を<u>薄く</u>まぶす。（我把淀粉薄薄地扑在猪肉上。）

b. おじさんは<u>髪に</u>ポマードを<u>テカテカに</u>塗っている。（大叔把发油油光锃亮地抹在头发上。）

（影山太郎 1996:239）

动词"まぶす""塗る"可以在单句中同时与表示结果状态、结果样态的成分搭配使用。其中,与结果补语"豚肉に(在猪肉上)""髪に(在头发上)"搭配使用,表示"淀粉""发油"的位置变化。而,"薄く""テカテカに"作为结果样态,表示"淀粉薄薄一层地涂满了猪肉"、"发油油光锃亮地抹在头发上"的意思,而并非"淀粉变薄了""发油变光亮了"的结果变化之义。因此,在上述单句中,作为变化对象的"淀粉"和"发油"只经历"被涂在猪肉上"、"被抹在头发上"的位置变化,遵循"单一路径限制"规则。

如上所述,影山太郎(1996)区别了"结果状态"和"结果样态"这两个概念,并指出结果样态在 LCS 中作为谓词 BE 的下位指定标记,如例(12)的 LCS 所示。而结果状态则标记为 AT-z 的 z,作为常元进行词汇意思上的指定。[①] 具体如下文例(14)所示。

(14)a. 砕く:[ ]x CONTROL[[ ]y BECOME[[ ]y BE AT-[SMALL PIECES]]]

　　b. 乾く:[ ]y BECOME [[ ]y BE AT-[NOT [WET]]]

　　c. 染める:[ ]x CONTROL [[ ]y BECOME [[ ]y BE AT-[COL-ORED]]]

(影山太郎 1996:217)

在例(14)中,x,y 均为变元,z 为常元,且标记了 y 发生变化后的结果状态。以(14a)为例,x 可以为任何表示"弄碎"这一动作施事的名词,y 则可以是任何表示"弄碎"这一动作客事的名词,而 z 必须标记为 SMALL PIECES。换言之,无论是"谁"对"什么"施加了"弄碎"的动作,但最终导致客事变化的结果只能是"碎成小块儿"的状态。

5.1.3　谓词 BECOME 与 MOVE

静止状态包括物理上的存在和抽象的状态,那么变化也同样包含物理上的位置变化和抽象的状态变化。LCS 中较为常见的表示变化的概念谓词有 BECOME 和 MOVE 两种形式。[②] 下面,先来看谓词 BECOME。

BECOME 可以用来表示状态变化或位置变化。如在上述例(10)的表示

---

① 词汇概念结构中包括变元(variable)和常元(constant)。一般 x,y 为变元,z 为常元。

② Jackendoff(1990)使用谓词 INCH(= inchoative)和 GO 分别表示起动体和继续体。Jackendoff 使用的谓词分别对应影山太郎(1996)以及本文中使用的 BECOME 和 MOVE。INCH 相当于 BECOME,而 GO 相当于 MOVE。

静止状态的 LCS 中导入 BECOME,形成如例(15)所示的 LCS,表示"发生某种状态或位置上的变化"。例(16)中的两句可以分别表述为(15a,b)。其中,(16a)表示太郎"生病了"的状态变化,其 LCS 可表述为例(15a);例(16b)表示树木自身所有从"没发芽"的状态到"发芽"的状态变化,其 LCS 可表述为例(15b)。

(15)a. [y BECOME [y BE AT-z]]

　　b. [z_i BECOME [z_i BE [WITH [y BE AT-z_i]]]]

(16)a. 太郎が病気になる。

　　b. 木が芽を吹く。

另外,关于谓词 BECOME 为一元动词还是二元动词,前人研究中也存在争议。Dowty(1979)、Jackendoff(1990)等将表示"起动"的 BECOME 作为一元动词,而金水敏(1994)、影山太郎(1996)等则认为 BECOME 既可作为一元动词,也可作为二元动词。即,在表示新事物的"出现、产生""生产、创造"等意思的动词 LCS 中,BECOME 一般作一元动词使用;而在表示既有的事物从原来的状态变化为新状态的动词 LCS 中,BECOME 则作为二元动词使用。如下文例(17)所示。

(17)a. おでこにニキビができる。(额头长痘痘。)

　　　[$_{EVENT}$ BECOME [$_{STATE}$ y BE AT-z]]

　　b. 魚が腐る。(鱼坏了。)

　　　[$_{EVENT}$ y BECOME [$_{STATE}$ y BE AT-z]]

(17a)中的"ニキビ(痘痘)"为新出现的事物,并非对既有事物发生变化的表述,因此(17a)的 LCS 中 BECOME 为一元动词,前面不带主语;而(17b)中的"魚(鱼)"为既有事物,句子表示"鱼腐烂了"的状态变化,BECOME 的主语 y 为名词"鱼",此时 BECOME 作二元动词使用。

接下来再看谓词 MOVE。MOVE 和 BECOME 都可以表示变化,但两者之间存在区别。影山太郎(1999)指出,MOVE 为表示连续过程的持续体,表示渐进式的移动或状态变化;而 BECOME 为表示瞬间状态变化的起动体,表示瞬间的位置变化或状态变化。① 而且,MOVE 因其持续性,移动样态可作为下位指定在 LCS 中标记;而 BECOME 因其瞬间性,不存在下位指定。其 LCS 可分别表述如下。

(18) a. BECOME [[　]y BE AT- [　]z]

b. [　]y MOVE [$_{Route}$ p_1<p_2<...]

(影山太郎 1999:255)

5.1.4　小结

本节分别介绍了 ACT、BE、BECOME 等 LCS 中常见的概念谓词及其语义特征。利用这些谓词可以表示动词的不同事态,具体如下所示。

(19) a. 持续性活动:[x ACT (ON y)]

b. 静止状态·静止位置:[y BE AT-z]

c. 位置变化·状态变化:[(y) BECOME [y BE AT-z]]

(19a)的 LCS 表示持续性的活动,非作格动词和表示施事动作的及物动词的 LCS 可表述为(19a);(19b)的 LCS 表示物体处于某一静止的位置或静止

---

① 如影山太郎(1996)所述,BECOME 虽为起动体,但并非只限于表示瞬间性的事件。这里的"瞬间性"是指,转换为目标状态为瞬时完成,但发生变化的过程允许时间的幅度。如"スープが徐々に温まった(汤逐渐地热了)""魚が少しずつ焼けた(鱼一点点地烤好了)"所示,使用 BECOME 也可以表示上述渐进性的变化。但需要注意,这只意味着"变热""烤好"这样的状态变化在渐进地重复,并不意味着表示起动的 BECOME 转变为继续体。

的状态,状态动词的 LCS 可表述为(19b);(19c)的 LCS 表示物体经历的某种位置变化或状态变化,包含状态变化含义的非宾格动词的 LCS 可表述为(19c)。

但是,除上述动词之外,日语中还存在不少及物动词,它们既表示施事的动作,又表示客事的位置变化或状态变化,如"落とす""潰す"等。那么,这类及物动词的 LCS 该如何表述? 可以认为,这类及物动词的 LCS 同时包含了(19a)和(19c)两部分的事态,且表达"施事的动作引起客事的变化"这一意思,因此,(19a)与(19c)的事态之间为致使关系,使用谓词 CAUSE 连结。具体如下文例(20)所示。

(20) [x ACT ON y] CAUSE [y BECOME [y BE AT-z]]

下面,参照本节论述的概念谓词的语法特征及上述各类动词的 LCS,探讨结果复合动词的 LCS,以及 LCS1 与 LCS2 的合成规则。

5.2 结果复合动词的 LCS 合成规则

在结果复合动词中,V1 一般表示活动事态或原因事态,V2 表示结果事态,它们之间为因果关系。那么,在 LCS 中连结因果关系的概念谓词有哪些? 上文例(20)中提及了表示致使或因果关系的谓词 CAUSE,这一谓词的使用较为普遍。但除此之外,不少学者还使用 CONTROL,BY 等谓词来进行表达。本文认为,这三种谓词之间在使用上存在一定的区别,适用于不同的复合动词。为了更为准确地表述结果复合动词的 LCS,我们先来考察 CAUSE,CONTROL,BY 的使用情况,并明确它们在本书中的使用规则。

5.2.1　谓词 CAUSE、CONTROL 与 BY

首先,影山太郎(1996)对概念谓词 CAUSE 和 CONTROL 作了如下区别。

(21) a. The explosion broke the window.

　　　$[_{\text{Event}}$ explosion$]$ CAUSE $[_{\text{Event}}$ ・・・$]$

　　b. John broke the window.

　　　$[_{\text{Thing}}$ John$]$ CONTROL $[_{\text{Event}}$ ・・・$]$

(影山太郎 1996:200)

如(21a)所示,CAUSE 一般导入的域外论元为表示事件(Event)的主语,而 CONTROL 一般导入表示个体的名词作为域外论元。另外,影山太郎还利用 CAUSE 与 CONTROL 的这一区别来记述日语中[-e-]类词缀的致使化与[-as-, -os-]类词缀的致使化间的不同。具体如下所示。

(22) a. {彼は/雨が}傘を濡らした。

　　　(他/雨弄湿了雨伞。)

　　b. {大工さんが/ *彼の持ち家願望が}家を建てた。

　　　(木匠/ *他的持家愿望建了房子。)

(影山太郎 1996:196)

如例(22)所示,(22a)的"濡らす"为[-as-, -os-]类及物动词,其主语不仅可以是有意志的个体"他",也可是表示事件的名词"雨";而(22b)的"建てる"为[-e-]类及物动词,它的主语只能是有意志的施事,表示事件的名词"他的持家愿望"不能充当主语。因此,影山太郎认为,词缀[-as-, -os-]具有导入 CAUSE 的语法功能,CAUSE 的主语为 Event。与此相对,词缀[-e-]的及物动词,成为主语的动作主必须直接控制事态的发生,具有导入 CONTROL

149

的语法功能。两者的 LCS 分别如下所示。

(23) a. −as−、−os−:$[_{EVENT}$ x ACT] CAUSE $[_{EVENT}$ ···]

　　 b. −e−:x CONTROL $[_{EVENT}$ ···]

（影山太郎 1996:197）

以上介绍了谓词 CAUSE 与 CONTROL 之间的区别与联系。本章主要考察结果复合动词的 LCS 合成,而在结果复合动词中,V1 一般用来表示活动或原因事件,因此连结 LCS1 与 LCS2 之间谓词不太常用 CONTROL。

其次,再来看谓词 BY。除 CAUSE、CONTROL 之外,影山太郎、由本阳子(1997)、由本阳子(2005、2008)等还曾使用谓词 BY 来表述类似的因果关系。本书在第二章中论述过日语词汇型结果复合动词 V1 与 V2 之间的语义关系,由本阳子(2005、2008)提议了 V1、V2 间不同语义关系的几类结果复合动词的LCS 合成。

(24) a. 并列(例:泣き叫ぶ、忌み嫌う)

　　　　 LCS1+LCS2⇒[[LCS1]AND[LCS2]]

　　 b. 样态(例:持ち寄る、遊び暮らす)

　　　　 LCS1+LCS2⇒[[LCS2]WITH[LCS1]]

　　 c. 手段(例:押し倒す、吸い取る)

　　　　 LCS1+LCS2⇒[[LCS2]BY[LCS1]]

　　 d. 原因(例:待ちくたびれる、泣き疲れる)

　　　　 LCS1+LCS2⇒[[LCS2]FROM[LCS1]]

　　 e. 述补关系(例:書き落とす、聞き漏らす)

　　　　 LCS1+LCS2⇒$[_{LCS2}$[LCS1]]

在上述五种语义关系的复合动词中,(24c)(24d)为作为本书研究对象的结果复合动词。由本阳子分别使用BY、FROM 等谓词来表述LCS1 与LCS2 之

间的语义关系,并未使用 CAUSE。① 影山太郎、由本阳子(1997:75)以"子供
が目を泣き腫らす"为例,记述了复合动词的 LCS 合成过程,其中也使用了谓
词 BY 来表述 LCS1 与 LCS2 之间的关系。如下文例(25)所示。

(25) a. LCS1 + LCS2 ⇒ LCS2 BY LCS1

b. [x CRY] + [x' CAUSE [BECOME [y' BE [AT SWOLLEN]]]]
⇒ [[x CAUSE [BECOME [y BE [AT SWOLLEN]]]] BY [x
CRY]]

上述 LCS 表达了"V2 的结果事态'眼睛肿了'是由于 V1 的活动事态'孩
子哭'所导致"这一意思,影山、由本(1997)在 LCS 表述上通过谓词 BY 将活
动事态后置。那么,上述例(25)的 LCS 是否也可以表述为"LCS1 CAUSE
LCS2",也就是 V1 的活动事态直接引起 V2 的结果事态? 当 LCS1 所示的活动
事态[x CRY]与 LCS2 合成时,其嵌入 LCS2 的主语位置,合成为[[x CRY]
CAUSE [y BECOME [y BE [AT SWOLLEN]]]]。这种表述方式似乎也可以
说通,CAUSE 和 BY 两种表述方式在意思上并无太大区别,看似只是不同研究
者在使用倾向上的差别。影山太郎(1993,1996,1999)等也曾多次使用
CAUSE,但并未对 CAUSE 和 BY 在使用上的区别进行说明。

本书认为,CAUSE 和 BY 虽然都可表达因果关系,但仍然存在些许的差
异。如,使用 CAUSE 时,LCS1 在前、LCS2 在后,前后事态之间按照时间的先
后顺序进行记述,表达了一种较为直接的致使关系;而使用 BY 时,LCS2 在
前、LCS1 在后,并非按照事件发生的时间顺序进行记述,相比与 LCS1,更加凸
显 LCS2 的结果事态,表达了一种潜在的致使关系。由此,本书将 CAUSE 与
BY 的使用作如下区别:CAUSE 一般直接包含于 LCS2。换言之,V2 必须为包
含状态变化的及物动词,LCS2 表述为[x]CAUSE[y BECOME [y BE AT-z]],

---

① FORM 基本没有被推广使用,BY 虽有使用,但也并未区别于 CAUSE 使用。有些使用
上的个人倾向,较为混乱。

表示活动事态直接引起结果事态的变化,此时 LCS1 的活动事态[x ACT (ON y)]与 LCS2 的活动事态[x]进行整合,并对其进一步指定,从而形成[x ACT (ON y)]CAUSE[y BECOME [y BE AT-z]]的复合事态。① 与此相对,当 LCS2 中不含有 CAUSE,也就是 V2 为非宾格动词的结果复合动词。如"泣き疲れる",相比于"哭使自己累"这一直接致使的释义,理解为"哭,结果累了"或者"累了,是因为哭"更为自然。这类复合动词的 LCS1 为[x ACT];LCS2 为[x BECOME [x BE AT-z]],不包含 CAUSE,也不包含活动事态。两者之间的因果关系用谓词 BY 来表述。另外,这样的记述方式也便于体现"泣き疲れる"类与"押し倒す"类结果复合动词构成的事态类型的不同,详见第六章。总之,这种记述方式更加适用于凸显 V2 的结果事态,或者说利用 BY 将 V1 的活动事态后置的情况。

本小节论述了谓词 CAUSE、CONTROL、BY 之间的联系以及在使用上的区别,并将其应用于后文对结果复合动词 LCS 的表述。除上述谓词之外,在分析结果复合动词的 LCS 之前还应明确一个问题。依照本书在第三章所论述的结果复合动词的结合形式,日语中存在不少结果复合动词,它们的 V1 也为包含结果状态的及物动词,如"巻き付ける""崩れ落ちる"等。依刚才所述,V1 的活动事态与 V2 的活动事态整合,并对其进一步指定。那么,对于上述 V1 原本包含结果事态的复合动词来说,LCS1 的结果事态与 LCS2 的结果事态在概念结构中具体如何操作?下面对此进行考察。

5.2.2 结果样态与结果复合动词

影山太郎(1996:258)指出,日语中不存在一种状态变化与另一种状态变化之间由 CAUSE 连结所形成的复合事态。即, *[状态变化]CAUSE[状态变化]不成立。但日语中存在很多如"崩れ落ちる""巻き付ける"等复合动词,

---

① 依第三章所述,构成结果复合动词 V1 的动词具有特定的动作样态,为[+manner]属性;而构成 V2 的动词一般动作样态无指定,为[-manner]属性。因此,V1 与 V2 结合成复合动词时,V1 的动作样态成为复合动词整体的活动事态的动作样态。

这些复合动词的 V1、V2 单独使用时都包含状态变化的含义。依第三章所述，当"崩れる""巻く"等动词作为 V1 构成复合动词时，它们原本包含的结果性发生后退，复合动词整体只包含 V2 所示的状态变化。那么，这里的"结果性后退"具体是指怎样的操作？V1 原本包含的结果事态是否还参与到复合动词的 LCS 中？又是如何参与？对此，前人研究并未给出明确规定。本书认为，在"崩れ落ちる""巻き付ける"等结果复合动词中，V1 原本所示的结果状态，在构成复合动词时转化为修饰限定 V2 结果状态的"结果样态"，并在复合动词的 LCS 中作为 BE 的下位指定标记。下面对此进行详细论述。

依前所述，影山太郎（1996）最早提出了"结果样态"这一概念。它区别于"结果状态"，表示的并非客事最终的状态变化，而是表示客事在发生状态变化时所伴随的样态。如，"おじさんは髪にポマードをテカテカに塗っている"（大叔把发油油光锃亮地抹在头发上）一句中，客事"ポマード（发油）"发生位置变化，最终的结果状态为"髪に（在头发上）"。而"テカテカに（油光锃亮地）"表示的则为结果样态，意思是"发油油光锃亮地抹在头发上"，而并非"发油变光亮了"的结果变化之义。当然，影山太郎（1996）并未将"结果样态"这一概念应用于复合动词。下面来看结果复合动词中是否存在表示"结果样态"的成分。

（26）a. ビルが粉々に崩れる。

　　　b. ビルが地面に落ちる。

　　　c. ビルが地面に崩れ落ちる。

　　　d. *ビルが粉々に崩れ落ちる。

例（26）中，"崩れ落ちる"可以与"地面に"共用，但不能搭配"粉々に"使用。说明 V1 所示的结果状态并非复合动词整体的结果状态。同时，"崩れ落ちる"与"落ちる"虽都与"地面に"共用，表示"大楼塌落在地面"的结果状态。但，相比于"落ちる"，"崩れ落ちる"还进一步表明了"大楼伴随着七零八碎的状态塌落在地面上"的信息，而这一伴随的样态正是来自于 V1。"巻き付ける"亦是如此,如下文例(27)所示。

    (27) a. 蔓を棒に<u>付ける</u>。

         b. 蔓を棒に<u>巻き付ける</u>。

    相比于(27a)"付ける"这一单纯的位置变化,(27b)的"巻き付ける"还表达了"把藤曼卷曲着缠绕"的伴随样态,这一伴随的样态也同样来自 V1。尤其是当这类复合动词发生去致使化,派生为非宾格动词时,V1 的这种"结果样态"的作用更加明显。如,"<u>蔓が棒に巻き付く</u>"表示"藤蔓卷曲着缠绕在木棒上";"<u>板が積み重なる</u>"表示"木板一层层向上垒高"等。

    由此,本书认为,在"崩れ落ちる""巻き付ける"等结果复合动词中,V2 所示的结果状态 z_2 为复合动词整体的结果状态,V1 原本所示的结果状态 z_1 转换为结果样态,对 z_2 进行限定修饰。另外,影山太郎(1996:237)指出,"结果样态在 LCS 中可以作为 BE 的下位指定,用来修饰谓语 BE 的样态。"本书参照影山太郎的上述提议,认为当包含结果性的 V1 构成复合动词时,原本表示的"结果状态"转变为"结果样态",作为词汇概念结构中 BE 的下位指定,限定修饰客事 y 的结果状态。有关上述复合动词的 LCS 表述详见后文。

    另外,上述主张也可以从侧面证明"单一路径限制"对日语复合动词的适用性,并能更好地解释石井正彦(2007)提出的"结果性后退"这一概念。本书第三章在影山太郎(1999)、何志明(2010)、陈劼择(2010)等前人研究的基础上,重新考察了"单一路径限制"规则对日语复合动词构词的适用性。即,日语复合动词整体只包含一条变化路径,由 V2 所提供。而 V1 并不包含变化路径,即使原本包含结果性的动词,在构成复合动词时,其结果性发生后退,不再表示变化,也就是"结果性的后退"。石井正彦(2007)指出,原本表示[动作-结果]局面的动词在某种语言环境下其结果性会发生"后退",只表示施事动作的意思。石井将这种现象定义为"结果性后退",并指出复合动词的 V1 是发生结果性后退现象的语言环境之一。但是,具体而言,这里的"后退"一词究竟该如何解释,石井一文并未陈述。本书认为,上述 V1 的"结果状态"向

"结果样态"转变的这一操作,实际上就实现了石井所谓的 V1 的"结果性后退"。而且,V1 的结果性在复合动词中作为结果样态存在,不包含变化路径,在与表示结果变化的 V2 构成复合动词时,由 V2 提供唯一的变化路径,复合动词整体遵循"单一路径限制"。

5.2.3　LCS 的合成规则

前两节重点论述了连结结果复合动词 LCS1 和 LCS2 的谓词 CAUSE、CONTROL、BY 之间的区别,以及 LCS1 中包含的结果事态对复合动词 LCS 的参与形式。本节将在影山太郎(1996,1999)、由本阳子(2005,2008)等前人研究的基础上,结合上两节内容提出适用于结果复合动词的更为详细的 LCS 合成规则。另外,这一提案将重点关注 V1、V2 在复合动词形成过程中对 LCS 的意思参与,以明确 LCS1 与 LCS2 之间的融合形式。

当结果复合动词的 LCS1 与 LCS2 合成时,与其论元结构中的论元同指、整合相对应,同类型的概念结构之间也可进行融合。具体的合成规则如下。

(一)LCS1 的活动事态与 LCS2 的活动事态相融合。如果 LCS1 与 LCS2 中都包含活动事态,那么两者相融合。LCS1 的活动事态中动作样态有指定,而 LCS2 的活动样态中一般动作样态无指定。因此,两者融合时,前者对后者进行进一步指定,LCS1 的活动事态成为复合动词整体的活动事态;另外,如果 LCS2 中不包含活动事态,那么 LCS1 的活动事态直接表述为复合动词的活动事态。

(二)LCS1 的结果事态与 LCS2 的结果事态相融合。如果 LCS1 与 LCS2 中都包含结果事态,那么两者相融合。包含结果事态的 LCS1 在与 LCS2 合成为复合动词的 LCS 时,原本表达的结果状态转化为结果样态,作为复合动词 LCS 中 BE 的下位指定标记。而复合动词整体的结果状态由 LCS2 提供,记作 BE AT-z。另外,如果 LCS1 中不包含结果事态,那么 LCS2 的结果事态直接表述为复合动词的结果事态。

（三）在结果复合动词的 LCS 中，LCS1 与 LCS2 之间通过表示因果关系的谓词连结。当 LCS2 中包含 CAUSE 时，LCS1 的活动事态嵌入 CAUSE 的主语位置，构成[LCS1]CAUSE[LCS2]的复合事态；当 LCS2 中不包含 CAUSE 时，通过谓词 BY 将 LCS1 后置，构成[LCS2]BY[LCS1]的复合事态。

下面本书将结果复合动词分为 V1 为表示施事动作的及物动词或非作格动词、V1 为表示状态变化的非宾格动词、V1 为同时包含动作和状态变化含义的有对及物动词三种情况，对上述提议的 LCS 合成规则进行详细说明。

首先，当 V1 为表示施事动作的动词时，LCS1 表述为$[x_1 \text{ ACT}]$（非作格动词）或者$[x_1 \text{ ACT ON } y_1]$（及物动词）。遵循及物性和谐原则，且 V2 必须包含状态变化的意思，故 V2 为包含状态变化的有对及物动词，LCS2 表述为$[x_2]$ CAUSE$[y_2 \text{ BECOME}[y_2 \text{ BE AT-}z_2]]$。那么，当 LCS1 与 LCS2 合成为结果复合动词时，按照上述合成规则，LCS1 直接嵌入 LCS2 中 CAUSE 的主语位置，成为复合动词 LCS 中的活动事态。且 V1 所示的动作样态 manner 依然作为 ACT 的下位指定标记。具体如下所示。

(28) a. LCS2：$[x_2]$ CAUSE $[y_2 \text{ BECOME }[y_2 \text{ BE AT-}z_2]]$

          ↑

b. LCS1：$[x_1 \text{ ACT (ON } y_1)]$

c. LCS1+LCS2：$[x \text{ ACT (ON } y)]$ CAUSE $[y \text{ BECOME }[y \text{ BE AT-}z]]$

                |

          V1 manner

$(x_1 = x_2, y_1 = y_2)$

其次，当 V1 为表示状态变化的非宾格动词时，LCS1 表述为$[y_1 \text{ BECOME}[y_1 \text{ BE AT-}z_1]]$。遵循及物性和谐原则，V2 必须也为非宾格动词，LCS2 也表述为$[y_2 \text{ BECOME }[y_2 \text{ BE AT-}z_2]]$。那么，当 LCS1 与 LCS2 合成为结果复合动词时，两者的结果事态之间发生融合。LCS2 中的结果状态 z_2 作为复合动词 LCS 中的结果状态标记;而 LCS1 中的结果状态 z_1 转化为结果样态,作为复合动词 LCS 中 BE 的下位指定标记。具体如下所示。

(29)a. LCS1：$[y_1 \text{ BECOME } [y_1 \text{ BE AT-}z_1]]$

b. LCS2：$[y_2 \text{ BECOME } [y_2 \text{ BE AT-}z_2]]$

c. LCS1+LCS2：$[y \text{ BECOME } [y \text{ BE AT-}z_2]]$ 　（$y_1=y_2$）

$$\begin{array}{c} | \\ z_1 \end{array}$$

再次,当 V1 为同时包含动作和状态变化含义的及物动词时,LCS1 表述为 $[x_1 \text{ ACT ON } y_1] \text{ CAUSE}[y_1 \text{ BECOME}[y_1 \text{ BE AT-}z_1]]$。遵循及物性和谐原则,V2 应为及物动词或非作格动词,又因 V2 必须包含结果含义,故 V2 只能为有对及物动词,LCS2 表述为 $[x_2]\text{CAUSE}[y_2 \text{ BECOME}[y_2 \text{ BE AT-}z_2]]$。那么,当 LCS1 与 LCS2 合成为结果复合动词时,两者的活动事态与结果事态分别发生融合。LCS1 中的活动事态 $[x_1 \text{ ACT ON } y_1]$ 直接嵌入 LCS2 中 CAUSE 的主语位置,且 V1 所示的动作样态 manner 标记为 ACT 的下位指定;同时,LCS1 结果事态中的结果状态 z_1 作为结果样态标记为复合动词 LCS 中 BE 的下位指定。具体如下所示。

(30)a. LCS2：$[x_2] \text{ CAUSE } [y_2 \text{ BECOME } [y_2 \text{ BE AT-}z_2]]$

　　　　　　　　↑

b. LCS1：$[x_1 \text{ ACT ON } y_1]\text{CAUSE } [y_1 \text{ BECOME } [y_1 \text{ BE AT-}z_1]]$

c. LCS1+LCS2：$[x \text{ ACT ON } y] \text{ CAUSE } [y \text{ BECOME } [y \text{ BE AT-}z_2]]$

$$\begin{array}{cc} | & \qquad\qquad\qquad | \\ \text{V1 manner} & \qquad\qquad\qquad z_1 \end{array}$$

（$x_1=x_2$,$y_1=y_2$）

最后,除上述几种情况之外,日语中还存在"食べ飽きる"类的句法型结果复合动词。这类复合动词在论元结构中,V2 以 V1 所示的活动事态(Event)为域内论元。与其对应,本书认为在这类结果复合动词的 LCS 合成过程中,

LCS1 直接嵌入 LCS2 中的 Event 部分。具体如下所示。

(31) a. 　　　　　　　　　　　　　　　　　LCS1：[x ACT (ON y)]
　　　　　　　　　　　　　　　　　　　　　　　　　　↓
　　　b. LCS2：[x] EXPERIENCE [x BECOME [x BE AT-TIRED OF [φ]]]
　　　c. LCS1+LCS2：
　　　　[x] EXPERIENCE [x BECOME [x BE AT-TIRED OF[x ACT (ON y)]]]

综上,本节针对结果复合动词提出了更为详细的 LCS 合成规则,并按照不同的结合形式分类进行了论述。接下来,本书将按照上述合成规则,考察和分析日汉两语结果复合动词的 LCS 合成。

5.3　日语结果复合动词的 LCS 合成

为了明确词汇概念结构与论元结构间的对应关系,下面我们将再次以第四章列举的复合动词为例,对主语指向型和宾语指向型结果复合动词的 LCS 合成逐类进行考察。本节将重点考察日语结果复合动词的 LCS 合成。

5.3.1　日语主语指向型结果复合动词的 LCS

依前所述,本书将以下三类结果复合动词认定为主语指向型结果复合动词。

(32) a. 非作格动词+非宾格动词:泣き疲れる、遊びくたびれる
　　　b. 非作格动词+及物动词:泣き腫らす、泣き濡らす
　　　c. 及物动词+非宾格动词:食べ飽きる、履き慣れる

首先,对(32a)的结果复合动词的 LCS 合成过程进行分析。①

(33)太郎が泣き疲れる。

    a. LCS1：[x ACT]
             |
            CRY

    b. LCS2：[x EXP [x BECOME [x BE AT-TIRED]]]

    c. LCS1+LCS2：[x EXP [x BECOME [x BE AT-TIRED]]]BY [x ACT]
                                      |
                                    CRY

(34)太郎が待ちくたびれる。

    a. LCS1：[x ACT]
             |
            WAIT

    b. LCS2：[x EXP [x BECOME [x BE AT-TIRED]

    c. LCS1+LCS2：[x EXP [x BECOME [x BE AT-TIRED]]]BY [x ACT]
                                      |
                                    WAIT

上述"泣き疲れる""待ちくたびれる"类结果复合动词在论元整合提升过程中,V1 表示施事的域外论元与 V2 表示经事的域外论元发生整合后提升为复合动词的域外论元,按照相对右核心原则,复合动词最终的域外论元表示经事。与此对应,在复合动词的 LCS 中,LCS1 为[x ACT],且 V1 所示的动作样态作为 ACT 的下位指定,具体如(33a)(34a)所示。LCS2 的主语为经事,所以使用谓词 EXPERINCE,记述为[x EXP [x BECOME [x BE AT-TIRED]]],表示经事"太郎"经历"变累""变烦"等自身感觉的变化,具体如(33b)(34b)所示。那么,当 LCS1 与 LCS2 合成时,因为 EXPERINCE 的主语位置必须为表示经事的名词,LCS1 无法嵌入该位置,因此 LCS1 所示的活动事态发生背景化,作为导致 LCS2 结果事态的原因,按照上文提议的结果复合动词 LCS 合成

———

① 为了记述上的方便,以下 LCS 中出现的谓词 EXPERIENCE 简单记作 EXP。

规则,LCS1 通过谓词 BY 被后置,具体如(33c)(34c)所示。

其次,对(32b)的结果复合动词的 LCS 合成过程进行分析。下面以"泣き腫らす""泣き濡らす"为例。

(35)太郎が目を泣き腫らす。

 a. LCS1:[x ACT]
      |
     CRY

 b. LCS2:[x EXP [y BECOME [y BE AT-SWOLLEN]]] AND [y IS-A-PART-OF x]

 c. LCS1+LCS2:[x EXP [y BECOME [y BE AT-SWOLLEN]]]BY [x ACT] AND [y IS-A-PART-OF x]
    |
    CRY

(36)太郎が顔を泣き濡らす。

 a. LCS1:[x ACT]

 b. LCS2:[x EXP [y BECOME [y BE AT-WET]]] AND [y IS-A-PART-OF x]

 c. LCS1+LCS2:[x EXP [y BECOME [y BE AT-WET]]] BY [x ACT] AND [y IS-A-PART-OF x]
    |
    CRY

上述"泣き腫らす""泣き濡らす"型的复合动词,V1 只带有表示施事的域外论元,V2 分别带有表示经事的域外论元和表示客事的域内论元,且 V2 的域外与域内论元之间在语义上存在整体—部分的关系。复合动词整体的论元结构继承于 V2,为(Ex,<Th>)。再看上述复合动词的概念结构。如(35a)(36a)所示,LCS1 表述为[x ACT],包含一个表示施事的域外论元 x;如(35b)(36b)所示,LCS2 表述为[x EXP [y BECOME [y BE AT-z]]] AND [y IS-A-PART-OF x],包含 x,y 两个论元,x 为经事,且 x 与 y 之间为整体--部分的语

义关系,与论元结构完全对应。① 那么,当 LCS1 与 LCS2 合成时,与例(33)
(34)一样,LCS1 依然无法嵌入 LCS2 中 EXPERIENCE 的主语位置,所示的活
动事态通过谓词 BY 被后置,具体如(35c)(36c)所示。

　　最后,再来看(32c)型的 LCS 合成。下面以"食べ飽きる""履き慣れる"
为例。

(37)太郎がフランス料理を<u>食べ飽きる</u>。
　　a. LCS1：[x ACT ON y]
　　b. LCS2：[x EXP [x BECOME [x BE AT-TIRED OF [φ]]]]
　　c. LCS1+LCS2：[x EXP [x BECOME [x BE AT-TIRED OF [x ACT ON y]]]]
(38)花子がハイヒールを<u>履き慣れる</u>。
　　a. LCS1：[x ACT ON y]
　　b. LCS2：[x EXP [x BECOME [x BE AT-USED TO [φ]]]]
　　c. LCS1+LCS2：[x EXP [x BECOME [x BE AT-USED TO [x ACT ON y]]]]

　　上述"食べ飽きる""履き慣れる"等为句法型结果复合动词,论元结构记
作(Ex,<Ev>),表示作为域外论元的经事经历了"厌烦或习惯某个事件"的自
身感觉变化,且 V1 所示的事件一般作为 V2 的补语<Ev>。对照论元结构来看
上文例(37)、例(38)的 LCS 合成。V1"食べる""履く"的论元结构中具有域
外和域内两个论元,且域外论元为施事。而在(37a)(38a)的 LCS1 中,同样存
在 x,y 两个论元,且 x 为施事,使用谓词 ACT。与此相对,V2 的域外论元为经

---

　　① 上文例(25)为由本阳子・影山太郎(1997)所表述的"泣き腫らす"的 LCS。其中,由
本・影山将 LCS2 表述为[x CAUSE [BECOME [y BE [AT SWOLLEN]]]],使用了谓词
CAUSE。依照本书第四章所述,虽然 V2 的"腫らす"为及物动词,但在"太郎が目を泣き腫ら
す"一句中所表达的并非"有意识地将眼睛弄肿"的致使义,因此将其论元结构分析为(Ex,<Th
>)。与论元结构相对应,本文在上述例(35)的 LCS 表述中也不采用谓词 CAUSE,而是使用
EXPERIENCE,具体如(35b,c)所示。

事,在 LCS2 中使用谓词 EXPERIENCE,且包含自身的感觉变化 [x BECOME [x BE AT-TIRED OF [φ]]] 或 [x BECOME [x BE AT-USED TO [φ]]]。当 LCS1 与 LCS2 合成时,LCS1 所示的活动事件嵌入 LCS2 中[φ]的位置,形成 (37c)(38c)所示的概念结构。

综上,本节以日语中的主语指向型结果复合动词为对象,考察并记述了 LCS1 与 LCS2 的合成过程。复合动词的 LCS 的表述及合成都与论元结构相对应。另外,值得注意的是,在主语指向型结果复合动词中,V2 的域外论元均为经事,在 LCS 合成过程中,LCS1 的活动事态无法嵌入 LCS2 中谓词 EXPE-RIENCE 的主语位置,或由谓词 BY 将其后置于 LCS2,或嵌入 LCS2 的补语 [φ]位置。

5.3.2 日语宾语指向型结果复合动词的 LCS

下面来看宾语指向型结果复合动词的 LCS 合成。在此将以下三类日语结果复合动词认定为宾语指向型结果复合动词。

(39) a. 及物动词+及物动词:押し倒す、積み重ねる

    b. 非宾格动词+非宾格动词:折れ曲がる、崩れ落ちる

    c. 及物动词+非宾格动词:飲み潰れる、着膨れる

首先,考察(39a)结果复合动词的 LCS 合成。以"押し倒す""積み重ねる"为例。

(40) 太郎がその木を押し倒す。

    a. LCS1: [x ACT ON y]

                     |

              PUSH

    b. LCS2: [x] CAUSE [y BECOME [y BE AT-DOWN]]

　　c. LCS 1 + LCS 2：[x ACT ON y] CAUSE [y BECOME [y BE AT -
　　　　　　　　　　　　　|
　　　　　　　　　　　　PUSH

DOWN]]

(41)太郎が本を<u>積み重ねる</u>。

　　a. LCS1：[x ACT ON y] CAUSE [y BECOME [y BE AT-LOADED]]
　　　　　　　　　　|
　　　　　　　　　LOAD

　　b. LCS2：[x] CAUSE [y BECOME [y BE AT-PILED UP]]

　　c. LCS 1 + LCS 2：[x ACT ON y] CAUSE [y BECOME [y BE AT -
　　　　　　　　　　　　|　　　　　　　　　　　　　　　　　|
　　　　　　　　　　　LOAD　　　　　　　　　　　　　　LOADED

PILED UP]]

　　例(40)的"押し倒す"和例(41)的"積み重ねる"都是由及物动词与及物动词结合而来的复合动词,V1 与 V2 都带有域外和域内两个论元,论元结构均记作(Ag,<Th>)。虽然论元结构相同,但两者在 LCS 上存在差异,主要体现在 LCS1。"押し倒す"的 V1"押す"如(40a)所示,只表示施事的动作;而如(41a)所示,"積み重ねる"的 V1"積む"可同时表示施事的动作和客事的状态变化。当 LCS1 与 LCS2 合成时,(40a)的 LCS1 直接嵌入(40b)CAUSE 的主语部分,成为复合动词的活动事态,且 V1 所示的动作样态作为 ACT 的下位指定标记。再看(41a)的 LCS1 如何与 LCS2 合成。本来具有结果性的动词作为 V1 构成复合动词时,其原本的结果性发生后退,且原本所示的结果状态转化为结果样态,作为谓词 BE 的下位指定存在。因此,(41a)的 LCS1 与(41b)的 LCS2 合成,LCS1 的活动事件[x ACT ON y]嵌入 LCS2 的 CAUSE 主语位置,且所示的动作样态作为 ACT 的下位指定标记。而在复合动词整体的 LCS 中,结果状态 z 来自 LCS2 的 z_2"PILED UP",LCS1 的 z_1"LOADED"作为 BE 的下位指定,具体如(41c)所示。

　　其次,考察(39b)型结果复合动词的 LCS 合成。下面以"折れ曲がる""崩れ落ちる"为例。

(42) 針金が折れ曲がる。

    a. LCS1：[y BECOME [y BE AT- FLODED]]

    b. LCS2：[y BECOME [y BE AT- BENDED]]

    c. LCS1+LCS2：[y BECOME [y BE AT- BENDED]]

$$|$$

FLODED

(43) ビルが崩れ落ちる。

    a. LCS1：[y BECOME [y BE AT- CRUMBLED]]

    b. LCS2：[y BECOME [y BE AT- ON THE GROUND]]

    c. LCS1+LCS2：[y BECOME [y BE AT- ON THE GROUND]]

$$|$$

CRUMBLED

例(42)的"折れ曲がる"和例(43)的"崩れ落ちる"都是由非宾格动词与非宾格动词合成的复合动词。V1、V2 都只带有域内论元,复合动词整体的论元结构记作(<Th>)。那么,在与之对应的概念结构中,LCS1 和 LCS2 都只包含[y BECOME [y BE AT-z]]的结果事态,具体如(42a,b)(43a,b)所示。当 LCS1 与 LCS2 合成时,同样的 V1 原本所具有的结果性发生后退,LCS1 中的 z_1 转换为结果样态作为复合动词 LCS 中 BE 的下位指定,对复合动词所示的结果状态起到限定、修饰的作用,具体如(42c)(43c)所示。

最后,考察(39c)型结果复合动词的 LCS 合成。下面以"飲み潰れる""着膨れる"为例。

(44) 太郎が飲み潰れる。

    a. LCS1：[y BECOME [LIQUID BE AT-y′s MOUTH]]

    b. LCS2：[y BECOME [y BE AT-DRUNK]]

    c. LCS1+LCS2：[y BECOME [y BE AT-DRUNK]]

$$|$$

LIQUID BE AT- y′s MOUTH

(45)太郎が着膨れる。

　　a. LCS1：[y BECOME [CLOTHES BE AT-y′s BODY]]

　　b. LCS2：[y BECOME [y BE AT-BULGING]]

　　c. LCS1+LCS2：[y BECOME [y BE AT-BULGING]]
　　　　　　　　　　　　　　　　｜
　　　　　　　　　CLOTHES BE AT-y′s BODY

依第四章所述,例(44)的"飲み潰れる"和例(45)的"着膨れる"的论元结构都记作(　<Th>)。V1 虽单独使用时为及物动词,但在作为上述复合动词的 V1 时,相当于反身动词的用法,仅表示主语"太郎"所承受的"很多酒进入口中""很多衣服穿在身上"的状态变化,LCS1 分别如(44a)(45a)表述;当 LCS1 与 LCS2 合成时,LCS1 中的 z_1 转换为结果样态作为复合动词 LCS 中 BE 的下位指定,对复合动词所示的结果状态起到限定、修饰的作用,LCS2 中的结果状态 z_2 标记为复合动词整体的结果状态。具体如(44c)(45c)所示。

5.4　汉语结果复合动词的 LCS 合成

本节将考察汉语结果复合动词的 LCS 合成过程,依然按照主语指向型和宾语指向型两类举例进行分析,并明确论元结构与词汇概念结构之间的对应关系。下面,先来考察主语指向型结果复合动词。

5.4.1　汉语主语指向型结果复合动词的 LCS

汉语主语指向型结果复合动词分为以下四类,再次例举如下。

(46)a. 及物动词+及物动词:学会、听懂、下输

　　b. 及物动词+非宾格动词:吃腻、穿惯、听烦

    c.非作格动词+及物动词:玩忘、哭懂

    d.非作格动词+非宾格动词:跳烦、哭醒、哭累

首先,考察(46a)型结果复合动词的 LCS 合成。下面以"学会""听懂"为例。

(47)张三<u>学会</u>了英语。

    a. LCS1：[x ACT ON y]

               |

            LEARN

    b. LCS2：[x EXP [y BECOME [y BE AT- MASTERED]]]

    c. LCS1+LCS2：[x EXP [y BECOME [y BE AT- MASTERED]]] BY

    [x ACT ON y]

          |

        LEARN

(48)张三<u>听懂</u>了笑话。

    a. LCS1：[x ACT ON y]

               |

            LISTEN

    b. LCS2：[x EXP [y BECOME [y BE AT- UNDERSTOOD]]]

    c. LCS1+LCS2：[x EXP [y BECOME [y BE AT- UNDERSTOOD]]]

    BY [x ACT ON y]

             |

          LISTEN

例(47)的"学会"和例(48)的"听懂"都由及物动词与及物动词结合而来。V1、V2 在论元结构上都带有域外和域内两个论元。但 V1 的域外论元为施事,V2 的域外论元为经事,两者整合后提升为复合动词的域外论元,复合动词的域外论元与 V2 一致,也为经事。再看概念结构,如(47a)(48a)所示,LCS1 带有 x,y 两个论元,x 为施事,使用谓词 ACT;又如(47b)(48b)所示,

LCS2 也带有 x,y 两个论元,但 x 为经事,故使用谓词 EXPERIENCE。那么,当 LCS1 与 LCS2 结合时,LCS1 不能嵌入 LCS2 中 EXPERIENCE 的主语位置,由谓词 BY 将其后置,复合动词整体凸显 LCS2 的结果事态,具体如(47c)(48c)所示。

其次,考察(46b)型结果复合动词的 LCS 合成。下面以"吃腻""穿惯"为例。

(49)张三<u>吃腻</u>了法国菜。

    a. LCS1：[x ACT ON y]

    b. LCS2：[x EXP [x BECOME [x BE AT-TIRED OF [φ]]]]

    c. LCS1+LCS2：[x EXP [x BECOME [x BE AT-TIRED OF [x ACT ON y]]]]

(50)张三<u>穿惯</u>了高跟鞋。

    a. LCS1：[x ACT ON y]

    b. LCS2：[x EXP [x BECOME [x BE AT-USED TO [φ]]]]

    c. LCS1+LCS2：[x EXP [x BECOME [x BE AT-USED TO [x ACT ON y]]]]

依前所述,与日语中的"食べ飽きる""履き慣れる"等 V1 为 V2 补语的结果复合动词一样,汉语中的"吃腻""穿惯"等复合动词同样表示"主语厌烦或习惯某个事件",即 V1 所示的事件一般作为 V2 的补语<Ev>,复合动词的论元结构记作(Ex,<Ev>)。再看 LCS 合成,如(49a)(50a)所示,LCS1 中同样包含 x,y 两个论元,x 为施事,使用谓词 ACT;又如(49b)(50b)所示,因 V2 的域外论元为经事,故在 LCS2 中使用谓词 EXPERIENCE,且包含自身的感觉变化[x BECOME [x BE AT-TIRED OF [φ]]]或[x BECOME [x BE AT-USED TO [φ]]]。另外,在论元结构中,V1 的论元结构(Ag,<Th>)嵌入 V2 的<Ev>。与之对应,在 LCS 的合成过程中,LCS1 所示的活动事态也嵌入 LCS2 中的[φ]位置,形成(49c)(50c)所示的概念结构。

接下来,考察(46c)型结果复合动词的 LCS 合成。下面以"玩忘"为例。

(51)张三玩忘了自己的职责。

    a. LCS1:［x ACT］
                     |
              PLAY

    b. LCS2:［x EXP［y BECOME［y BE AT- FORGOTTRN］］］

    c. LCS1+LCS2:［x EXP［y BECOME［y BE AT- FORGOTTRN］］］
    BY［x ACT］
             |
       PLAY

例(51)的"玩忘"由非作格动词与及物动词合成而来。依前所述,V1 只带有表示施事的域外论元"张三",而 V2 带有表示经事的域外论元"张三"和表示客事的域内论元"自己的职责",两者整合提升后的论元结构为(Ex,<Th>)。那么,在对应的概念结构中,如(51a)所示,LCS1 包含 x 一个论元,为施事,使用谓词 ACT;又如(51b),LCS2 包含 x,y 两个论元,x 为经事,使用谓词 EXPERIENCE。当 LCS1 与 LCS2 合成时,LCS1 无法嵌入 LCS2 中 EX-PERIENCE 的主语位置,由谓词 BY 将其后置于 LCS2,复合动词整体凸显 LCS2 的结果事态。具体如(51c)所示。

除此之外,由非作格动词与非宾格动词结合而来的"哭肿""哭湿"等结果复合动词,虽然结合形式上不同于"玩忘"类型。但如第三章、第四章所述,在"张三哭肿了眼睛""张三哭湿了脸"的句子中,V2"肿""湿"为类似于及物动词的用法,分别带有域外论元"张三"和域内论元"眼睛""脸",但域外与域内论元之间必须为整体一部分关系,且域外论元为经事。故其论元结构与"玩忘"型复合动词一样,也为(Ex,<Th>)。而且,如下文例(52)、例(53)所示,其 LCS 的合成过程也与"玩忘"型复合动词一样。

(52)张三哭肿了眼睛。

  a. LCS1：$\begin{bmatrix} x\ ACT \end{bmatrix}$

       |

      CRY

  b. LCS2：[x EXP [y BECOME [y BE AT‐SWOLLEN]]] AND [y IS‐A‐PART‐OF x]

  c. LCS1+LCS2：[x EXP [y BECOME [y BE AT‐SWOLLEN]]] BY [x ACT] AND [y IS‐A‐PART‐OF x]

       |

      CRY

(53)张三哭湿了脸。

  a. LCS1：$\begin{bmatrix} x\ ACT \end{bmatrix}$

       |

      CRY

  b. LCS2：[x EXP [y BECOME [y BE AT‐WET]]] AND [y IS‐A‐PART‐OF x]

  c. LCS1+LCS2：[x EXP [y BECOME [y BE AT‐WET]]] BY [x ACT] AND [y IS‐A‐PART‐OF x]

       |

  CRY

  最后,考察(46d)型结果复合动词的 LCS 合成。下面以"跳烦""哭醒"为例。

(54)小丑跳烦了。

  a. LCS1：$\begin{bmatrix} x\ ACT \end{bmatrix}$

       |

      DANCE

  b. LCS2：[x EXP [x BECOME [x BE AT‐TIRED]]]

c. LCS1+LCS2：[x EXP [x BECOME [x BE AT-TIRED]]] BY [x ACT]

   |

DANCE

(55)孩子哭醒了。

a. LCS1：[x ACT]

     |

    CRY

b. LCS2：[x EXP [x BECOME [x BE AT-WAKED]]]

c. LCS1+LCS2：[x EXP [x BECOME [x BE AT-WAKED]]]BY [x ACT]

   |

CRY

"跳烦""哭累"等结果复合动词都由非作格动词与非宾格动词结合而来。V1 的域外论元为施事，V2 的域外论元为经事，两者整合后提升为复合动词的域外论元，复合动词的论元结构为(Ex)。与之对应，如例(54)(55)所示，LCS1 包含一个表示施事的论元 x，使用谓词 ACT；LCS2 包含一个表示经事的论元，使用谓词 EXPERINCE。当 LCS1 与 LCS2 合成时，LCS1 由谓词 BY 后置于 LCS2，复合动词凸显 LCS2 的结果事态。

5.4.2　汉语宾语指向型结果复合动词的 LCS

本节主要考察宾语指向型结果复合动词的 LCS 合成。在此将汉语宾语指向型结果复合动词分为以下三类。

(56)a. 及物动词+非宾格动词：推倒、洗掉、杀死

b. 非宾格动词+非宾格动词：醉倒、倒塌、饿死

c. 非作格动词+非宾格动词：坐坏、睡塌、哭走

首先,考察(56a)型结果复合动词的 LCS 合成。下面以"推倒""杀死"为例。

(57)张三推倒了那棵树。

 a. LCS1: [x ACT ON y]
     |
    PUSH

 b. LCS2: [y BECOME [y BE AT-DOWN]]

 c. LCS1+LCS2: [y BECOME [y BE AT-DOWN]] BY [x ACT ON y]
                  |
                PUSH

(58)张三杀死了李四。

 a. LCS1: [x ACT ON y]
     |
    KILL

 b. LCS2: [y BECOME [y BE AT-DEAD]]

 c. LCS1+LCS2: [y BECOME [y BE AT-DEAD]] BY [x ACT ON y]
                  |
                KILL

"推倒""杀死"等结果复合动词由及物动词与非宾格动词结合而来。依第四章所述,V1 的论元结构为(Ag,<Th>),V2 的论元结构为(<Th>),两者整合后提升,复合动词的论元结构为(Ag,<Th>)。与之对应,在概念结构中,LCS1 包含 x,y 两个论元,其中 x 为施事,使用谓词 ACT,V1 所示的动作样态作为 ACT 的下位指定,如(57a)(58a)所示;LCS2 只包含一个论元 y,表示客事的状态变化,如(57b)(58b)所示。当 LCS1 与 LCS2 合成时,LCS2 中不包含 CAUSE,按照上文提议的 LCS 合成规则,由谓词 BY 将 LCS1 的活动事态后置,形成如(57c)(58c)所示的概念结构。

其次,考察(56b)型结果复合动词的 LCS 合成。下面以"倒塌""饿死"为例。

(59) 大楼倒塌了。

    a. LCS1：［y BECOME ［y BE AT- FALLEN］］

    b. LCS2：［y BECOME ［y BE AT- CRUMBLED］］

    c. LCS1+LCS2：［y BECOME ［y BE AT- CRUMBLED］］

                                 |

                              FALLEN

(60) 张三饿死了。

    a. LCS1：［y BECOME ［y BE AT- HUNGRY］］

    b. LCS2：［y BECOME ［y BE AT- DEAD］］

    c. LCS1+LCS2：［y BECOME ［y BE AT- DEAD］］

                                 |

                              HUNGRY

"倒塌""饿死"都由非宾格动词与非宾格动词结合而来。V1、V2 都只带有域内一个论元,复合动词的论元结构为(<Th>)。与之对应,LCS1 和 LCS2 都只包含 y 一个论元,且都表示客事的状态变化。那么,当 LCS1 与 LCS2 合成时,按照本章提议的 LCS 合成规则,复合动词整体所示的结果状态由 LCS2 提供,如例(59)(60)所示,分别记作 CRUMBLED 和 DEAD。而 LCS1 中原本所示的结果状态 FALLEN 和 HUNGRY 则转化为结果样态,作为复合动词 LCS 中谓词 BE 的下位指定标记。

最后,考察(56c)型结果复合动词的 LCS 合成。下面以"坐坏""睡塌"为例。

(61) 张三坐坏了椅子。

    a. LCS1：［x ACT ON y］

                    |

                SIT

    b. LCS2：［y BECOME ［y BE AT-BROKEN］］

　　c. LCS1+LCS2：[y BECOME [y BE AT-BROKEN]] BY [x ACT ON y]
　　　　　　　　　　　　　　　　　　　　　　　　　　　　　|
　　　　　　　　　　　　　　　　　　　　　　　　　　　SIT

（62）张三<u>睡塌</u>了床。

　　a. LCS1：[x ACT ON y]
　　　　　　　　　|
　　　　　　　SLEEP

　　b. LCS2：[y BECOME [y BE AT-COLLAPSED]]

　　c. LCS1+LCS2：[y BECOME [y BE AT-COLLAPSED]] BY [x ACT ON y]
　　　　　　　　　　　　　　　　　　　　　　　　　　　　　　|
　　　　　　　　　　　　　　　　　　　　　　　　　　　SLEEP

　　"坐坏""睡塌"等结果复合动词虽然 V1 为非作格动词,但诸如"坐椅子"、"睡床"一样,其论元结构可表述为(Ag,<Th>)。V2 为非宾格动词,论元结构为(<Th>)。两者整合提升后的复合动词论元结构为(Ag,<Th>)。在与之对应的 LCS 中,如(61a)(62a)所示,LCS1 包含 x,y 两个论元,使用谓词ACT;又如(61b)(62b)所示,LCS2 包含一个论元 y,表述客事的状态变化。当 LCS1 与 LCS2 合成时,LCS2 中不包含 CAUSE,按照上文提议的 LCS 合成规则,由谓词 BY 将 LCS1 的活动事态后置,形成例(61c)(62c)结果复合动词的 LCS。

5.5　本章结语

　　本章考察了结果复合动词的词汇概念结构,提出了复合动词 LCS 合成的详细规则。

　　首先,在结果复合动词的 LCS 合成过程中,LCS1 与 LCS2 中的相同事态之间分别发生融合,即 LCS1 与 LCS2 的活动事态之间或结果事态之间融合。而且,复合动词整体的活动事态取决于 LCS1,复合动词整体的结果事态取决于 LCS2,即使 LCS1 中包含结果状态,复合动词整体的结果状态也由 LCS2 提供。这充分地体现了 LCS1、LCS2 对结果复合动词概念结构的不同参与作用。

其次,日汉两语中都存在一类只包含结果事态的结果复合动词。这类复合动词与由活动事态、结果事态复合而成的事态类型不同,它所表达的并非"动作—结果"的连锁概念。但也并非表示一种状态变化引起另一种状态变化。当这类复合动词的 LCS1 与 LCS2 合成时,LCS1 中原本的结果状态转变为结果样态,对 LCS2 的结果状态进行限定修饰,在复合动词的 LCS 中作为谓词 BE 的下位指定标记。

最后,除上述类型的结果复合动词之外,日汉两语中大部分结果复合动词都表达由活动事态和结果事态构成的复合事态。但是按照本章提议的 LCS 合成规则,连结活动事态和结果事态的谓词在不同类型的复合动词之间存在差异,有时使用 CAUSE,有时使用 BY。那么,由 CAUSE 连结的结果复合动词与由 BY 连结的结果复合动词之间,在所表达的事态类型上是否也存在差异?对此,本书将在第六章展开详细论述,考察并分析不同类型结果复合动词的事态类型,并探讨日汉两语之间的异同。

第六章　日汉结果复合动词的事态类型①

　　在日汉两语的结果复合动词中,除少数如"崩れ落ちる""倒塌"等由非宾格动词与非宾格动词构成的复合动词之外,大部分结果复合动词的概念结构中都包含了表示施事动作的活动事态和表示状态变化的结果事态,且两者之间通过表示因果关系的谓词 CAUSE 或 BY 连结。那么,由活动事态和结果事态合成的复合事态构成怎样的一种事态类型?

　　研究事态的结构和类型必须分析动词性成分的情状特征。Vendler (1967)把动词的事态类型分为四类,分别是状态动词(state)、活动动词(activity)、达成动词(achievement)和完结动词(accomplishment)。此后,Levin & Rappaport Hovav (1995)、Rappaport Hovav & Levin (1998)、影山(1993;1996)、影山和由本(1997)等学者的研究分别记述了这四类动词的语义概念结构。例(1)是影山和由本 (1997:6)的记述方式,其中(1a)表示状态、(1b)表示活动事态、(1c)表示达成事态,均为单一事态。而(1d)的完结事态由(1b)活动事态与(1c)达成事态通过 CAUSE 连结而成,可表达复合事态。

　　(1)a. $[_{\mathrm{STATE}}$ y BE-AT z] 　　　　　　　　　　　　　　(状态)

　　　　b. $[_{\mathrm{EVENT}}$ x ACT (ON y)] 　　　　　　　　　　　　(活动)

　　　　c. $[_{\mathrm{EVENT}}$ 　BECOME 　$[_{\mathrm{STATE}}$ 　y BE-AT z]] 　　(达成)

---

　　① 本章的部分内容曾以《汉日结果复合动词事态类型的对比考察与分析》为题发表于《外语教学与研究》(2019 年第 4 期)。

d. $[_{EVENT} \quad x\ ACT\ (ON\ y)]\ CAUSE\ [BECOME\ [_{STATE} \quad y\ BE\text{–}AT\ z]]$

（完结）

那么,日汉两语结果复合动词表达的复合事态是否为如(1d)所示的完结事态? 日汉两语之间是否存在共性? 另外,日汉结果复合动词的事态类型分别由什么因素决定? 本章将以日汉两语的结果复合动词为对象,围绕上述问题展开论述。6.1 节先对动词表达的事态类型及其特征进行概述;6.2 节主要考察和分析日语结果复合动词的事态类型;6.3 节主要考察和分析汉语结果复合动词的事态类型;6.4 节分析决定日汉两语结果复合动词事态类型的因素;6.5 节对本章内容进行总结,并明确日汉结果复合动词在表达的事态类型及决定因素上的共性与差异。

6.1　事态类型及其特征

6.1.1　动词的事态类型

Vendler(1967)从动词是否具有"持续性"(durative)、"反复性"(iterative)、"自然结束点"(natural end point)等几个角度,将英语动词分为状态动词(state)、活动动词(activity)、达成动词(achievement)和完结动词(accomplishment)四大类。具体如下所示。

(2)状态动词(如,know, believe, have, love)

　　a. Fred *knows* the girl.

　　b. Fred *believes* Terry will come tonight.

(3)活动动词　(如,walk, run, play, swim, push a car)

　　a. John *walked* for an hour.

　　　b. John *played* violin all night.

（4）达成动词　（如,find, spot, reach, die, arrive）

　　　a. Bill *found* his watch.

　　　b. Bill *won* the game.

（5）完结动词　（如,learn, kill, paint a picture, make a chair, build a

　　house ）

　　　a. Harry *painted* a picture yesterday.

　　　b. Harry *learned* French.

　　随后,Dowty(1979)等对 Vendler(1967)的分类进行了更为深入、细致的分析,提出了详细的句法、语义测试,从以下五个方面论证了上述四类动词之间的共性和个性。

　　第一,状态动词不同于其他三类动词,不存在进行时 be-ing 的形式。如下文例(6)所示,(6a)不成立。

（6）a. *John is *knowing* the fact.　　　　　　　　　　　（状态）

　　　b. John is *walking*.　　　　　　　　　　　　　　　（活动）

　　　c. John is *painting* a wall.　　　　　　　　　　　　（完结）

　　　d. John is *arriving* at the station.　　　　　　　　　（达成）

　　第二,活动动词和完结动词可以与表示持续性的时间状语 for an hour 搭配使用,而达成动词则不可。另一方面,完结动词、达成动词可以与表示完结性的时间状语 in an hour 搭配使用,而活动动词则不可。如下文例(7)、例(8)所示,(7c)(8a)均不成立。

（7）a. John *walked* for an hour.　　　　　　　　　　　（活动）

　　　b. John *painted a wall* for an hour.　　　　　　　　（完结）

　　　c. *John *arrived* at the station for an hour.　　　　　（达成）

(8) a. *John *walked* in an hour.　　　　　　　　　　　（活动）

　　b. John *painted a wall* in an hour.　　　　　　　　（完结）

　　c. John *arrived* at the station in an hour.　　　　　（达成）

第三,完结动词表达复合事态这一事实可以通过副词 almost 的解释进行证明。如下文例(9)所示。

(9) a. John almost *built* a house.　　　　　　　　　　（完结）

　　b. John almost *ran*.　　　　　　　　　　　　　　（活动）

　　c. John almost *arrived*.　　　　　　　　　　　　（达成）

(9a)存在两种解释,一种是"约翰已经开始建房子,但还没有完成",另一种是"约翰根本还没有建房子"。而(9b)(9c)的活动动词和达成动词与 almost 组句后,意思不发生歧义。这一比较也证明了完结动词包含动作和结果两方面意思,表达复合事态的特性。

第四,完结动词和活动动词的"非完成态悖论(imperfetive paradox)"也形成对比。活动动词的进行体 V-ing 理论上包含其完成态 V-ed,而完结动词并不包含。如例(10)所示。

(10) a. John is running. ⇒John has run.　　　　　　　（活动）

　　b. John is building a house. ⇏John has built a house.　（完结）

第五,活动动词和完结动词(V-ing)可以成为 finish 的宾语,而达成动词则不可。如例(11)所示。

(11) a. John finished *walking*.　　　　　　　　　　　（活动）

　　b. John finished painting a wall.　　　　　　　　　（完结）

　　c. *John finished *arriving* at the station.　　　　　（达成）

6.1.2 事态类型的语法特征

上文参考 Vendler(1967)、Dowty(1979)等研究,我们对四种不同事态类型的动词进行了概述。那么,这四类动词分别具有怎样的语法特征？它们之间又有何联系？本节将上述四类动词的语法特征总结如下。

(一)状态动词不同于其他三类动词,既不存在进行时 be-ing 的形式,也不能与表示终结性的时间状语 in an hour、表示持续性的时间状语 for an hour 搭配使用。(二)活动动词存在 V-ing 形式,表示动作进行。可与 for an hour 连用表示动作持续的时间,且可成为 finish 的宾语,说明其可以表示动作的持续;但不能与 in an hour 共用,说明动词本身不包含终结的意思。(三)达成动词也存在 V-ing 形式,但不表示动作的进行,而是结果状态的持续。不能与 for an hour 连用,也不能成为 finish 的宾语,说明动词本身不能表示动作持续;但可与 in an hour 共用,说明动词包含终结的意思。(四)完结动词兼具活动动词和达成动词的特性,V-ing 形式可表示动作进行,既可与 for an hour 共用,也可与 in an hour 共用,且可以成为 finish 的宾语,说明其本身包含动作的持续性和终结性。

另外,上述四类动词之间也存在共性。首先,活动动词与完结动词都可与 for an hour 连用,也都可成为 finish 的宾语。说明两者都能表达动作的持续。其次,完结动词与达成动词都可与 in an hour 连用,说明两者都能表达动作的终结。可见,完结动词在表示持续性这点上与活动动词存在共性,而在表示终结性上与达成动词存在共性。这也从侧面证明了完结事态由活动事态和达成事态复合而来。

下面参照 Vendler(1967:98-106),从持续性([±durative])和终结性([±telic])两个方面,将上述四类动词的语法特征进行归纳(见表6-1),并以此为基准考察日汉两语结果复合动词的事态类型。

表 6-1　Vendler 四类动词的语法特征

	持续性	终结性
状态	［-持续］	［-终结］
活动	［+持续］	［-终结］
达成	［-持续］	［+终结］
完结	［+持续］	［+终结］

6.2　日语结果复合动词的事态类型分析

6.2.1　表达完结事态的动结式

作为活动事态与结果事态构成的复合事态的代表,不能不提到英语的动结式。英语动结式一般被认为表达完结事态,如下文例(12-14)所示。

(12) a. *John *hammered* the metal in an hour.

　　 b. John *hammered* the metal *flat* in an hour.

(13) a. John is *hammering* the metal. ⇒ John has hammered the metal.

　　 b. John is *hammering* the metal *flat*. ⇏ John has hammered the metal flat.

(14) John almost *hammered* the metal *flat*.

　　 a. John hammered the metal, but the metal didn't become flat.

　　 b. John didn't hammer the metal from the beginning, and so the metal has not become flat.

动结式 John hammered the metal flat 由 John hammered the metal 这一活动

事态与 the metal flat 这一结果事态合成而来。首先,如例(12b)所示,与表达活动事态的 John hammered the metal 不同,动结式可以与 in an hour 共用,说明其具有终结性;又如例(13)所示,(13a)与(13b)都可以与进行体 V-ing 共用,表示动作的持续。其次,(13a)活动动词的进行体 V-ing 包含其完成态 John has hammered the metal,而(13b)的动结式并不包含,体现了其表达完结事态的特点。最后,再看例(14),动结式 John hammered the metal flat 与 almost 共用时存在两种解释:(14a)为对活动事态的否定,(14b)为对结果事态的否定。这说明动结式包含了动作和结果两方面的意思。从以上语法测试可知,上述的英语动结式具有[+持续][+终结]的语法特征,表达完结事态。

那么,同样由活动事态和结果事态合成的日汉两语的结果复合动词是否也与英语动结式一样表达完结事态? 下面,我们先来考察日语结果复合动词的事态类型。

6.2.2　作为考察对象的日语结果复合动词

依前所述,本书将日语结果复合动词分为主语指向型和宾语指向型两大类,主要考察了以下六种类型的日语结果复合动词。

(15)a. 泣き疲れる、待ちくたびれる

　　b. 泣き腫らす、泣き濡らす

　　c. 食べ飽きる、履き慣れる

　　d. 押し倒す、洗い落とす

　　e. 飲み潰れる、着膨れる

　　f. 折れ曲がる、崩れ落ちる

(15a-c)为主语指向型结果复合动词,(15d-e)为宾语指向型结果复合动词。另外,除了(15f)的由非宾格动词与非宾格动词构成的结果复合动词,其他复合动词均表示由活动事态的 V1 与表示结果事态的 V2 通过某种方式合

成而来的复合事态。那么,这些复合事态是否为如例(1d)所示的完结事态?下面先以例(15a-e)中的结果复合动词为对象逐类进行考察,最后再来看(15f)型复合动词的事态类型。

6.2.3　日语结果复合动词的事态类型

本节通过考察(15a-e)的日语结果复合动词与"Vテイル""1时间で/1ヶ月で"(in an hour/in a month)、"1时间/1ヶ月"(for an hour/for a month)以及表示终结性的"V终える"(finish~)等的共用情况,分析各类复合动词所表达的事态类型。

首先,考察日语结果复合动词与"テイル"的共用情况。日语的"Vテイル"形式相比于与英语的"V-ing"更为复杂,不同动词的"テイル"形式所表达的语法意义并不相同。因此,在考察日语结果复合动词与"テイル"的共用情况时,不仅要考察是否能与其共用,更应该注意复合动词在与"テイル"共用时所表达的语法意义。金田一春彦(1950;1973)从体(aspect)的角度出发将日语动词分为"状态动词""持续动词""瞬间动词"和"第四类动词"四大类。金田一指出上述四类动词中"状态动词"不存在"~テイル"形式,其他三类虽然都存在"~テイル"形式,但表达不同语法意义。具体如下文例(16)所示。

(16)a. *太郎は今教室に<u>いている</u>。
　　 b. 太郎は今<u>走っている</u>。
　　 c. 太郎が<u>死んでいる</u>。
　　 d. 太郎はお父さんによく<u>似ている</u>。

(16a)的"いる(在)"为状态动词,表示"太郎在教室里"的状态,不存在"テイル"形式;(16b)的"走る(跑)"为持续动词,"走っている"表示"太郎跑"的动作正在持续进行;(16c)的"死ぬ(死)"为瞬间动词,"死んでいる"表示"太郎已经死了"这一变化结果的持续;(16d)的"似る(像)"被归为第四类

动词,这类动词在性质上类似于形容词,"似ている"表示"太郎很像父亲"的一种单纯状态。

那么,下面我们来考察一下日语结果复合动词的"テイル"形式所表达的语法意义。具体如下文例(17)所示。

(17) a. 太郎は<u>泣き疲れている</u>。

　　　b. 太郎は目を<u>泣き腫らしている</u>。

　　　c. 太郎はパンを<u>食べ飽きている</u>。

　　　d. 太郎はその木を<u>押し倒している</u>。

　　　e. 太郎は<u>飲み潰れている</u>。

例(17)分别列举了(15a-e)型结果复合动词的テイル形式。上述结果复合动词都存在"テイル"形式,说明它们都不表达状态。但不同复合动词的テイル形式也表达着不同的语法意义。如(17a)的"泣き疲れている"表示"太郎哭累了"的结果状态的持续;(17b)的"泣き腫らしている"表示"眼睛哭肿了"的结果状态的持续;(17c)的"食べ飽きている"表示"厌倦了吃面包"这一结果状态的持续;(17d)的"押し倒している"表示"太郎正在或者反复尝试把树推倒"的动作的持续;(17e)的"飲み潰れている"表示"太郎喝趴下了"这一状态结果的持续。由此可见,除(17d)的"押し倒す"表示动作的持续之外,其他复合动词均表示结果状态的持续。

其次,考察结果复合动词与"1 時間で/1ヶ月で"等时间副词的共用情况。① 日语的"1 時間で/1ヶ月で"相当于英语的 in an hour/in a month,表示至事态终点的时间。也就是说,如果动词可以与"1 時間で/1ヶ月で"共用,那就意味着该动词包含结果性。反之,不包含结果性的动词无法与上述时间副词共用。具体如下文例(18)所示。

---

① 根据例句的具体语境,使用"1 時間で"或"1ヶ月で"。如例(18c)使用"1 時間で"的话,句子则显得不自然。

(18) a. 太郎は1時間で<u>泣き疲れた</u>。

　　b. 太郎は1時間で目を<u>泣き腫らした</u>。

　　c. 太郎は1ヶ月でパンを<u>食べ飽きた</u>。

　　d. 太郎は1時間でその木を<u>押し倒した</u>。

　　e. 太郎は1時間で<u>飲み潰れた</u>。

　　例(18)分别列举了(15a–e)型结果复合动词与"1時間で/1ヶ月で"的共用情况。上述结果复合动词都可以与时间副词"1時間で/1ヶ月で"共用,分别表示到"太郎累了""眼睛肿了""太郎腻了""树倒了""太郎趴下了"等状态变化结果的出现历时了1个小时或者1个月的时间。由此可见,上述结果复合动词本身都具有终结性。

　　接下来,考察结果复合动词与"1時間/1ヶ月"等时间副词的共用情况。日语的"1時間/1ヶ月"相当于英语的 for an hour/for a month,一般表示动作或状态持续的时间。因此,一般来说不带有持续性的瞬间动词无法与之搭配使用,如"＊あの人が1時間死んだ(＊那个人一个小时死了)"。下面考察各类结果复合动词与之共用的情况,如例(19)所示。

(19) a. ＊太郎は1時間<u>泣き疲れた</u>。

　　b. ＊太郎は1時間目を<u>泣き腫らした</u>。

　　c. ＊太郎は1ヶ月パンを<u>食べ飽きた</u>。

　　d. 太郎は1時間その木を<u>押し倒した</u>。

　　e. ＊太郎は1時間<u>飲み潰れた</u>。

　　例(19)分别列举了(15a–e)型结果复合动词与"1時間/1ヶ月"的共用情况。除了(19d)的"押し倒す",其他类型的复合动词都不能与"1時間/1ヶ月"共用。(19d)表示"(尝试)推倒那棵树"的动作持续了1个小时。而其他复合动词不能与"1時間/1ヶ月"共用,说明这些复合动词为不具有持续性的瞬间动词。

最后,考察结果复合动词与"V 終える"的共用情况。日语的"V 終える"可前接活动性动词,表示动作的结束。一般来说,不能表示动作过程的瞬间动词无法前接于"終える"。下面举例考察各类复合动词的共用情况,具体如例(20)所示。

(20)a. *太郎は泣き疲れ終えた。

　　b. *太郎は目を泣き腫らし終えた。

　　c. *太郎はパンを食べ飽き終えた。

　　d. 太郎はその木を押し倒し終えた。

　　e. *太郎は飲み潰れ終えた。

例(20)分别列举了(15a-e)型结果复合动词是否能后接"終える"的情况。与上述"1 時間/1ヶ月"共用的语法测试一样,只有(20d)的"押し倒す"可以后接"終える",表示"(尝试)推倒那棵树"的动作已经结束。而其他复合动词无法后接"終える",也说明了它们为不能表示持续动作的瞬间动词。

通过上述四项语法测试可知,"押し倒す"类复合动词与其他几类明显存在语法性质上的差异。"押し倒す"既可以与时间副词"1 時間"共用表示动作持续的时间,也可以后接"終える"表示动作的结束,且它的"テイル"形式表示动作正在进行,这些都说明"押し倒す"具有动作的持续性;另一方面,"押し倒す"还可以与"1 時間で"共用,表示到变化结果出现所历时的时间,表明其具有终结性。因此,"押し倒す"的语法属性可记为[+持续][+终结],表示"完结事态"(参照上表 6-1),与英语动结式 hammer~flat 表示同一事态类型。但与之相对,其他几类结果复合动词都不能与"1 時間"共用,也不能后接"終える",且"テイル"形式不表示动作的进行,可见这些复合动词不具有持续性;但它们都可以与"1 時間で"等时间副词共用,表示到变化结果出现所历时的时间,说明它们具有终结性。因此,它们的语法属性可记为[-持续][+终结],表示"达成事态"(参照上表 6-1),不同于上述英语动结式所表达的事态类型。

综上所述,日语结果复合动词表达的事态类型并不完全等同于英语动结式。在日语结果复合动词中,既存在表示完结事态的复合动词,也存在表示达成事态的复合动词。另外,从复合动词的不同类型来看,主语指向型的复合动词都表示达成事态,宾语指向型的复合动词中同时存在完结事态和达成事态的类型,主语指向型与宾语指向型之间未见明显不同的倾向。再者,从词汇型与句法型复合动词的分类来看,(15c)的"食べ飽きる"为句法型复合动词,表示达成事态。除此之外的复合动词均为词汇型,不过依然同时存在完结事态和达成事态的两种类型,也未体现出明显差异。那么,日语结果复合动词的事态类型究竟由什么因素决定? 本章在6.4节将就此展开进一步探讨。下面,先来考察汉语结果复合动词的事态类型,并对比分析两语结果复合动词在表达事态类型上的共性与差异。

6.3 汉语结果复合动词的事态类型分析

英语的动结式表达完结事态,与之相对,日语的结果复合动词中既存在表示完结事态的复合动词,也存在表示达成事态的复合动词。那么,同样由活动事态与结果事态合成的汉语结果复合动词表达怎样的事态类型?

6.3.1 前人研究及问题

首先,有关汉语中是否存在表达完结事态的动词,前人研究的观点存在很大分歧。对照 Vendler 提出的四类动词,戴浩一(1984)、邓守信(1985)、陈平(1988)、戴耀晶(1995)、顾阳(1999)等对汉语动词性成分的事态类型展开了分析。其中,戴浩一最早将 Vendler 的分类法引入汉语动词中。戴文认为,汉语的单音节动词只能表达活动事态和状态,不具有完结义,只有构成结果复合动词才开始具有完结义。但同时,戴文又指出,虽然汉语结果复合动词具有完结义,但汉语中不存在表示达成体和完结体的动词,只存在结果体(resulative aspect)。① 具体如下文例(21)、例(22)所示。

(21)a. *我在学会中文。

　　b. *我在杀死张三。

(22)a. John didn't *learn* Chinese.

　　b. 张三没学会中文。

如例(21)所示,复合动词"学会""杀死"不能以进行体的形式出现,说明它们不具有持续性。再看例(22)。(22a)的否定包含两种意思,一种是对"学"这一动作的否定,即"还没开始学中文";另一种是对结果的否定,即"学了中文,但没有会"。与此相对,在例(22b)中,否定词"没"只对"学会"的结果进行否定,不包含动作否定的释义。据此,戴浩一(1984)针对汉语结果复合动词提出了"结果体"这一概念。

对于戴文的结论,邓守信(1985)、顾阳(1999)等都提出了质疑。邓守信(1985)基本同意 Vendler 提出的四类情状,但不同意汉语中没有完结体的说法,他将"学会"等结果复合动词归为完结体。顾阳(1999:209)也指出,"由于汉语结果复合动词不能用进行体而将完结体从汉语体貌系统中完全剔除出去,恐怕是不妥当的"。她认为,汉语结果复合动词由表示行动/过程的词素与表示结果的词素构成,表达"完结体",但由于体貌无法将视点仅落在一个词素上,即无法只表现活动或过程部分,所以汉语结果复合动词无法使用进行体。同样赞成汉语存在完结体的还有戴耀晶。戴耀晶(1995)认为汉语存在静态、活动、完结和达成四种情状类型。尤其是有关完结体和达成体,戴耀晶

---

① 戴浩一(1984)认为,汉语的单音节动词只能是活动动词或状态动词,"杀死"的"死"不是达成动词,只表示结果。戴文主张的依据是,"死"不能单独使用,必须要与表示完结的"了"连用。但下例表明,"死"和其他可以成为结果复合动词后项的单音节动词,即使不与"了"连用也可以表示瞬间的状态变化。因此,与戴文的观点不同,本文认为"死"等构成结果复合动词 V2 的动词为达成动词。

(i)即使死,我也不后悔。

(ii)他电脑一坏,就扔。

(1995:174)指出,"完结句子情状表明一个动作,同时规定该动作有一个内在的终结点;达成句子情状表明一种变化,该变化或者是瞬间达到的,或者是某种活动造成的结果"。但值得注意的是,戴耀晶将邓守信(1985)归为完结体的结果复合动词"学会"归到了达成体。可见,有关结果复合动词的事态类型还有待进一步考察。陈平(1988)与上述研究稍有不同,他将汉语句子的事态结构划分为"状态""活动""结束""复变""单变"五种类型,提出了不同于Vendler分类的"复变""单变"等情状。陈平(1988:411)指出,"从语义结构上来看,复变情状由一个动作同指示该动作结果的行为或状态结合而成。……作为动作,复变情状可以处于进行状态之中,但是动作一旦开始,便朝着它的终点演进,以某个明确的情状变化作为动作必然结果。"但是,通过考察可以发现,陈平分类的"复变情状"(如"校正""清除"等)实际上具备了Vendler"完结动词"的语法特征;归类于"单变情状"的动补结构(如"推倒""学会"等)实则具备"达成动词"的语法特征。

纵观上述前人研究,可以发现有关结果复合动词的事态类型存在不同的判定标准。如"学会"一词,邓守信将其归类于"完结体",戴耀晶将其归为"达成体",陈平则将其称为"单变体"等。这主要是因为前人研究都是将这些动词作为一个整体来考察,并未针对结果复合动词这类复合事态进行细致全面的语法测试,结论仍有待进一步考证。下面,按照本书第二章中主语指向型和宾语指向型的分类,逐类考察汉语结果复合动词的事态类型。

6.3.2 汉语结果复合动词的事态类型考察

本书将汉语结果复合动词分为主语指向型和宾语指向型两大类,并将以下六种类型的汉语结果复合动词作为主要考察对象。

(23)a. 学会、听懂
  b. 吃腻、穿惯
  c. 玩忘、哭懂

    d. 跳烦、哭醒

    e. 推倒、敲平

    f. 倒塌、饿死

（23a-d）为主语指向型结果复合动词，（23e,f）为宾语指向型结果复合动词。其中，（23f）的复合动词由非宾格动词与非宾格动词结合而成，LCS 中不包含活动事态。除此之外的复合动词，都由表示活动事态的 V1 与表示结果事态的 V2 合成而来。依照上文日语结果复合动词的考察结果，活动事态与结果事态构成的复合事态未必都为完结事态，也有达成事态的可能。下面，主要考察（23a-e）类型的汉语结果复合动词的事态类型，并明确与日语结果复合动词所示事态类型间的差异。

同样参照 Dowty（1979）的句法测试，考察汉语结果复合动词与"（正）在~"、前置时间状语、后置时间状语以及表示终结性的"~完"的共用情况，分析其事态类型。其中，汉语中的前置时间词表示至事件终点的时间，相当于英语"in+时间段"的表达。而后置时间词一般表示动作或状态持续的时间，相当于英语的"for+时间段"。"~完"只能附加在活动动词之后，表示某个动作过程的结束。

首先，考察汉语结果复合动词与"（正）在"的共用情况。

（24）a. *张三（正）在学会中文。

    b. *张三（正）在吃腻法国菜。

    c. *张三（正）在玩忘他的职责。

    d. *张三（正）在哭醒。

    e. *张三（正）在推倒那棵树。

例（24）分别列举了（23a-e）的复合动词与"（正）在"的共用情况。一般来说，在汉语中，"（正）在+动词"表示动作正在进行，不能表示持续性动作的动词无法与其共用。如例（24）所示，所有的结果复合动词都不能与"在"共用,说明这些复合动词不具有动作的持续性。

其次,考察汉语结果复合动词与前置时间状语的共用情况。

(25)a. 张三一年(就)学会了中文。

　　b. 张三一个月(就)吃腻了法国菜。

　　c. 张三两天(就)玩忘了他的职责。

　　d. 张三十分钟(就)哭醒了。

　　e. 张三十分钟(就)推倒了那棵树。

例(25)分别列举了(23a-e)的结果复合动词与前置时间状态的共用情况。结果表明,上述复合动词都可以与前置时间状语共用。如(25a)表示"张三到学会中文只用了一年时间",(25b)表示"张三到吃腻了法国菜只用了一个月时间",(25c)表示"张三到忘了自己的职责仅用了两天时间",(25d)表示"到张三醒了,只过了十分钟的时间",(25e)表示"到那棵树被推倒,只用了十分钟的时间"。由此可见,上述结果复合动词与前置时间词共用,表示到状态变化的发生所经历的时间,说明上述结果复合动词都具有终结性。

接下来,考察汉语结果复合动词与后置时间状语的共用情况。

(26)a. 张三学会中文一年了。

　　b. 张三吃腻法国菜一个月了。

　　c. 张三玩忘他的职责两天了。

　　d. 张三哭醒十分钟了。

　　e. 张三推倒那棵树十分钟了。

例(26)分别列举了(23a-e)的结果复合动词与后置时间状语的共用情况。如上所示,上述结果复合动词均可与后置时间状语共用。如,(26a)表示"张三会了中文"的状态变化已经持续一年时间,(26b)表示"张三吃腻了法国菜"的状态变化已经持续了一个月时间,(26c)表示"张三忘了自己的职责"的状态变化已经持续两天时间,(26d)表示"张三醒了"的状态变化已经持续十分钟时间,(26e)表示"那棵树倒了"的状态变化已经持续十分钟时间。由此可见,上述结果复合动词与后置时间状语共用,表示复合动词所示状态变化的持续时间。这也说明,上述结果复合动词具有终结性。

最后,考察汉语结果复合动词与"～完"的共用情况。

(27) a. *张三学会完中文。

　　b. *张三吃腻完法国菜。

　　c. *张三玩忘完他的职责。

　　d. *张三哭醒完。

　　e. *张三推倒完那棵树。

例(27)分别列举了(23a-e)的结果复合动词与"～完"的共用情况。在汉语中,"V完"表示动作的结束,因此其前接的动词一般为表示持续性动作的动词,如"学完""吃完""玩完"等。但如上所示,上述结果复合动词都无法前接"完",说明它们本身不具备动作的持续性。

综上所述,(23a-e)的结果复合动词无法与表示动作进行的"在"共用,也无法后接表示动作结束的"完",说明它们不能表示持续的动作;但另一方面,(23a-e)的复合动词可以与前置时间状语、后置时间状语共用,分别表示"到状态变化所经历的时间""状态变化所持续的时间",这都说明它们包含完结的意思。因此,上述汉语结果复合动词具备的语法属性可标记为[-持续][+终结],表示"达成事态"(参照表6-1)。

对比可见,与英语动结式表达完结事态不同,日汉两语的结果复合动词虽然也由活动事态和结果事态复合而来,但都可表示达成事态。这也再次证明了,活动事态与结果事态构成的复合事态未必就是完结事态,也可能为达成事态。这与活动事态、结果事态在概念结构中的合成形式相关,后文将对此详细论述。但另一方面,在上节考察的日语结果复合动词中也存在"押し倒す"等表示完结事态的类型,而(23a-e)的汉语结果复合动词却都表示达成事态。

那么,汉语结果复合动词中是否也存在表示完结事态的复合动词? 本节在前人研究的概述中曾提到陈平(1988)有关汉语动词事态类型的分类。陈平在分类中提出了"单变情状"和"复变情状"的概念,表示"单变情状"动词有"推倒""学会"等,表示"复变情状"的动词有"校正""清除"等。但陈平对于上述两类复合动词的区别未作详细论述。另外,陈文中称作"复变情状"的动词实际上具备 Vendler "完结动词"的语法特征。本书认为,"校正""清除"类复合动词所表达的事态类型为完结事态,而且它们与上述例(23)中的结果复合动词属于不同类型,表达不同的事态类型。

6.3.3 表达完结事态的汉语结果复合动词

依第二章所述,与日语一样,汉语中同样存在词汇型结果复合动词和句法型结果复合动词。这两类复合动词在 V1 与 V2 的结合度、V1 的语义限制以及 V2 的造词能力等方面都存在差异。如下文例(28)所示,(28a)为词汇型结果复合动词,V1 和 V2 之间不可插入"得/不",如" *校得正"" *校不正"等;(28b)为句法型结果复合动词,V1 与 V2 之间可以插入"得/不",如"推得倒""推不倒"等。

(28)a. 校正、改良、清除、扩大、减少、增加……
　　b. 学会、吃腻、玩忘、哭醒、推倒、吃完、做好……

上节考察的例(23)中的结果复合动词都属于句法型结果复合动词,所表达的事态类型为达成事态。下面以"校正""清除"为例,同样通过例(24-27)中的四项语法测试来考察汉语词汇型复合动词的事态类型。具体如下所示。

(29)a. 张三(正)在校正稿件。
　　b. 张三(正)在清除垃圾。
(30)a. 张三一个小时(就)校正了稿件。

　　　　b. 张三一个小时(就)清除了垃圾。

(31) a. 张三<u>校正</u>稿件一个小时了。

　　　　b. 张三<u>清除</u>垃圾一个小时了。

(32) a. 张三<u>校正</u>完稿件了。

　　　　b. 张三<u>清除</u>完垃圾了。

　　"校正""清除"在例(29)中与"(正)在"连用,表示动作的持续进行;在例(30)中与前置时间词共用,表示花费一个小时的时间就完成了"稿件的校正""垃圾的清理";在例(31)中与后置时间词共用时,句子在释义上存在歧义:一种为"张三校稿的动作持续了一个小时""张三清理垃圾的动作持续了一个小时";另一种为"稿件校正好了的状态持续了一个小时""垃圾清除好了的状态持续了一个小时"。换言之,前者表示动作的持续,后者表示结果状态的持续。① 最后在例(32)中可后接结果补语"~完",表示动作的结束。由此可知,上述词汇型复合动词既可以表示动作的持续性,又包含完结的意思。其语法属性可标记为[+持续],[+终结],表示"完结事态"。

　　综上所述,汉语的句法型复合动词具有[−持续][+终结]的语义特征,表示"达成事态";与此相对,词汇型复合动词具有[+持续][+终结]的语义特征,表示"完结事态"。由此可见,汉语结果复合动词与日语一样,也同时存在表示"达成事态"和表示"完结事态"的复合动词。另外,日汉两语中的句法型结果复合动词都用来表示完结事态,这点可见共性。但另一方面,与汉语词汇型复合动词表示完结事态不同,日语的词汇型结果复合动词中既包含表示完结事态的类型,也有表示达成事态的类型。那么,日汉两语结果复合动词的事态类型究竟由何决定? 下节对此展开详细论述。

---

　　① 本书认为例(31)中,宾语的"稿件""垃圾"都可以有"有界"和"无界"两种解释。解释为"有界"时,后置时间词可表示"结果状态持续时间",解释为"无界"时,可表示"动作持续的时间"。

6.4 结果复合动词事态类型的决定因素

6.4.1 日语结果复合动词的事态类型与 V2

影山太郎(1993)指出,日语复合动词为"右核心"结构,其语法性质取决于位于右侧的后项动词。那么,日语复合动词整体的事态类型是否也由后项动词决定?下面,分别考察上文例(15a–e)中各类结果复合动词 V2 的事态类型。例(33–37)分别列举了复合动词"泣き疲れる""泣き腫らす""食べ飽きる""押し倒す""飲み潰れる"的 V2 与"テイル""一時間で""一時間""～終える"的共用情况。

(33) a. 太郎は<u>疲れている</u>。

　　 b. 太郎は(たった)1 時間で<u>疲れた</u>。

　　 c. *太郎は1 時間<u>疲れた</u>。

　　 d. *太郎は<u>疲れ終えた</u>。

(34) a. 太郎は目を<u>腫らしている</u>。

　　 b. 太郎は(たった)1 時間で目を<u>腫らした</u>。

　　 c. *太郎は1 時間目を<u>腫らした</u>。

　　 d. *太郎は目を<u>腫らし終えた</u>。

(35) a. 太郎はその仕事に<u>飽きている</u>。

　　 b. 太郎は(たった)1 ヶ月でその仕事に<u>飽きた</u>。

　　 c. *太郎はその仕事に1 ヶ月<u>飽きた</u>。

　　 d. *太郎はその仕事に<u>飽き終えた</u>。

(36) a. 太郎はその木を<u>倒している</u>。

　　 b. 太郎は1 時間でその木を<u>倒した</u>。

　　c. 太郎は1時間その木を<u>倒した</u>。

　　d. 太郎はその木を<u>倒し終えた</u>。

(37) a. 太郎は<u>潰れている</u>。

　　b. 太郎は(たった)1時間で<u>潰れた</u>。

　　c. *太郎は1時間<u>潰れた</u>。

　　d. *太郎は<u>潰れ終えた</u>。

　　通过例(33-37)的各类语法测试,我们可以判定作为 V2 的"疲れる""腫らす""飽きる""倒す""潰れる"所表示的事态类型。如例(33)所示,"疲れる"的"テイル"形式表示结果状态的持续,且它可与"一時間で"共用,说明它具有终结性。但它不能与"一時間"共用,也不能后接"終える",说明它不具有动作持续性。由此可以判定,"疲れる"表示达成事态,与结果复合动词"泣き疲れる"的事态类型一致。除此以外,例(34)的"腫らす"、例(35)的"飽きる"、例(37)的"潰れる"在各类语法测试中都与例(33)呈现相同的倾向,同样表示达成事态,分别与它们构成的结果复合动词表达相同的事态类型。再看例(36),"倒す"的"テイル"形式表示动作的进行,且它既可以与"一時間"共用,又可以后接"終える"表示动作的结束,都表明它具有动作的持续性。同时,"倒す"还可与"一時間で"共用,说明它具有终结性。"倒す"具有[+持续][+终结]的语法属性,表达完结事态,与复合动词"押し倒す"所示的事态类型一致。由此可见,上述结果复合动词整体所示的事态类型与 V2 的事态类型一致。具体归纳如下。

(38) a. 泣き疲れる(达成) = 泣く(活动) + 疲れる(达成)

　　b. 泣き腫らす(达成) = 泣く(活动) + 腫らす(达成)

　　c. 食べ飽きる(达成) = 食べる(活动) + 飽きる(达成)

　　d. 押し倒す(完结) = 押す(活动) + 倒す(完结)

　　e. 飲み潰れる(达成) = 飲む(活动) + 潰れる(达成)

综上所述,日语结果复合动词的事态类型与 V2 一致,由 V2 决定,这也从侧面证明了日语复合动词的右核心原则。另一方面,上述结果复合动词的概念结构中都包含 V1 所示的活动事态。但是,在表示达成事态的复合动词中,V1 所示的活动事态似乎并不起作用。那么,这部分活动事态如何参与到结果复合动词的词汇概念结构中?本书认为,当结果复合动词表示达成事态时,活动事态在整个复合事态中发生背景化。

6.4.2 活动事态的背景化

依第五章所述,"押し倒す"与"泣き疲れる"等其他几种类型的结果复合动词在 LCS 表述上存在差异。

首先,在"押し倒す"类复合动词中,V1 用来表示施事的动作,同时也是引起 V2 状态变化的手段,其 LCS 表述为 [x ACT ON y]。V2 为表示客事状态变化的及物动词,其 LCS 表述为 [x]CAUSE[y BECOME [y BE AT-z]]。两者结合而成的复合动词可表述如下。

(39) a. LCS2:[x]CAUSE[y BECOME [y BE AT-z]]　　完结事态
　　↑LCS1:[x ACT (ON y)]　　活动事态
　　b. LCS1+LCS2:[x ACT (ON y)]CAUSE[BECOME [y BE AT-z]]
　　完结事态

与此相对,在"泣き疲れる"类结果复合动词中,V1 同样表示施事的动作,LCS1 表述为 [x ACT (ON y)];但 V2 一般为表示客事状态变化的非宾格动词,LCS2 表述为 [y BECOME [y BE AT-z]]。当 LCS1 与 LCS2 合成时,通过"LCS2 BY LCS1"的记述方式突显后项的结果事态,利用记述谓语 BY 将前项活动事态后置,本书将这种形式称为"活动事态的背景化"。具体如例(40)所示。

(40)活动事态的背景化:

  a. LCS1:[x ACT (ON y)] + LCS2:[y BECOME [y BE AT-z]]

  活动事态　达成事态

  b. LCS1+LCS2:[y BECOME [y BE AT-z]] BY [x ACT (ON y)]

  达成事态

上述例(40)的记述方式尤其适用于活动事态与结果事态构成达成事态的结果复合动词 LCS 合成。这类复合动词因活动事态发生背景化,因此,无法通过"テイル""~終える"等提取其活动事态来表达动作的进行或持续。而与此相对,例(39)的 LCS 合成则适用于表示完结事态的结果复合动词,既可以表示持续性的动作,也具有终结性,可表示状态变化的结果。

6.4.3　汉语结果复合动词的事态类型与 V2

日语结果复合动词的事态类型由位于右侧的 V2 决定,这也更进一步证明了日语的右核心一说。然而,相对于日语的"右核心"说,汉语一般被认为是"左核心"型语言。① 但关于汉语结果复合动词的核心问题一直以来在语言学界都存在争议。② 加之,本书第四章所述,与日语结果复合动词一样,汉语结果复合动词的论元结构也优先继承于 V2。那么,汉语结果复合动词的事态

---

  ① 影山太郎(1993:21)指出,日语无论是句法结构,还是形态结构,都遵循右侧要素为核心的一般原则。例如,"古本"的核心部分为右侧的名词"本",整体词性为名词;"奥深い"的核心部为右侧的形容词"深い",整体词性为形容词。与此相对,汉语的谓语动词位于宾语的左侧,这与右核心的日语("主→宾→谓")形成鲜明对比,因此一般被认为是"左核心"语言。但是汉语并非严密的"左核心"语言。如"旧书""他送的花"等,无论是意思的核心,还是整体的词性,都由右侧的名词决定。

  ② 但关于汉语结果复合动词的核心问题一直以来在语言学界都存在争议。如吕叔湘、朱德熙、李亚非等学者主张前项动词为结果复合动词核心的"左核心"说;李临定、马希文、沈力等学者主张后项动词为结果复合动词核心的"右核心"说;郭锐等学者则提出"双核心"说,认为汉语结果复合动词分别存在句法上的核心与语义上的核心;还有 Huang&Lin 等提出的核心不定说等。

类型是否也有可能由 V2 决定? 亦或者遵循左核心原则,由 V1 决定? 为此,我们先来分别考察汉语结果复合动词的 V1 与 V2 的事态类型。

下面通过"(正)在~"、前置时间状语、后置时间状语、"~完"等语法测试,分别考察上文例(23a-e)中各类结果复合动词的 V1、V2 的事态类型。首先,以(23a)的"学会"为例,考察 V1"学"、V2"会"的事态类型。

(41) a. 张三(正)在学中文。/ *张三(正)在会中文。

b. *张三一个月就学了中文。/张三一个月就会了中文。

c. 张三学中文一个月了。/张三会中文一个月了。

d. 张三学完中文了。/ *张三会完中文了。

如上所示,V1"学"可以与"(正)在"共用,表示动作的进行;可以与后置时间词"一个月"共用,表示动作持续了一个月时间;也可以后接"完",表示动作的结束。以上都说明"学"具有动作持续性。但如(41b)所示,"学"不能与表示"至状态变化发生时间"的前置时间词"一个月"共用,说明它不具有终结性。综上,V1"学"的语法属性可标记为[+持续][−终结],表示"活动事态"。与此相对,V2"会"可以与前置时间词共用,表示张三到达"会(中文)"这一状态变化历经了一个月时间;此外,"会"还可以与后置时间词共用,表示"会(中文)"这一结果状态持续了一个月时间。以上均说明它具备终结性。但另一方面,"会"不能与"(正)在"共用,也不能后接"完",说明它不能表示动作的持续。综上,V2"倒"的语法属性可标记为[−持续][+终结],表示"达成事态"。依前所述,复合动词"学会"表示达成事态,可见它与 V2 的事态类型保持一致。那么,与"学会"一样表示达成事态的其他几类结果复合动词,是否也与其 V2 所示的事态类型一致?

接下来,以"吃腻""玩忘""哭醒""推倒"等几个复合动词为例,分别考察其 V1、V2 的事态类型。

(42) a. 张三(正)在吃法国菜。/ *张三(正)在腻法国菜。

　　b. *张三一个月(就)吃了法国菜。/张三一个月(就)腻了法国菜。

　　c. 张三吃法国菜一年了。/张三腻了法国菜一年了。

　　d. 张三吃完了法国菜。/ *张三腻完了法国菜。

(43)a. 张三(正)在玩。/ *张三(正)在忘他的职责。

　　b. *张三两天(就)玩了。/张三两天(就)忘了他的职责。

　　c. 张三玩两天了。/张三忘了他的职责两天了。

　　d. 张三玩完了。/ *张三忘完了他的职责。

(44)a. 张三(正)在哭。/ *张三(正)在醒。

　　b. *张三十分钟(就)哭了。/张三十分钟(就)醒了。

　　c. 张三哭十分钟了。/张三醒了十分钟了。

　　d. 张三哭完了。/ *张三醒完了。

(45)a. 张三(正)在推那棵树。/ *那棵树(正)在倒。

　　b. *张三一个小时(就)推了那棵树。/那棵树一个小时(就)倒了。

　　c. 张三推那棵树一个小时了。/那棵树倒一个小时了。

　　d. 张三推完了那棵树。/ *那棵树倒完了。

　　由例(42-45)可知,V1的"吃""玩""哭""推"与例(41)的"学"一样,都表示活动事态;而 V2"腻""忘""醒""倒"也与"会"一样,都表示达成事态。由此可见,汉语结果复合动词的事态类型也与 V2 的事态类型一致。具体如下所示。

(46)a. 学会(达成)= 学(活动)+会(达成)

　　b. 吃腻(达成)= 吃(活动)+腻(达成)

　　c. 玩忘(达成)= 玩(活动)+忘(达成)

　　d. 哭醒(达成)= 哭(活动)+醒(达成)

　　e. 推倒(达成)= 推(活动)+倒(达成)

　　那么,是否可以认为汉语结果复合动词的事态类型由 V2 决定? 应该如何解释与 V2 事态类型一致的现象？本书认为,汉语结果复合动词的 V1 与 V2 之间在句法结构上存在表示体貌的功能范畴,而复合动词整体的事态类型由这一功能范畴决定。

6.4.4 汉语结果复合动词事态类型的决定因素

6.4.4.1 句法型结果复合动词与低位体范畴

Fukuda(2012)在 Borer(2005)、MacDonald(2008)、Travis(2010)等人的研究基础上,对日语的"~はじめる""~続ける""~終える""~終わる"四种体的分布情况进行了分析。他指出日语以选择外论元的轻动词为界限,存在高位体(High-Aspect)和低位体(Low-Aspect)两种功能范畴。[①] 具体如(47)所示。

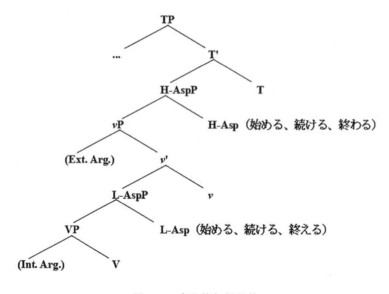

图 6-1 高位体与低位体

---

① 以下,本书将 High-Aspect 简单记作 H-Asp,Low-Aspect 记作 L-Asp。

Fukuda 指出,"～始める""～続ける"占有 H-Asp 和 L-Asp 两种位置,而"～終わる"只表示 H-Asp,"～終える"只表示 L-Asp。并通过其与被动态"ラレ"接续时的位置关系证明了这一结论。如例 48-50 所示,"ラレ"可放在"～始める""～続ける"之前或之后,但只能放在"～終わる"之前和"～終える"之后。

(48)a. 店のガラスが暴徒に割られ始め/続けた。

　　b. この本は読み始め/続けられた。

(49)a. その街が攻撃され終わった。

　　b. *その本はようやく書き終わられた。

(50)a. その論文が(ジョンによって)読み終えられた。

　　b. *ナツコとツヨシの靴が磨かれ終えた。

(Fukuda 2012：968-96)

此外,Fukuda 同时也指出日尔曼语、巴斯克语等语言也存在高位体和低位体两种功能范畴。既然这种语法现象获得了跨语言的语料支持,那么汉语也极有可能存在该现象。Sybesma(1999)指出,汉语的动结构式存在两种类型。一种是结果复合动词,如(51a);另一种是用表示结果、程度的"得"来连接动词和结果补语的形式,如(51b)。

(51)a. 张三推倒了(那棵)树。

　　b. 张三推得(那棵)树倒了。

下面通过(52a,b)的树形图对上例进行分析。(图中省略时制 T 及其投射部分)。

201

（52）

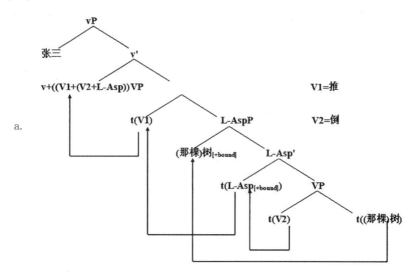

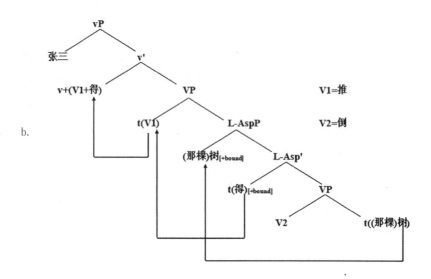

　　假定(52a,b)两种合成过程中均存在选择 VP(以 V2 为核心)的 L-Asp，且 L-Asp 的形态必须由动词性质要素满足，且具备 [+终结] 的特征。另外，与[+终结]属性保持一致，V2 的域内论元"那棵树"移动到[Spec，L-Asp]，获

得有界的释义。首先,在(52a)的句法结构中,L-Asp 的位置未被具有音形的词汇占有,因此 V2 移位至 L-Asp 以满足其形态条件,接下来 V2+L-Asp 再移位至 V1,最后,V2+L-Asp+V1 再移至 v,完成派生过程。与此相对,(52b)的派生过程不同于(52a),L-Asp 的位置由"得"占有,阻碍 V2 向 L-Asp 的移动。由此可见,汉语动结式的 V1 与 V2 之间存在 L-Asp 的功能范畴,该位置既可由有音形的"得"占据,也可通过一系列的中心语移位,V2 移位到该位置来实现。①

另一方面,汉语也存在 H-Asp。例如,"开始""继续"等体动词在句法结构上高于 VP 的位置。这点可以通过与"把"的位置关系证明,Huang etal.(2009)将"把"看作轻动词 v 的一种。首先,"开始""继续"等体动词在句中出现在"把"的左侧,可见其在句法结构上的位置高于"把"。另外,它们还可与表示完结的 L-Asp"掉""完"等共用,也说明其占有 H-Asp 的位置。具体如下文例(53)所示。

(53) a. 他开始把垃圾一点点地扔掉了。

　　 b. 他继续把那个故事写完。

汉语与日语一样,也存在高体位和低体位两种功能范畴。"开始""继续"等体动词表示高体位,结果复合动词的 V2 表示低体位。当 V1 与 V2 构成结果复合动词时,决定其事态类型的 L-Asp 位置由 V2 经移位占据。因此,复合动词整体的事态类型虽表面上与 V2 一致,实际上由 V1 与 V2 之间的功能范畴(L-Asp)决定。另外,除 V2 以外,汉语的"得"也可实现低位体这一句法位置。下面对此进行考察。

---

① Sybesma(1999)认为,"得"与结果复合动词的 V2 在句法结构中表示相同的句法位置 Ext^0,这一句法位置可以通过"得"的插入或 XP 的核心部 V2 的上升得以实现,可表述为[NP [VP V [Extp Ext^0[SC NP XP]]]]。本书提出低位体(Low-Aspect)范畴,更为全面地考察了汉语中高位体与低位体的句法关系。但实际上,Low-Aspect 与 Sybesma 提出的 Ext^0 指同一句法位置。

6.4.4.2　表示达成事态的"得"

句法结构中位于 V1 与 V2 之间的低位体范畴,为活动事态提供终点,而这一句法位置可由"得"的插入和 V2 的移位实现。结果复合动词的 V2 表示达成事态,那么与其占据相同句法位置的"得"是否与 V2 具备相同的语法属性? 是否也表示达成事态? 下面对"得"的语法特征及所表达的事态类型进行考察与分析。

"得"原本为具有"得到、获得"之义的及物动词。如"张三得奖了""张三得金牌了"等。"得"与前述的"会""懂"等及物动词一样,不包含动作过程,只表示状态变化的结果。具体如下文例(54)所示。

(54) a. *张三(正)在<u>得</u>奖。

　　 b. 张三一个月(就)<u>得</u>奖了。

　　 c. 张三<u>得</u>奖好几天了。

　　 d. *张三<u>得</u>完奖了。

"得"不能与表示动作进行的"(正)在"连用,也不能后接"完",说明它不具有动作的持续性;与前置时间词"一个月"共用,表示到"奖得到了"这一状态变化出现历时一个月的时间,说明它具有终结性;与后置时间词"好几天"共用,不表示动作持续的时间,而是表示"奖得到了"这一结果已经持续了好几天。由此可见,动词"得"的语法性质为[−持续][+终结],表示达成事态。与"推倒""敲平"等复合动词的 V2 在事态类型上表现一致。

但是,当"得"接在动词之后形成"V 得(O)C"的动结构式时,显然已经不再表示"获得"之义,如"哭得眼睛肿了"等。雅洪托夫(1987)曾将汉语的"得"定义为"完成体",认为它属于体标志。并指出早在中古汉语中"得"就经常作为表示结果的词缀出现在动词之后,如"听得""吃得""知得"等,只是这些用法在现代汉语中已经十分少见。对于"得"述补结构中"得"的来源,很多研究都从语法化角度进行了分析(王力 1958、祝敏彻 1960、杨平 1990、蒋绍

愚 1994、吴福祥 2002、赵长才 2002、曹秀玲 2005、高光新 2006 等）。杨平
(1990)指出,表示"获得"义的"得"最初是单独使用的,到战国时期,可以放在
其他动词之后,用以表达两个动作的连贯性。如"求得其情""捕得敌者一人"
等。高光新(2006)指出,东汉后期,"V+得+O"结构中的"得"字意义开始虚
化。且当"得"字之前的 V 不再与"主动获得"义有关时,"得"就不再表示两
个动作的连贯性,这是"得"字的语法化的开始。如,在"遭得恶也""空斫得
被"中,"遭"与"斫"的意义与"主动获得"无关,"得"不具备"获得"义,其作
用是引进"遭"与"斫"的结果或对象,"恶"与"被"不是宾语,而是补语。句式
由 V+得+O 转化为"V 得"+O,V 得表达的是结果。到唐朝时,"V 得"结构大
量应用,"V 得"述补结构("V 得+宾+补")正式形成,动词"得"正式语法化为
助词,用来表示实现的结果,也就是雅洪托夫所说的"完成体"。

　　虽然前人研究的观点略有不同,但大多数观点认为"得"由原来的"获得"
意义转为"达成",由"达成"意义更进一步虚化,成为动词词尾,后接补语进而
形成述补结构。综上,本书认为,"得"经历语法化过程,从表示"获得"之义的
实义动词演变为表示"达成"义的体功能范畴。因此,"得"可以占据上述动结
构式中的"低位体"句法位置。

　　那么,同样是占据低位体位置的"得"和 V2,它们之间在语法性质上是否
完全一致? 本书认为,"得"只为 V1 的活动事态提供终点,提示动作完成,但
动作完成后引起怎样的状态变化,必须通过在"得"后添加表示具体状态的动
词或形容词等补语才能完整表达"动作—结果"的连锁关系。与此相对,V2
移位至低体位范畴后,不仅为 V1 提供终点,同时也能表达 V1 动作完成后引
起的状态变化。因此,在动结构式的词汇概念结构中([BECOME [y BE AT-
z]]BY[x ACT (ON y)]),"得"相当于谓词 BECOME,不包含变化后的状态;
而 V2 记述为[BECOME [y BE AT-z]],同时包含状态变化以及变化后的状
态。换言之,在"得"动结式的概念结构中,BECOME 与 STATE 是分离的,而
在结果复合动词的概念结构中,BECOME 与 STATE 相融合,由 V2 表示。这也

是为何 V2 不能由静态形容词充当的原因。[①] 如例(55)所示。

(55) a. 张三把那面墙刷<u>得</u>雪白。

　　 b. *张三把那面墙<u>刷雪白</u>了。

如上,(55a)"V 得"之后可以出现静态形容词"雪白",这是因为"得"本身已包含变化(BECOME)的意思,后接"雪白"用来表示变化后的具体状态(z);而(55b)"*刷雪白"这一结果复合动词并不成立,其原因在于 V2 必须同时包含变化和状态两方面,而"雪白"只能表示单纯的状态,不包含变化的含义,因此无法作为 V2。

那么,同样是接在动词之后,表示达成的体范畴,"得"为何与作结果补语的 V2 呈现出上述不同? 本书认为,这主要是因为"得"在经历语法化进一步虚化为体标志的同时,词义也随之虚化,不再能表达具体的结果状态。对此,曹秀玲(2005)一文也有过论述。曹秀玲(2005:83)指出,"由'得'自身的词义特点,置于动词后面的'得'意义有所虚化,表'达成',但这种意义不像其他动词作补语的语义那样具体,因此需要后面再有一个表述性成分进一步加以说明。而当'得'的后面又出现一个表述性成分时,'得'就在这二者之间起连接作用,以明确它们之间的关系。因此,'得'字补语从根本上说是表示结果的,这是它与结果补语有时可以相互变换的原因。"

6.4.4.3　词汇型结果复合动词与完结事态

上面两小节主要以汉语中的句法型结果复合动词为考察对象,明确了其事态类型由句法结构中"低位体"这一功能范畴决定,整体表示达成事态。与此相对,"清除""改良"等为词汇型结果复合动词,表示完结事态。那么,它们的事态类型由何决定?

---

① 依第三章所述,张国宪(1995,2006)将汉语形容词分为"动态形容词"(如"白")和"静态形容词"(如"雪白")。前者与"了"连用表示状态变化的结果,后者则不可。

依前所述,句法型结果复合动词的 V2 与"得"可实现于同一句法结构。因此,如上文例(51)所示,"张三<u>推</u>倒了那棵树"在意思上可与"张三<u>推</u>得那棵树<u>倒</u>了"替换。那么,词汇型结果复合动词与"得"之间的关系如何? 请看下文例(56)、例(57)。

(56) a. *张三<u>清</u>得垃圾<u>除</u>了。/*张三把垃圾<u>清</u>得<u>除</u>了。

　　b. *张三<u>改</u>得这台机器<u>良</u>了。/*张三把这台机器<u>改</u>得<u>良</u>了。

(57) a. 张三<u>清除</u>垃圾<u>清除</u>得很干净。/张三把垃圾<u>清除</u>得很干净。

　　b. 张三<u>改良</u>这台机器<u>改良</u>得很好用。/张三把这台机器<u>改良</u>得很好用。

如例(56)所示,"得"不能出现在"清除""改良"等复合动词的 V1 与 V2之间。因为,"改良""清除"等为词汇型结果复合动词,前后项的结合度很强,其间不能插入其他句法性语素。而如例(57)中的"清除得很干净""改良得很好用"所示,"得"可以出现在复合动词与结果补语"很干净""很好用"的中间。"得"一般可前接活动事态,为其提供终点。因此,"清除""改良"可表达活动事态。① 但不同于一般的活动事态,它们所表达的事态包含某种特定的结果状态,并非与任何结果补语都能共用。具体如下文例(58)、例(59)所示。

(58) a. *张三把垃圾<u>清除</u>得到处都是。

　　b. 张三把垃圾<u>清</u>得到处都是。

(59) a. *张三把这台机器<u>改良</u>得不好用了。

　　b. 张三把这台机器<u>改</u>得不好用了。

对比例(58a,b)"清除"与"清"、例(59a,b)的"改良"与"改",作为活动动

---

① 　Rothstein(2010)指出,完结事态与活动事态之间存在相互转化的可能性。当然,并非所有的动词都可以实现。如在例(57)中,可以将"清除""改良"视为表达活动事态的动词。

词的"清""改"可以分别与"到处都是""不好用了"等表示偏离期待的结果共用;而"改良"和"清除"则不可。这主要是因为,"改良""清除"的语义中包含了"变好""(不好的事物)消失"等结果状态的意思,因此无法和与其意思不相容的结果补语共用。

而且,构成这类词汇型结果复合动词 V1 的动词也并非一般的活动动词,它们在语义上同样包含某种特定的结果性,决定其对 V2 的选择。[①] 如"扩"本身包含了"使其大、使其开"的意思。因此,当"扩"作为 V1 时,它会选择与其意思相容的 V2 构成复合动词。如"扩大""扩展""扩宽"等。而"*扩小""*扩窄"等复合动词则不成立。"增加""提高""清除"等亦是如此。综上,本书将汉语的词汇型结果复合动词的 LCS 合成表述如下。

(60) a. LCS1:$[x\ ACT\ ON\ y]\ CAUSE\ [y\ BECOME\ [y\ BE\ AT\text{-}z_1]]$

LCS2:$[y\ BECOME\ [y\ BE\ AT\text{-}z_2]]$

b. LCS1+LCS2:$[x\ ACT\ ON\ y]\ CAUSE\ [y\ BECOME\ [y\ BE\ AT\text{-}z_2]]$

LCS1 中包含活动事态和结果事态两个部分,并且由 CAUSE 连结;LCS2 只包含结果事态。当 V1 与 V2 构成复合动词时,遵循单一路径限制规则,复合动词整体的结果状态由 V2 提供,V1 的结果性发生后退,原本表示结果状态转变为结果样态,用来修饰限定 V2 结果状态。因此,在复合动词的 LCS 合成过程中,复合动词整体的活动事态由 LCS1 中的 $[x\ ACT\ ON\ y]$ 提供,同时 LCS1 与 LCS2 的结果事态融合,z_1 作为复合动词 LCS 中 BE 的下位指定标记。如(60b)的 LCS 表述,复合动词整体表达完结事态。

---

① 像"推""洗"等活动动词不包含结果意思,因此在作为 V1 构成复合动词时,一般不存在对 V2 选择上的语义限制。如,可以构成"推倒",也可以构成"推正""推直";可以构成"洗白""洗净",也可以构成"洗黑""洗脏"等。

6.5　本章结语

本章分别考察了日汉两语结果复合动词的事态类型,并明确了以下决定结果复合动词事态类型的因素。

第一,活动事态和结果事态构成的复合事态未必为完结事态。日汉两语中既存在表示"完结事态"的结果复合动词,也存在表示"达成事态"的结果复合动词。其中,汉语的词汇型结果复合动词和日语中 V2 为及物动词的词汇型结果复合动词,都用来表示"完结事态";而日汉两语的句法型结果复合动词及日语中 V2 为非宾格动词的词汇型结果复合动词则用来表示"达成事态"。而且,当结果复合动词表示达成事态时,其 V1 所示活动事态(LCS1)在整个复合事态中发生"背景化",由谓词 BY 将其后置于 LCS2。

第二,日汉两语结果复合动词的事态类型都与右侧的 V2 保持一致。因此,表达相同意思的"押し倒す"与"推倒"所表示的事态类型不同。"押し倒す"的 V2"倒す"表示"完结事态",而"推倒"的 V2"倒"表示"达成事态"。

第三,日语为"右核心"语言,日语复合动词也同样遵循右核心原则,因此位于右侧的 V2 决定结果复合动词整体的事态类型。与此相对,在一般被认为"左核心"语言的汉语中,结果复合动词的事态类型也与右侧动词保持一致。这是因为,汉语结果复合动词的 V1 与 V2 之间在句法结构上存在低位体这个功能范畴,而这一位置可由右侧动词(V2)满足。

第七章　结论

　　本书以日汉两语中的结果复合动词为研究对象,分别从 V1、V2 的构成要素以及它们各自所具有的语法特征、论元结构及 V1、V2 论元整合提升的规则、与论元结构相对应的词汇概念结构及其合成规则、结果复合动词所表达的事态类型等几个方面对日汉结果复合动词进行了对比考察,明确了日汉结果复合动词之间的共性与差异。本章 7.1 节先对前六章的内容进行回顾;7.2 节总结日汉结果复合动词在上述各方面所体现出的共性;7.3 节论述日汉结果复合动词之间的差异,明确产生差异的原因;7.4 节在阐明日汉两语间异同的基础上,探讨"主语指向型"和"宾语指向型"结果复合动词之间的异同;7.5 节论述今后的研究课题。

7.1　各章内容回顾

　　序章首先从表现日汉结果复合动词在句法语义方面异同的一些具体语例入手,阐明了本书的研究目的和背景;其次,归纳总结了国内外学界有关日汉复合动词的先行研究,并分析了复合动词的研究趋势及现阶段遗留的问题点;之后,阐述了本书开展对比研究的理论框架及具体的研究思路;最后,对本书的章节构成进行了概述。

　　第二章在阐述了日汉两语中复合动词的概念和界定标准等基础上,进一步明确了作为本书研究对象的日汉结果复合动词,并对此进行了下级分类。

首先,日汉两语的结果复合动词都可以根据 V1 与 V2 间结合度的不同,分为"词汇型结果复合动词"和"句法型结果复合动词"两类;其次,日汉结果复合动词还可以根据 V2 所示结果的语义指向不同,分为"主语指向型结果复合动词"和"宾语指向型结果复合动词",前者 V2 所叙述的为主语的状态变化,后者 V2 所叙述的为宾语的状态变化。而且,日汉两语中的"主语指向型结果复合动词"因作为结果补语的 V2 叙述主语的状态变化,故不遵循"直接宾语限制"规则。

第三章考察了日汉结果复合动词 V1、V2 的构词要素及其语法特征。首先,构成日语结果复合动词 V1 的动词可以为及物动词、非作格动词和非宾格动词,但诸如"倒す""潰す"等动作样态无指定、不能表示具体动作的及物动词不能充当 V1;构成日语结果复合动词 V2 的动词可以为及物动词、非宾格动词,非作格动词因不包含结果性,故无法成为结果复合动词的 V2。另外,在及物动词中,不包含结果性的及物动词无法成为 V2,如"押す""叩く"等。包含结果性、但其状态变化不能与施事动作相分离的及物动词也无法成为 V2,如"巻く""積む"等;其次,构成汉语结果复合动词 V1 的可以为及物动词、非作格动词和非宾格动词(包括动态形容词),但只包含状态变化的及物动词无法充当 V1,如"会""懂"等;构成汉语结果复合动词 V2 的一般为非宾格动词(包括动态形容词),此外还有"会""懂"等少数包含状态变化的及物动词、以及"跑""走"等在一定语境中具有非宾格性的非作格动词。最后,虽然日汉结果复合动词在 V1、V2 的构词要素上存在差异,但在 V1、V2 所具备的语法特征上却一致。即 V1 应具有[+manner][−change of state]的语法属性,V2 应具有[−manner][+change of state]的语法属性。因此,当包含结果性的动词构成 V1 时,其结果性发生后退。结果复合动词整体只包含由 V2 提供的唯一变化路径,遵循"单一路径限制"规则。

第四章首先探讨了"及物性和谐原则""主语一致原则""非宾格性优先原则""界限原则"等有关日汉复合动词的既有构词规则,并在此基础上提出了同样适用于日汉两语结果复合动词构词的"变化主体一致原则"。其次,分别考察了日汉两语的"主语指向型"和"宾语指向型"结果复合动词的论元结构及 V1、V2 论元的整合提升。结果表明,无论在日语还是汉语中,当 V1 与 V2 结合时,"主语指向型"结果复合动词 V1 与 V2 的域外论元必须同指或进行整合,"宾语指向型"结果复合动词 V1 与 V2 的域内论元必须同指或进行整合。换言之,作为结果复合动词所示状态变化主体的论元必须同指或整合,遵循本书提议的"变化主体一致原则"。最后,影山太郎提议的"相对右核心原则"也同样适用于日汉结果复合动词,结果复合动词的论元结构优先继承于 V2。

第五章分别考察了日汉结果复合动词的词汇概念结构及 LCS1 与 LCS2 之间的合成过程,明确了结果复合动词的 LCS 合成规则。首先,在结果复合动词的 LCS 合成过程中,LCS1 与 LCS2 中的相同事态之间分别发生融合,即 LCS1 与 LCS2 的活动事态之间或结果事态之间相融合。其次,复合动词整体的活动事态取决于 LCS1,LCS2 即使包含活动事态,一般也无表示动作样态的下位指定;而复合动词整体的结果事态取决于 LCS2,即使 LCS1 中包含结果状态,复合动词整体的结果状态也由 LCS2 提供。LCS1 中原本包含的结果状态转为结果样态,对结果状态进行修饰限定。这充分体现了 LCS1、LCS2 对结果复合动词概念结构的不同参与作用。

第六章分别考察了日汉结果复合动词所表达的事态类型。即使同为"活动事态"和"结果事态"复合而成的复合事态,但结果复合动词所表达的事态类型却不尽相同。首先,日语结果复合动词中既包含"押し倒す"等表示完结事态的复合动词,也包含"泣き疲れる"等表示达成事态的复合动词。其次,汉语结果复合动词中同样存在上述两种不同事态类型。在汉语中,"推倒""哭醒"等句法型结果复合动词表示达成事态,而"校正""改良"等词汇型结果复合动词表示完结事态。日语中的句法型结果复合动词也表示达成事态,但词汇型结果复合动词中同时存在表示达成事态和完结事态的类型。由此可见,"活动事态"与"结果事态"也可能复合为达成事态。在表示达成事态的结果复合动词的 LCS 中,LCS1 所示的活动事态发生背景化,由谓词 BY 后置于 LCS2,记作 LCS2 BY LCS1。而表示完结事态的复合动词的 LCS 记作 LCS1 CAUSE LCS2。最后,日汉结果复合动词所表达的事态类型都与 V2 所表达的事态类型一致。日语结果复合动词依照右核心原则,复合动词整体表达的事态类型由 V2 决定。与此相对,决定汉语结果复合动词事态类型的为句法结构中位于 V1 与 V2 之间的低位体(Low-aspect)功能范畴。

7.2 日汉结果复合动词间的共性

通过上述各章的考察,我们可以发现,日语和汉语的结果复合动词在很多方面都存在共同点。本节将日汉结果复合动词之间的共同点归纳如下。

第一,日汉两语结果复合动词的构词要素具有相同的语法属性。V1 的语法属性为[+manner][−change of state];V2 的语法属性为[−manner][+change of state]。换言之,V1 只表示动作样态或结果样态,不需包含状态变化;与此相对,V2 必须包含状态变化,为结果复合动词提供变化路径。因此,日汉两语的结果复合动词都遵循“单一路径限制”规则。

第二,日汉结果复合动词在构词上都遵循“变化主体一致原则”。即在 V1、V2 论元结构中,表示变化主体的论元必须同指或进行整合。具体而言,主语指向型结果复合动词 V1、V2 的域外论元必须同指或整合;宾语指向型结果复合动词 V1、V2 的域内论元必须同指或整合。而且,日汉结果复合动词的论元结构都优先继承于 V2,遵循“相对右核心原则”。

第三,日汉结果复合动词所表达的事态类型中都包含“达成事态”和“完结事态”两类。其中,V1 或 V2 的概念结构中不包含 CAUSE 的结果复合动词都表示“达成事态”;而 V1 或 V2 的概念结构中包含 CAUSE 的结果复合动词则表示“完结事态”。因此,日汉两语的句法型结果复合动词,以及日语中 V2 为非宾格动词的部分词汇型结果复合动词,都表示“达成事态”。日语中 V2 为有对及物动词的词汇型结果复合动词和汉语中的词汇型结果复合动词都表示“完结事态”。且日汉结果复合动词所表示的事态类型都分别与其 V2 的事态类型一致。

综上所述,日汉结果复合动词之间在构词要素的语法属性、构词规则、事态类型等方面,都存在很多相同之处。那么,两者之间又存在哪些差异?下节总结日汉结果复合动词间的差异,并探讨产生差异的原因。

7.3　日汉结果复合动词间的差异及原因

本书在第三章考察了日汉两语结果复合动词的结合形式,日语结果复合动词中占比例最大的结合形式为"及物动词+及物动词"的形式,而汉语中占比例最大的结合形式为"及物动词+非宾格动词"的形式。如下文例(1)、例(2)所示。

(1)a. 太郎がその木を押し倒す。
　　b. 张三推倒那棵树。
(2)a. 太郎がその机を叩き壊す。
　　b. 张三敲坏那张桌子。

日汉两语中的"押し倒す"和"推倒"、"叩き壊す"和"敲坏",两者分别表达相同的意思,汉语中使用"倒""坏"等非宾格动词作 V2,而日语却不使用非宾格动词"倒れる""壊れる",而是使用"倒す""壊す"等有对及物动词作结果复合动词的 V2。依前所述,日汉结果复合动词 V2 的语法属性都为[−manner][+change of state]。那么,既然表达相同的语义,为何日汉两语却倾向于使用不同类型的动词? 在解释上述原因之前,我们先来看日汉两语中如下文例(3)、例(4)所示的非宾格结果复合动词。

(3)a. 太郎が泣き疲れた。
　　b. 张三哭累了。
(4)a. ビルが崩れ落ちた。
　　b. 大楼倒塌了。

　　如上所示,日汉两语中的"泣き疲れる"和"哭累""崩れ落ちる"和"倒塌"也分别表达相同的意思,且例(3a,b)的结合形式同为"非作格动词+非宾格动词",例(4a,b)的结合形式同为"非宾格动词+非宾格动词",日汉两语之间并未体现出差异。

　　由此可见,"押し倒す""叩き壊す"等及物性结果复合动词之所以 V2 使用及物动词,是为了确保复合动词整体的及物性。根据右核心原则,复合动词的及物性由位于右侧的 V2 决定。因此,日语中的及物性结果复合动词,其 V2 必须为及物动词,且必须包含结果性,故为有对及物动词。如[x ACT ON y] CAUSE[y BECOME [y BE AT-z]]所示,V2 的 LCS 中必须包含 CAUSE。与此相对,日语中 V2 为[y BECOME [y BE AT-z]]的非宾格动词即使与[x ACT (ON y)]的 V1 结合,复合动词整体也只能为非宾格动词。

　　与日语不同,上述汉语中的"推倒""敲坏"为及物性结果复合动词,但 V2 为非宾格动词,LCS 中并不包含 CAUSE。依照本书第四章,"押し倒す"和"推倒"的 LCS 合成可以表述如下。

(5)a. 押し倒す

　　V1:[x ACT (ON y)]
　　　　↓
　　V2:[x] $\boxed{\text{CAUSE}}$ [y BECOME[y BE AT-z]]

　　→ V1V2:[x ACT (ON y)] $\boxed{\text{CAUSE}}$ [y BECOME[y BE AT-z]]

　b. 推倒

　　V1:[x ACT (ON y)]

　　V2:[y BECOME[y BE AT-z]]

　　→ V1V2:[y BECOME[y BE AT-z]] BY [x ACT (ON y)]

　　同为表述因果关系的结果复合动词,(5a)的"押し倒す"使用谓词 CAUSE 连结,而(5b)的"推倒"则使用谓词 BY 将活动事态后置。本书认为, CAUSE 和 BY 所表示的因果关系有所区别,CAUSE 表示一种显在型的因果关系,而 BY 则表示一种潜在型的因果关系。

现代汉语结果复合动词的 V1、V2 之间多为潜在型的因果关系。古屋昭弘(1999,2000)考察《齐民要术》中的动结式,指出 6 世纪上半叶汉语中既存在"V1(NP)令/使(NP)V2"形式的动结式,也存在"V1 CAUSE V2 NP"形式的动结式。具体如下所示。

(6)[Vt-Object-CAUSE-Vi]

例:温酒<u>令</u>暖。/蒸翁<u>使</u>热。

(7)[Vt-CAUSE-Object-Vi]

例:搅合<u>令</u>饭散。

(8)[Vt-CAUSE-Vi]

例:曝<u>令</u>干。/搅<u>使</u>混合。

(9)[Vt-Vi-Object](Vi 仅限于破、满)

例:踏<u>破</u>铁皮。

在例(6-8)的动结式中,V1 与 V2 之间都存在"令"或"使"等表示 CAUSE 的动词。并且,从例(6)到例(8),表示客事的名词逐渐从 CAUSE 之前移动至 CAUSE 之后,甚至不在 V1 与 V2 间出现(如例8)。这也表明,V1 与 V2 之间的结合越来越紧密。与此相对,在例(9)的动结式中 V1 与 V2 直接连结在一起。古屋认为,这类动结式中虽未出现"令""使"等动词,但 V1 和 V2 之间 CAUSE 仍潜在存在。且从历时的角度来看,这类动结式为现代汉语中结果复合动词的雏形。

综上,日语结果复合动词的 CAUSE 一般由 V2 提供,故 V2 多为包含 CAUSE 的有对及物动词。而汉语结果复合动词的 CAUSE 多为潜在型,V2 的词汇概念结构中不需要包含 CAUSE,故多为非宾格动词。

另一方面,上述 CAUSE 存在方式的不同也体现在"押し倒す"和"推倒"在表达事态类型上的差异。前者 V2 的 LCS 中包含 CAUSE,V1 的[x ACT ON y]只需直接嵌入 CAUSE 的主语位置,形成[x ACT ON y]CAUSE[y BECOME [y BE AT-z]]的LCS,复合动词表示完结事态;后者V2的LCS为[y BECOME [y BE AT-z]],V1的LCS[x ACT ON y]由谓词BY后置,形成[y BECOME [y BE AT-z]]BY[x ACT ON y],复合动词表示达成事态。影山太郎(1996)指出,在LCS所示事态展开的过程中,立足于怎样的视点来表达该事态,不同语言之间存在差异。

(10)[x ACT ON y] CAUSE [y BECOME [y BE AT-z]]

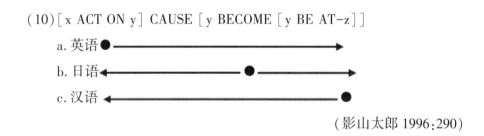

a. 英语
b. 日语
c. 汉语

(影山太郎 1996:290)

影山指出,英语立足于施事(ACT)的视点,整个句子的焦点是行为所波及对象的结果状态。与此相对,日语立足于BECOME这一中间视点,既能着眼于结果状态,又能着眼于行为,具有两面性。而汉语立足于结果(z)视点,从结果来着眼行为,因此很多单纯的及物动词只将行为作为重点,不包含结果。而在结果复合动词中,其表达的焦点则为包含状态变化的对象,凸显结果事态。这也可以解释,为什么英语动结式一般表示完结事态,汉语结果复合动词倾向于表示达成事态,而日语结果复合动词既存在表示完结事态、又存在表示达成事态的类型。①

综上所述,由于日汉两语中CAUSE的存在方式、以及表达事态的视点不同,表达相同意思的日汉结果复合动词,有时会呈现出形态上的差异及突显重点的不同。另外,除考察日汉两语间的异同之外,跨语言的同类型结果复合动词之间是否存在共性? 不同类型的结果复合动词之间又是否呈现出差异? 下节分别总结"主语指向型"和"宾语指向型"结果复合动词、"词汇型"和"句法

---

① 依前所述,汉语中也存在表示完结事态的结果复合动词,如"校正""改良"等词汇型结果复合动词。但大多数结果复合动词表示达成事态。

型"结果复合动词间的异同。

7.4　结果复合动词类型间的异同

日汉两语中都存在"主语指向型"和"宾语指向型"结果复合动词。前者 V2 所示的状态变化为主语的状态变化,后者 V2 所示的为宾语的状态变化。这两类结果复合动词的构词都遵循"变化主体一致原则"。前者为域外论元一致,后者为域内论元一致。

首先,来看例(11)中的"主语指向型"结果复合动词。

(11)a. 走り疲れる、泣き腫らす、食べ飽きる
　　b. 学会、玩忘、吃腻、哭醒

(11a)为日语中的三类主语指向型结果复合动词,依前文所述,V1"走る""泣く""食べる"的论元结构为:(Ag)(Ag)(Ag <Th>),V2"疲れる""腫らす""飽きる"的论元结构分别为:(Ex)(Ex <Th>)(Ex <Ev>);(11b)为汉语中的四类主语指向型结果复合动词,V1"学""玩""吃""哭"的论元结构分别为:(Ag <Th>)(Ag)(Ag <Th>)(Ag),V2"会""忘""腻""醒"的论元结构分别为:(Ex <Th>)(Ex <Th>)(Ex <Ev>)(Ex)。由此可见,无论是日语还是汉语,主语指向型结果复合动词 V1 的域外论元都表示施事、V2 的域外论元都表示经事。另外,当 V1 与 V2 结合成结果复合动词时,遵循"变化主体一致原则",V1 与 V2 的域外论元同指。这类结果复合动词一般用来表示,施事进行某个动作、同时又承受这一动作所带来的自身状态变化。

其次,来看例(12)中的"宾语指向型"结果复合动词。

(12)a. 押し倒す、折れ曲がる、飲み潰れる
　　b. 推倒、倒塌、坐坏

如上,(12a)为日语中的三类宾语指向型结果复合动词,V1"押す""折れる""飲む"的论元结构分别为:(Ag <Th>)(　<Th>)(Ex),V2"倒す"、"曲がる"、"潰れる"的论元结构分别为:(Ag <Th>)(　<Th>)(　<Th>);(12b)为汉语中的三类宾语指向型结果复合动词,V1"推"、"倒"、"坐"的论元结构分别为:(Ag <Th>)(　<Th>)(Ag <Th>),V2"倒"、"塌"、"坏"的论元结构都为:(　<Th>)。由此可见,无论是日语还是汉语的宾语指向型结果复合动词,V1、V2 的域内论元一般都表示客事。[①] 当 V1 与 V2 结合成结果复合动词时,遵循"变化主体一致原则",V1 与 V2 的域内论元同指。这类结果复合动词一般用来表示客事自身发生的状态变化、或施事对客事施加某种作用而引起的客事变化。

另一方面,根据 V1、V2 间结合度的不同,日汉两语的结果复合动词又都可分为"词汇型"和"句法型"两类。如第一章所述,词汇型结果复合动词的V1 与 V2 间的结合度高,但 V2 对 V1 的选择存在更多语义上的限制,且 V2 的造词能力不强;而句法型结果复合动词 V1、V2 间的结合度相对较低,但 V2 与V1 间的句法关系明确,且 V2 的造词能力强,可以相对自由地选择 V1。除此之外,第六章所述,"词汇型"与"句法型"结果复合动词所表达的事态类型也不相同。首先,无论在日语还是汉语中,句法型结果复合动词都表示"达成事态",且都与 V2 所示的事态类型一致。日汉两语的句法型结果复合动词,V2都为非宾格动词,一般表示达成事态。日语复合动词遵循右核心原则,V2 的事态类型决定整个结果复合动词的事态类型;而汉语的句法型结果复合动词,V1 与 V2 之间在句法结构上存在低位体(Low-aspect)功能范畴,需要 V2 上移到该位置得以实现,因此复合动词的事态类型与 V2 一致,表示达成事态。其次,词汇型结果复合动词可以表示"达成事态"或"完结事态"。汉语的词汇型结果复合动词都表示完结事态;而日语的词汇型结果复合动词则同时存在两

---

① 依第四章所述,在"飲み潰れる"类结果复合动词中,V1"飲む"不再表示动作,而是相当于承受自身行为所带来变化的反身动词。因此,V1 论元结构标记为(Ex)。但与 Agent 不同,Experiencer 与 Theme 之间存在相同的语法属性[+change],可整合。另外,除这类复合动词以外,其他的宾语指向型结果复合动词 V1、V2 的域内论元均为<Th>。

种类型,不过其中占比最大的"及物动词+及物动词"的复合动词表示完结事态。其他几类词汇型结果复合动词 V2 均为非宾格动词,按照右核心原则,表示达成事态。

综上所述,无论是主语指向型、宾语指向型结果复合动词,还是词汇型、句法型结果复合动词,同类型的结果复合动词虽存在语言间的差异,但同时也体现了跨语言的共性。

7.5 今后的研究课题

如第三章所述,日语中存在诸如"打ち上がる""舞い上げる"等一类结果复合动词,它们在构词上不遵循及物性和谐原则和主语一致原则,被认为通过致使交替派生而来。本书在探讨结果复合动词的句法语义特征时,虽然未将此类复合动词作为研究对象,但有关结果复合动词的致使交替现象非常值得进一步展开研究。

首先,Levin & Rappaport Hovav(1995)指出,"结果"这一语义特征是动词发生致使交替的必要条件。因此,结果复合动词相比于其他类型的复合动词更加具有发生致使交替的可能性。当然,并非所有的结果复合动词都能发生致使交替。

(13) a. 作業員はケースを積み上げた。

　　　b. ケースが積み上がった。

(14) a. 太郎はその木を押し倒した。

　　　b. *その木が押し倒れた。

如例(13a)、例(14a)所示,"積み上げる""押し倒す"都是由"及物动词+及物动词"构成。但"積み上げる"存在形态语义对应的非宾格动词"積み上がる",(13a)与(13b)之间可发生致使交替;而"押し倒す"却不能经历致使

交替派生为(14b)。不仅日语如此,汉语中结构相同的结果复合动词在致使交替的可能性上也存在差异。

(15) a. 张三把面包<u>烤焦</u>了。

　　 b. 面包<u>烤焦</u>了。

(16) a. 张三把李四<u>杀死</u>了。

　　 b. *李四<u>杀死</u>了。

如例(15)所示,"烤焦"同时存在及物动词和非宾格动词的用法,(15a)与(15b)之间可发生致使交替;而例(16)的"杀死"却只有及物动词用法,不能通过致使交替派生为例(16b)。由此可见,无论是日语还是汉语,结果复合动词的致使交替都存在一定的限制条件,有必要进一步明确其发生致使交替的条件与操作机制。

其次,致使交替可能性的差异不仅存在于同一语言内部,日汉两语中表达相同语义的结果复合动词有时也在致使交替的可能性上表现出差异,尤其是由"非作格动词+非宾格动词"构成的结果复合动词。本书序章部分中列举的"走り疲れる/跑累"的例子正是如此。

(17) a. 太郎が<u>走り疲れた</u>。

　　 b. *太郎が次郎を<u>走り疲れた</u>。

(18) a. 张三<u>跑累</u>了。

　　 b. 张三<u>跑累</u>了李四。

例(17)的"走り疲れる"与例(18)的"跑累"虽然在构词成分和语义上基本一致,但"走り疲れる"只有非宾格用法,无法通过致使交替派生出致使义,因此(17b)不成立;与此相对,"跑累"既有例(18a)的非宾格用法,也有例(18b)的致使性用法,(18a)可以通过致使交替派生为(18b)。

综上所述,日汉两语的结果复合动词中都存在可发生致使交替的类型与不可发生致使交替的类型,而且日汉两语在某些结果复合动词的致使交替可能性上存在差异。那么,(一)究竟哪些结果复合动词可以发生致使交替?致使交替需要哪些制约条件?(二)结果复合动词的致使交替有几种类型?是否与单纯动词一样,也同时存在致使化和去致使化两个方向的派生?(三)结果复合动词发生致使交替的具体操作机制如何?是否与单纯动词一样?(四)日汉结果复合动词在致使交替条件、交替类型、交替机制等方面存在哪些异同?

纵观先行研究,有关结果复合动词的致使交替研究虽然受到国内外学界的关注,但研究成果仍不够充分,并未真正揭示结果复合动词的致使交替机制。首先,在日语学界,影山太郎(1993,1996)、松本曜(1998)等很早就关注到了日语复合动词的致使交替现象,但并未对其发生条件及操作机制等进行具体论述,对于不能发生去致使交替的复合动词更是毫无提及。随后,朱春日(2009)、陈劼择(2010)、日高俊夫(2012,2013)、史曼(2015)、张楠(2021)等研究从这一空缺入手,对复合动词的去致使化条件等进行了详细分析,但相关的此类研究仍为数不多,且个别结论存在不妥之处,有待进一步开展研究。其次,在汉语学界,汤延池(2002)、望月圭子(2003)、Huang(2006)、倪蓉(2008)、郭印和张艳(2014)、刘凤樨(2018)、刘街生(2018)等也分别考察了汉语结果复合动词的致使交替现象,但在结果复合动词的致使交替类型及交替条件等问题上存在争议,仍有待进一步探讨。最后,在国内外现阶段的研究中,对于日汉两语的结果复合动词在致使交替类型、交替条件以及操作机制等方面的异同,尚未开展考察和对比分析。因此,有关结果复合动词致使交替的对比研究今后有必要进一步开展,其研究成果可以进一步明确日汉结果复合动词间的异同,丰富日汉结果复合动词的对比研究。

参考文献

日语文献

[1]秋山淳.非対格性と動詞分類[J].中国語学,1996(243):28-38.

[2]秋山淳.語彙概念構造と動補複合動詞[J].中国語学,1998(245):32-41.

[3]浅尾仁彦.意味の重ね合わせとしての日本語複合動詞[J].京都大学言語学研究,2007(26):59-75.

[4]天野みどり.状態変化主体の他動詞文[J].国語学,1987(151):97-110.

[5]石井正彦.接辞化の一類型—複合動詞後項の補助動詞化—[J].方言研究年報,1988(30):281-296.

[6]石井正彦.動詞の結果性と複合動詞[J].国語学研究,1992(31):76-88.

[7]石井正彦.現代日本語の複合語形成論[M].東京:ひつじ書房,2007.

[8]石村広.中国語結果構文の意味構造とヴォイス[J].中国語学,2000(247):142-157.

[9]井上和子.変形文法と日本語[M].東京:大修館書店,1976.

［10］奥津敬一郎.自動詞化・他動詞化および両極化転形―自・他動詞の対応―［J］.国語学,1967(70):46-65.

［11］何志明.日本語の語彙的複合動詞における「原因」の複合動詞の組み合わせ［J］.筑波応用言語学研究,2001(8):1-14.

［12］何志明.「様態・付帯状況」の複合動詞の組み合わせ［J］.日本語と日本文学,2002(35):31-48.

［13］何志明.現代日本語における複合動詞の組み合わせ―日本語教育の観点から―［M］.東京:笠間書院,2010.

［14］影山太郎.文法と語形成［M］.東京:ひつじ書房,1993.

［15］影山太郎.動詞意味論―言語と認知の接点―［M］.東京:くろしお出版,1996.

［16］影山太郎,由本陽子.語形成と概念構造［M］.東京:研究社出版,1997.

［17］影山太郎.形態論と意味［M］.東京:くろしお出版,1999.

［18］影山太郎.複合動詞研究の最先端―謎の解明に向けて―［M］.東京:ひつじ書房,2013.

［19］木村英樹.変化と動作［A］.余霭芹,遠藤光暁編.橋本萬太郎記念中国語論集［C］.東京:内山書店,1997.

［20］木村惠介.現代中国語の結果複合動詞―今井(1985)と呂(1986)の検討―［J］.千葉大学ユーラシア言語文化論集,2003(6):55-66.

［21］木村惠介.中国語における動補型複合動詞［D］.千葉大学博士学位論文,2007.

［22］金水敏.連体修飾の「~夕」について［A］.田窪行則編.日本語の名詞修飾表現［C］.東京:くろしお出版,1994:29-65.

［23］斎藤倫明.複合動詞後項の接辞化―「返す」の場合を対象として―［J］.国語学,1985(140):120-132.

［24］斎藤倫明.現代日本語の語形成論的研究［M］.東京:ひつじ書房,1992.

［25］崔玉花.中国語結果構文と直接目的語制約―英語・日本語結果構文との比較を通じて―［J］.筑波応用言語学研究,2006(13):99-112.

［26］佐藤琢三.自動詞文と他動詞文の意味論［M］.東京:笠間書院,2005.

［27］史曼.補文関係複合動詞の自他交替について［J］.国際文化研究,2015(21):1-13.

［28］志賀里美.複合動詞「~切る」における文法化の過程についての一試案［J］.学習院大学人文科学論集,2014(XXⅢ):41-65.

［29］申亜敏.中国語の自他と結果表現類型―日本語・英語との対照から―［J］レキシコンフォーラム,2005(1):231-267.

［30］申亜敏,望月圭子.中国語の結果複合動詞の語形成［J］.言語情報学研究報告―コーパス言語学の諸相―,2006(12):15-35.

［31］申亜敏.中国語の結果複合動詞の項構造と語彙概念構造［J］.レキシコンフォーラム,2007(3):195-229.

［32］申亜敏.中国語結果複合動詞の意味と構造―日本語の複合動詞・英語の結果構文との対照及び類型的視点から―［D］.東京外国語大学博士論文,2009.

［33］瀋力.結果複合動詞に関する日中対照研究―CAUSE 健在型とCAUSE 潜在型を中心に―［A］.影山太郎編.複合動詞研究の先端［C］.東京:ひつじ書房,2013:375-411.

［34］鈴木武生.中国語結果構文の派生とアスペクト特性［J］.日本言語学会・第129回大会予稿集,2004.

［35］杉村泰.コーパスを利用した複合動詞「~忘れる」、「~落とす」、「~漏らす」の意味分析［J］.日本語教育,2006(34):63-79.

［36］杉村泰.コーパスを利用した複合動詞「~直す」の意味分析［J］.言語文化論集,2006(28-1):51-66.

［37］杉村泰.コーパスを利用した複合動詞「~直る」の意味分析［J］.言語文化論集,2007(28-2):87-101.

[38]杉村泰.本動詞「返す」と複合動詞「～返す」の意味の対応について[J].ことばの科学,2006(19):157-166.

[39]杉村泰.インターネットを利用した日本語の類義分析[J].言語,2007(36-7):42-49.

[40]杉村泰.複合動詞「―返す」の多義分析[J].日語教育,2007(38):139-159.

[41]杉村泰.複合動詞「～疲れる」の前項動詞の特徴について[J].ことばの科学,2007(20):101-115.

[42]杉村泰.複合動詞「～切る」の意味について[J].言語文化研究叢書,2008(7):63-79.

[43]杉村泰.コーパスを利用した複合動詞「～戻る」の意味分析[J].言語文化論集,2008(29-2):405-419.

[44]杉村泰.コーパスを利用した複合動詞「～残る」の意味分析[J].言語文化論集,2009(30-2):171-180.

[45]杉村泰.コーパスを利用した複合動詞「～尽くす」の意味分析[J].言語文化論集,2009(31-1):83-95.

[46]杉村泰.コーパスを利用した複合動詞「～惜しむ」の意味分析[J].ことばの科学,2009(22):33-49.

[47]杉村泰.コーパスを利用した複合動詞「～回る」の意味分析[J].言語文化論集,2011(32-2):17-32.

[48]杉村泰.コーパスを利用した複合動詞「V1～果たす」の意味分析[J].言語文化論集,2011(33-1):61-73.

[49]杉村泰.コーパスを利用した複合動詞「V1～通す」の意味分析[J].言語文化論集,2012(34-1):47-59.

[50]杉村泰.中国語話者による複合動詞「V1～飽きる」のV1+V2結合意識[J].ことばの科学,2012(25):91-106.

[51]杉村泰.コーパスを利用した複合動詞「V1～通る」の意味分析[J].言語文化論集,2013(34-2):53-65.

［52］杉村泰.コーパスを利用した複合動詞「V1~抜く」と「V1~抜ける」の意味分析［J］.言語文化論集,2014(35-2):55-68.

［53］杉村泰.日本語の「V1-慣れる」と中国語の"V1~慣"の対照研究［J］.中国語話者のための日本語教育研究,2014(5):62-72.

［54］杉村泰.複合動詞の意味記述に関する一考察［J］.ことばの科学,2017(30):127-145.

［55］朱春日.複合動詞の自・他対応について—派生に基づく対応を中心に—［J］.世界の日本語教育,2009(19):89-106.

［56］関一雄.中古中世のいわゆる複合動詞について—源氏・栄花・宇治拾遺・平家の四作品における—［J］.国語学,1958(32):48-58.

［57］関一雄.いわゆる複合動詞の変遷［J］.国語と国文学,1960(37-2):59-79.

［58］関一雄.「かへりみる」と「みかへる」の消長(1)—複合動詞変遷の一例—［J］.山口大学文学会誌,1966(17-2):1-20.

［59］関一雄.「かへりみる」と「みかへる」の消長(2)—複合動詞変遷の一例—［J］.山口大学文学会誌,1967(18-1):25-44.

［60］関一雄.「かへりみる」と「みかへる」の消長(3)—複合動詞変遷の一例—［J］.山口大学文学会誌,1968(19-1):1-10.

［61］関一雄.平安時代のアクセントと複合動詞に関する私見—「扇をさし隠す」の解釈をめぐって—［J］.山口大学文学会誌,1969(20-1):79-96.

［62］関一雄.国語複合動詞の研究［M］.東京:笠間書院,1977.

［63］武部良明.複合動詞における補助動詞的要素について［A］.金田一博士古稀記念論文集—言語・民俗論叢［C］.東京:三省堂,1953:461-476.

［64］田辺和子.日本語の複合動詞の後項動詞にみる文法化［J］.日本女子大学紀要・文学部,1995(45):1-16.

［65］玉村文郎.複合語の意味［J］.日本語学,1988(7-5):295-303.

［66］塚本秀樹.膠着語と複合構造—特に日本語と朝鮮語の場合—［A］.仁田義雄編.複文の研究(上)［C］.くろしお出版,2013:63-85.

［67］寺村秀夫.活用語尾・助動詞・補助動詞とアスペクト（その一）［J］.日本語・日本文化,1969(1):32-48.

［68］寺村秀夫.日本語のシンタクスと意味Ⅱ［M］.東京:くろしお出版,1984.

［69］陳劼擇.語彙的複合動詞の自他交替と語形成［J］.日本語文法,2010(10):37-53.

［70］陳曦.中国人学習者における複合動詞の習得に関する一考察—「～あう」と「～こむ」の理解に基づいて—［J］.ことばと科学,2004(17):59-80.

［71］陳曦.学習者と母語話者における日本語複合動詞使用状況の比較—コーパスによるアプローチ—［J］.日本語科学,2007(22):79-99.

［72］陳曦.第二言語としての二種類の複合動詞の習得—コーパスによる学習者の使用実態調査をもとに—［J］.ことばの科学,2012(23):19-35.

［73］長嶋善郎.複合動詞の構造［A］.斎藤倫明,石井正彦.語構成［C］.東京:ひつじ書房,1997.

［74］生越直樹.日本語複合動詞後項と朝鮮語副詞・副詞的な語句との関係—日本語副詞指導の問題点—［J］.日本語教育,1984(52):55-64.

［75］野村雅昭.現代漢語の語形成について［J］.情報管理,1976(18-11):884-891.

［76］野田大志.分析可能性の低い語彙的複合動詞に関する一考察—「落ち着く」の意味分析［J］.日本認知言語学会論文集,2007(7):500-510.

［77］百留康晴.大蔵虎明本狂言集における複合動詞後項の文法化［J］.文化,2004(68):55-75.

［78］早津美恵子.有対他動詞と無対他動詞の違いについて［J］.言語研究,1989(95):231-256.

［79］姫野昌子.複合動詞「～つく」と「～つける」［J］.日本語学校論集,1975(2):52-71.

［80］姫野昌子.複合動詞の「～あがる」、「あげる」および下降を表す複

合動詞類[J].日本語学校論集,1976(3):91-122.

[81]姫野昌子.複合動詞「~でる」と「~だす」[J].日本語学校論集, 1977(4):71-95.

[82]姫野昌子.複合動詞「~こむ」および内部移動を表す複合動詞類 [J].日本語学校論集,1978(5):47-70.

[83]姫野昌子.複合動詞「~かかる」と「~かける」[J].日本語学校論 集,1979(6):37-61.

[84]姫野昌子.複合動詞「~きる」と「~ぬく」、「~とおす」[J].日本語 学校論集,1980(7):23-46.

[85]姫野昌子.対称関係を表す複合動詞—「~あう」と「~あわせる」を めぐって[J].日本語学校論集,1982(9):17-52.

[86]姫野昌子.複合動詞の構造と意味用法[M].東京:ひつじ書 房,1999.

[87]日高俊夫.語彙的複合動詞における反致使化と脱致使化[J].近畿 大学教養・外国語教育センター紀要外国語編,2012(2-2):115-130.

[88]日高俊夫.語彙的複合動詞における他動詞化・再帰化[J].近畿大 学教養・外国語センター紀要・外国語編,2013(3-2):81-96.

[89]古屋昭弘.斉民要術のV令C、V著O等について[J].中国語学研 究開篇,1999(19):181-192.

[90]古屋昭弘.『斉民要術』に見る使成フレーズVt+令+Vi[J].日本中 国学会報,2000(52):1-17.

[91]彭广陆.日本語の複合動詞に関する一考察[J].日本文化研究, 2005(16):7-17.

[92]彭广陆.複合動詞における後項動詞の意味指向をめぐって[J].北 研学刊,2009(5):11-26.

[93]松田文子.日本語学習による語彙習得:差異化・一般化・典型化 の観点から[J].世界の日本語教育,2000(10):73-89.

[94]松田文子.コア図式を用いた複合動詞後項「~こむ」の認知意味論

日汉结果复合动词句法语义对比研究

的説明[J].日本語教育,2001(111):16-25.

[95]松田文子.日本語学習者による複合動詞「～こむ」の習得[J].世界
の日本語教育,2002(12):43-62.

[96]松田文子.日本語複合動詞の習得研究―認知意味論による意味分
析を通して―[M].東京:ひつじ書房,2004.

[97]松田文子.コア図式を用いた複合動詞習得支援のための基礎研究
―「とり」を事例として―[J].世界の日本語教育,2006(16):5-51.

[98]松本曜.日本語の語彙的複合動詞における動詞の組み合わせ[J].
言語研究,1998(114):37-83.

[99]松本曜.日本語における他動詞/二重他動詞ペアと日英語の使役
交替[A].丸田忠 雄・須賀一好編,日英語の自他の交替[C],2002:167-207.

[100]待場裕子.日中の複合動詞の対照研究(一)―中国語の「動詞+結
果補語」構造の場合[J].流通科学大学論集 人文・自然編,1990(2-2):41
-60.

[101]待場裕子.日中の複合動詞の対照研究(二)―中国語の「動詞+方
向補語」構造の場合[J].流通科学大学論集 人文・自然編,1991(3-2):63
-82.

[102]待場裕子.日中の複合動詞の対照研究(三)―中国語の「動詞・形
容詞+派生義を表す方向補語」構造の場合(上)―[J].流通科学大学論集
人文・自然編,1992(4-2):47-60.

[103]待場裕子.日中の複合動詞の対照研究(四)―中国語の「動詞・形
容詞+派生義を表す方向補語」構造の場合(下)―[J].流通科学大学論集
人文・自然編,1993(5-2):45-69.

[104]丸田忠雄.使役動詞のアナトミー―語彙的使役動詞の語彙概念
構造―[M].東京:松柏社,1998.

[105]三宅知宏.現代日本語における文法化―内容語と機能語の連続
性をめぐって―[J].日本語の研究,2005(3):61-76.

[106]望月圭子.動補動詞の形成[J].中国語学,1990(237):128-137.

[107]望月圭子.日中両語の結果を表す結果複合動詞[J].東京外国語大学論集,1990(40):13-27.

[108]望月圭子.日本語と中国語における使役起動交替[J].松田徳一郎教授追悼論文集,2003:236-260.

[109]望月圭子.補文関係をもつVV型複合動詞—日本語と中国語の対照から—[J].言語情報学研究報告,2006(11):51-68.

[110]森田良行.日本の複合動詞について[J].講座日本語教育,1978(14):69-86.

[111]李暁洙.韓・日両言語の複合動詞と対照研究—文法と語彙—[M].韓国ソウル:J&C,1997.

[112]李良林.語彙的複合動詞における構成要素の組み合わせ—再帰性に基づく他動性の観点から—[J].言語科学論集,2002(6):13-24.

[113]山本清隆.複合動詞の格支配[J].都大論究,1984(21):32-49.

[114]山口直人.動補動詞の類型と形成について[J].中国語学,1991(238):115-124.

[115]山口直人.非対格化と中国語の4つの言語現象~遊離数量詞・受け身・結果複合動詞・"V 着"存在文—[J].語学教育研究論叢,1995(23):37-48.

[116]ヤーホントフ.中国語動詞の研究[M].橋本萬太郎訳.東京:白帝社,1987.

[117]由本陽子.語形成と語彙概念構造—日本語の「動詞+動詞」の複合語形成について[A].言語と文化の諸相—奥田博之教授退官記念論文集[C].東京:英宝社,1996:105-118.

[118]由本陽子.複合動詞・派生動詞の意味と統語—モジュール形態論から見た日英語の動詞形成—[M].東京:ひつじ書房,2005.

[119]由本陽子.複合動詞における項の具現—統語的複合と語彙的複合の差異[J].レキシコンフォーラム,2008(4):1-30.

[120]楊明.中国語の結果構文における動補構造の研究.千葉大学博士

論文.2008.

　　[121]楊暁敏.日本語複合動詞の多義性に関する研究[D].上海外国語大学.2009.

　　[122]楊暁敏.中国人学習者のための複合動詞指導方法に関する一考察—「～上げる」を例に[C].日语教学与日本文化研究[A].上海:华东理工大学出版社,2014:79-84.

　　[123]楊暁敏.複合動詞の成り立ちに見られるメタファー—構造的メタファーと方向的メタファーを中心に—[J].日本語学研究,2017(51):53-66.

　　[124]楊暁敏.複合動詞の成り立ち及び意味拡張に見られる存在的メタファー[J].日本語学研究,2018(57):73-84.

英语文献

　　[1]Borer, H.2005. *The Normal Course of Events* [M].Oxford:OUP.

　　[2]Cheng, L. L. & Huang. C. J. On the Argument Structure of Resultative Compounds[J]. *In honor of William. S. Y. Wang:Interdisciplinary Studies on Language and Language Change*, Pyramid Press, Taipei, 1994:187-221.

　　[3]Dowty, D. *Word Meaning and Montague Grammar* [M]. Cambridge:Cambridge University Press, 1979.

　　[4]Fukuda, S. Aspectual Verbs as Functional Heads:Evidence from Japanese Aspectual Verbs [J]. *Natural Language and Linguistic Theory*, 2012(30):965-1026.

　　[5]Goldberg, A. E. It Can't Go Down the Chimney Up:Path sand the English Resultative[J]. BLS, 1991(17):368-378.

　　[6]Goldberg, A. E. *A Construction Grammar Approach to Argument Structure* [M]. Chicago:The University of Chicago Press,1995.

［7］Gruber, J. *Lexical Structure in Syntax and Semantics*［M］. New York: North Holland,1976.

［8］Gu, Y. *The Syntax of Resultative and Causative Compounds in Chinese*［D］. New York:Cornell University, 1992.

［9］Hale,K. & Keyser, J. A View from the Middle［J］. *Lexicon Project Working Papers*, 1987(10).

［10］Huang, C. T. James. Resultatives and unaccusatives: A parametic view ［J］. *Bulletin of the Chinese Linguistics Society of Japan*, 2006(253):1-43.

［11］Huang,C. R. & Lin, F. W. Compound Event Structure and Complex Predicates:A Template-based Approach to Argument Selection［J］. *Proceed of the Third Annual Meeting of the Formal Linguistic Society of Mid-America*, 1992: 90-108.

［12］Jackendoff, R. *Semantic Structure*［M］. Cambridge, Mass: TMIT Press, 1990.

［13］Kageyam,Taro. Word Formation in Japanese［J］. *Lingua*, 1982 (5): 215-258.

［14］Levin, B. *English Verb Classes and Alternations*［M］. Chicago: University of Chicago Press,1993.

［15］Levin, B. & M. Rappaport Hovav. *Unaccusativity: At the Syntax-Lexical Semantics Interface*［M］. Cambridge, Mass: MIT Press,1995.

［16］Rappaport Hovav, M. & B. Levin. Building verb meaning［A］. In Miriam Butt, and Wilhelm Geuder(eds.) *The Projection of Arguments: Lexical and Compositional Factors*［C］. Stanford: CSLI,1998:97-134.

［17］Li, Y. F. On V-V Compounds in Chinese［J］. *Natural Language and Linguistic Theory*,1990(8):177-207.

［18］MacDonald, J. *The Syntactic Nature of Inner Aspect: A Minimalist Perspective*［M］. Philadelphia: John Benjamins,2008.

［19］Pan, H. H. Thematic hierarchy, causative hierarchy, and Chinese resultative verb compounds[J]. *LSHK Annual Research*, 1988.

[20] Pesetsky, D. *Zero Syntax: Experiencers and Casacades* [M]. Cambridge,MA:MIT Press, 1995.

[21]Perlmutter,D. M. Impersonal Passives and the Unaccusative Hypothesis [J]. *BLS*, 1978(4):157-189.

[22] Pinker, S. *Learnability and Cognition* [M]. Cambridge, MA: MIT Press,1989.

[23]Radford,*A. Transformational Grammar*[M]. Cambridge, MA: University Press,1988.

[24]Radford,*A. Syntax:A Minimalist Introduction*[M]. Beijing:Foreign Language Teaching and Research Press,1997.

[25]Reinhart, T. The theta system-an overview[J]. *Theortical Linguistics*, 2002, 28(3):229-290.

[26]Rozwadowska, B. Thematic Restrictions on Derived Nominals[A]. W. Wilkins(eds) *Thematic Relations (Syntax and Semantics* 21)[C]. Academic Press, 1988:147-165.

[27]Simpson, Jane. Resultatives, ed. by Levin, Lori, Malka Rappaport and Annie Zaenen, *Papers in Lexical-Functional Grammar*, 1983:143-157.

[28]Sybesma, R. *The Mandarin VP*[M]. 1999, Dordrecht: Kluwer Academics Club.

[29]Tai, J. H. -Y. Verbs and times in Chinese: Vendler's four categories [J]. In David Testen, Veena Mishra, and Joseph Drogo(eds.)*Para Session on Lexical Semantics Chicago Linguistic Society*,1984:289-296.

[30]Talmy, L. Force Dynamics in Language and Thought[J]. *the Para session on Causatives and Gentility at the Twenty-First Regional Meeting*, 1985: 293-337.

[31] Travis, *L. Inner Aspect: The Articulation of VP* [M]. Berlin: Springer,2010.

[32]Vendler, Z. *Linguistics in Philosophy* [M]. New York：Cornell University Press,1967.

汉语文献

[1]曹大峰.日语教材中的复合动词及其教学方略研究——基于语料库的调查与对比[J].日语学习与研究,2011(3):9-14.

[2]曹秀玲."得"字的语法化和"得"字补语[J].延边大学学报(社会科学版),2005(3):82-85.

[3]崔婷."哭湿"类动结式的事件性特征[J].汉语学习,2015(5):70-76.

[4]陈平.论现代汉语时间系统的三元结构[J].中国语文,1988(6):401-422.

[5]陈曦.中国日语专业大学生日语复合动词「~こむ」的习得[J].东北亚外语研究,2018(3):53-59.

[6]成燕燕.哈萨克族学生学习汉语结果补语的偏误分析[J].中央民族大学学报,2002(5):130-134.

[7]戴耀晶.情状与动词分类[A].胡裕树,范晓(编)动词研究[C].开封:河南大学出版社,1995:167-176.

[8]邓守信.汉语动词的时间结构[J].语言教学与研究,1985(4):7-18.

[9]范晓.略论 V-R[A].语法研究和探索(三)[C].北京:北京大学出版社,1985.

[10]高光新.动词"得"的语法化历程[J].宁夏大学学报(人文社会科学版),2006(5):35-39.

[11]顾阳.生成语法及词库中动词的一些特性[J].国外语言学,1996(3):1-16.

[12]顾阳动词的体及体态[A].载徐烈炯(编)共性与个性[C].北京:北

京语言大学出版社,1999:191-212.

[13]郭锐.述结式的论元结构[A].徐烈炯,邵敬敏(编)汉语语法研究的新拓展(一)[C].杭州:浙江教育出版社,2002.

[14]郭印,张艳.英汉致使交替事件的语义特征分析[J].中国海洋大学学报,2014(6):116-122.

[15]何玲.英汉动结构式的增效对比研究[D].上海:复旦大学,2013.

[16]黄晓琴.动结式的语义关系与句式变换[J].语言文字应用,2005(S1):159-161.

[17]蒋绍愚.近代汉语研究概况[M].北京:北京大学出版社,1994.

[18]李大忠.外国人学汉语语法偏误分析[M].北京:北京语言文化大学出版社,1996.

[19]李临定.动补格句式[J].中国语文,1980(2):1-10.

[20]李临定.究竟哪个"补"哪个——"动补"格关系再议[J].汉语学习,1984(2):32-41.

[21]李小荣.对述结式带宾语功能的考察[J].汉语学习,1994(05):32-38.

[22]刘凤樨.汉语的使动转换[J].当代语言学,2018(3):317-333.

[23]刘街生.作格性和汉语的相关现象[J].外语学刊,2018(1):40-46.

[24]刘街生.现代汉语的双重使动句[J].汉语学习,2018(2):25-32.

[25]陆燕萍.英语母语者汉语动结式习得偏误分析——基于构式语法的偏误分析[J].语言教学与研究,2012(6):14-20.

[26]罗思明.英汉动结式的认知功能分析[D].上海:上海外国语大学,2009.

[27]吕叔湘.现代汉语八百词[M].北京:商务印书馆,1980.

[28]马真、陆剑明.形容词作结果补语情况考察(三)[J].汉语学习,1997(6):7-9.

[29]马希文.与动结式动词有关的某些句式[J].中国语文,1987(06):424-441.

[30]马志刚.汉语致使性动结式的中介语习得研究—基于构式融合理论[J].汉语学习,2014(6):83-90.

[31]梅立崇.也谈补语的表述对象问题[J].语言教学与研究,1994(2):79-89.

[32]倪蓉.现代汉语作格交替现象研究[D].上海外国语大学博士论文,2008.

[33]彭广陆.日语复合动词研究的新视角——对后项动词语义指向的探讨[J].日语学习与研究,2011(3):1-8.

[34]宋文辉.现代汉语动结式配价的认识研究[D].中国社科院研究生院语言学博士论文,2003.

[35]施家炜.外国留学生22类现代汉语句式的习得顺序研究[J].世界汉语教学,1998(4):77-98.

[36]施春宏.汉语构式的二语习得研究[M].北京:商务印书馆,2017.

[37]施春宏.汉语动结式的句法语义研究[M].北京:北京语言大学出版社,2008.

[38]沈力.关于汉语结果复合动词中参项结构的问题[J].语文研究,1993(3):12-21.

[39]沈家煊.动结式"追累"的语法和语义[J].语言科学,2004(6):3-15.

[40]沈阳,Sybesma.作格动词的性质和作格结构的构造[J].世界汉语教学,2012(3):306-321.

[41]沈梅英.错位致使动结式语义、句法及其语用动因研究[J].现代外语,2017(4):463-447.

[42]太田辰夫.中国语历史语法[M].蒋绍愚,徐昌华译,北京:北京大学出版社,1987.

[43]汤廷池.词法与句法的相关性:汉、英、日三种语言复合动词的对比分析[J].汉语词法句法续集,1989:147-211.

[44]汤廷池.汉语复合动词的"使动与起动交替"[J].语言暨语言学,

2002(3):615-644.

[45]王国栓.非宾格化与汉语非宾格动词的范围[J].语文研究,2015(2):22-25.

[46]王红旗.动结式述补结构配价研究[A].沈阳,郑定欧(编)现代汉语配价语法研究[C].北京:北京大学出版社,1995.

[47]王红旗.动结式述补结构的语义是什么[J].汉语学习,1996(1):24-27.

[48]王静,伍雅清.汉英动结结构的比较研究[J].解放军外国语学院学报,2005(4):17-23.

[49]王力.中国现代语法[M].北京:商务印书馆,1943.

[50]王力.汉语史稿(合订本)[M].北京:商务印书馆,1980.

[51]王玲玲,何元建.汉语动结结构[M].杭州:浙江教育出版社,2002.

[52]王若楠.专业日语写作中复合动词得误用分析研究[J].黑龙江教育学院学报,2011(3):154-155.

[53]王寅.动结构式的体验性事件结构分析[J].外语教学与研究,2009(5):345-350.

[54]王砚农,焦群,庞颙.汉语动词—结果补语搭配词典[M].北京:北京语言学院出版社,1987.

[55]魏薇.汉语动结式句法—语义研究—与英语和伊博语动结式的对比分析[D].上海:复旦大学,2016.

[56]吴福祥.汉语能性述补结构"V得/不C"的语法化[J].中国语文,2002(1):29-40.

[57]熊学亮,魏薇.倒置动结式的致使性透视[J].外语教学与研究,2014(4):497-507.

[58]熊仲儒.现代汉语中的致使句式[M].合肥:安徽大学出版社,2003.

[59]熊仲儒,刘丽萍.汉语动结式的核心[J].暨南大学华文学院学报,2005(4):39-49.

[60]杨大然.基于事件轻动词理论的致使交替现象研究[J].解放军外国

语学院学报,2015(3):40-48.

[61]杨平.带"得"的述补结构的产生和发展[J].古汉语研究,1990(1):
56-63.

[62]杨晓敏.认知语义学视角下的日语复合动词研究[M].上海:复旦大学出版社,2019.

[63]于康.日语复合动词的使用解析与日语教学中复合动词的选择[J].日语学习与研究,2011(3):27-39.

[64]袁博平.英语母语者的汉语结果补语习得研究[J].国际汉语,2011(1):29-34.

[65]袁毓林.述结式配价的控制——还原分析[J].中国语文,2001(5):399-410.

[66]詹人凤.动结式短语的表述问题[J].中国语文,1989(2):105-111.

[67]张国宪.现代汉语的动态形容词[J].中国语文,1995(3):221-229.

[68]张国宪.现代汉语形容词功能与认知研究[M].北京:商务印书馆,2006.

[69]张楠.汉日结果复合动词事态类型的考察与分析[J].外语教学与研究,2019(4):534-546.

[70]张楠.从语法化看日语复合动词后项动词的"体"与"情态"性[J].东北亚外语研究,2019(2):47-52.

[71]张楠.日汉结果复合动词的构词特征比较研究[J].现代语文,2019(4):109-115.

[72]张楠.基于KY语料库的日语复合动词误用分析[J].日语教育与日本学,2019(1):111-122.

[73]张楠.日语复合动词的避用研究及教学启示[J].日语教育与日本学,2019(2):66-77.

[74]张楠."单一路径限制"规则与日语复合动词构词分析[J].日语学习与研究,2020(5):33-39.

[75]张楠.论日语结果复合动词的构词规则——以"他动词+他动词"型

结果复合动词为对象[J].日语学习与研究,2021(1):29-36.

[76]张楠.日语复合动词的致使交替条件及交替机制探究[J].外语教学与研究,2021(3):349-361.

[77]张威,王怡.关于日语复合动词习得意识的调查与分析[J].日语学习与研究,2011(3):15-26.

[78]张翼.倒置动结式的认知构式研究[J].外国语,2009(4):34-42.

[79]赵长才.结构助词"得"的来源与"V得C"述补结构的形成[J].中国语文,2002(2):123-129.

[80]赵琪.英汉动结构式的论元实现[D].上海:复旦大学,2009.

[81]赵元任.汉语口语语法[M].吕叔湘译,北京:商务印书馆,1968.

[82]志村良治.中国中世汉语史研究[M].江蓝生,白维国译,北京:中华书局,1995.

[83]朱德熙.语法讲义[M].北京:商务印书馆,1982.

[84]朱昊文.基于构式的第二语言学习者汉语动结式习得研究[J].语言教学与研究,2017(4):26-35.

[85]祝敏彻."得"字用法演变考[J].西北师大学报(社会科学版),1960(S1):49-61.

[86]邹奇凤.汉译日中复合动词常见偏误分析[J].日语学习与研究,2015(1):74-81.

后 记
——我的"复合动词研究"之路

在本书临近出版之际,不禁开始回首自己的复合动词研究之路,2007 年至今转眼十几个年头,其间有付出、有辛苦、有喜悦、有感激,感慨万千。

2007 年,我初次接触到日语复合动词这一研究课题。那一年,我考入日本南山大学的日语教育硕士专业,师从镰田修教授,正式开启了日语研究的漫漫征程。日语复合动词在日语动词中占比大、使用频繁,一直以来都是日语词汇语法研究的重点课题。而且,它结构复杂、前后项间的语义关系种类繁多,再加上不同语言间的差异,造成了日语学习者的习得困难。因此,它也成为二语习得研究领域和日语教学关注的焦点。2000 年前后,日本学者松田文子的日语复合动词习得的系列研究揭开了复合动词习得研究的序幕,随后国内外日语教育研究领域产生了众多的相关成果。我的硕士论文『日本語複合動詞の習得に関する一考察—中国語を母語とする学習者を対象に』正是众多研究中的一例。

2009 年,我在硕士毕业后继续攻读了语言学博士学位。硕士论文以及一些先行研究都表明,对于中国人学习者而言,来自母语汉语的负迁移是造成日语复合动词习得困难的原因之一。于是,我开始关注并思考日汉两语复合动词间的差异。以此为契机,我在博士就读期间开展了日汉两语复合动词的相关对比研究,撰写了博士论文『日本語と中国語の結果複合動詞における対照研究』。博士论文以日汉两语中表达"动作/原因—结果"连锁概念的"结果复合动词"为研究对象,考察了日汉两语之间的共性与差异。

2013 年归国之后，我就职于天津师范大学日语系。教学之余，通过对国内汉语学界相关研究的学习与梳理，我深感博士论文内容的不足，决定对博士论文进行重新审视和更为深入的拓展研究。近几年，先后在《外语教学与研究》《日语学习与研究》《东北亚外语研究》《日语教育与日本学》等期刊上发表了日语复合动词、日汉复合动词对比等相关研究论文十余篇。此次即将出版的《日汉结果复合动词句法语义对比研究》一书作为本人主持的教育部人文社会科学研究项目的最终成果，正是在博士论文和上述发表论文的前期基础上进一步加工而成。

本书的顺利出版，除自己十几年来的坚持之外，我还要感谢很多人。

我要感谢日本南山大学的青柳宏教授、有元将刚教授、镰田修教授、阿部泰明教授、坂本正教授等几位指导和副指导老师，以及担当博士论文外审专家的日本大阪府立大学张麟声教授，感谢几位老师在我博士就读期间及博士论文撰写过程中给予悉心的指导与鼓励，他们不仅为我指明了日语研究道路的方向，也赐予了我在这条路上不懈前行的勇气和力量，非常感谢！

我要感谢教育部人文社科基金对这一研究项目的资助，为我顺利开展研究提供了保障。感谢天津外国语大学修刚教授、中国人民大学张威教授、北京大学潘钧教授、南京林业大学何宝年教授和天津外国语大学刘泽军教授在书稿完成后进行了认真的审阅，提出了很多宝贵的修改意见。在与几位专家的交流中，我还深刻体会到了他们对我们年轻一辈研究者的热心鼓舞和支持，甚为感激！还要感谢课题组成员侯鹏图老师、苗志娟老师的积极参与和帮助，保证了研究项目的按时完成。

我要感谢天津社会科学院出版社责任编辑吴琼老师和负责校阅的老师，为了保证图书的顺利出版和出版质量，她们不惜投入大量的时间和精力，认真审阅，指出了不少偏误之处，使本书的质量大大提高。

我还要特别感谢我的先生刘树良老师以及我所有的家人，感谢他们对我研究工作的理解与支持，为我营造出可以安心投入工作的环境。也感谢刘树良老师平日里与我的"跨学科"切磋（笑），拓宽了我的研究视野。今后也要一起加油！

　　希望本书的研究成果可以为日语复合动词的本体研究、日汉复合动词的对比研究提供一些基础,能够对二语习得领域研究的深入以及日汉两语的实践教学有所启示和帮助,这将是我最大的荣幸。当然,由于个人能力的局限,书中观点一定存在不妥乃至谬误之处,诚望学界同仁和读者予以批评指正。

张楠

2022 年 1 月于天津